死と生の民俗

田原開起

講談社学術文庫

はじめに

　静江おばあさんの話を聞いたのは、数年前のことである。静江おばあさんはこう語った。

「私は五歳の時（大正十年）に母と別れました。母は四十一歳の若さで亡くなりました。胆石がもとで、一年間患って亡くなったのです。五歳の時のことでしたから、死ぬるということが何のことか分からず、悲しいという気持ちはなかったです。ただ盥《たらい》で母の体を洗ったのを覚えています。後になってそれが湯灌《ゆかん》であったと分かりました。昔はその湯を納戸の床の下に捨てていたと言っていました。その後で、母を布団で巻いて、納戸の部屋の隅に寄せかけてあったのが、もう一つ心に残っております。

　五歳で別れたのであまり覚えていませんが、母のことで思い出すことは、幼い頃によく萌やしの飴を作ってくれていたことです。小麦をカマス〔藁で編んだ袋〕に入れて水をかけ発芽させ、石臼で挽き、それにもち米の粉を混ぜて発酵させて炊くのです。それを絞って煮詰めると硬くなります。ずいぶん時間がかかって待ちくたびれたのを思い出します。こうして、手作りの飴を作ってくれていました。硬くなった飴をのみでたたき割って、子どもに分けてくれていました。昔々の懐かしい思い出です。

父は県病院に入院していましたが、治りきらずに帰ってきました。父の病気は結核でした。あの頃のことですから、入院費用のために山を売って治療しましたが、その甲斐もなく、一年ほどして亡くなりました。昭和二年のことでした。

父の思い出は、私が小学校四年生になる時のことです。裁縫箱がいるようになった時、母がいないので父が買いに行ってくれたことです。その後、間なしに父は五十八歳で亡くなりました。その時、私はまだ十歳でした。結核だったので病院から家に帰ったら、すぐに離れの部屋で一人で寝起きをしていました。母が亡くなり、父が病気になってからは、二十歳年上の兄夫婦が家の切り盛りをしていました。私たち五人の兄弟の世話はみな兄夫婦の肩にかかっていました。

父が死ぬる十日ぐらい前のことでしたが、父の死を覚悟した兄は棺桶を用意しました。ふだんは講中《こうじゅう》〔注・講《こう》＝信仰行事や生活助けあいを共同で行う集団。講中はその構成員〕が棺桶を用意しますが、結核患者の場合はその家で用意しなければなりませんでした。兄はこっそりと棺桶を作りました。そして、結核患者だということで、棺桶に目張りをしました。その目張りを、兄は私に手伝わせました。結核だから隣近所に、気を使っていたのだと思います。兄は『棺桶の用意をしていることは誰にも言うな』と口止めをしました。作った棺桶は蔵の中にしまいました。五歳で母と、十歳で父と別れて以来一番上の兄夫婦が私たちの親代わりでした。

子どもの頃のことですが、すぐ近くの大池のそばにあった灰屋《はいや》に、明石のごへいばあさんと呼ばれていたおばあさんが、どこからか来て住んでいました。元はお医者の奥さんだったとみんなが言っていました。そのおばあさんは、三味線を弾きながら歌を歌い、門先で少しばかりの米をもらって生活していました。ごへいばあさんは、その灰屋への行き帰り私らと一緒に歩きながら、色いろの話をしてくれていました。

覚えているのは、だんだん目が見えんようになったという話でした。目にはっかを塗ると、目がすっきりするという話もしていました。間なしに栄養失調で亡くなったのが、親戚でもなんでもないのに、子ども心に不思議に焼きついています。

前に言ったように、一番上の兄夫婦が私たちの親代わりでしたが、その兄さん夫婦には子どもが八人いました。それに加えて、私たち兄弟の親代わりでもあったのです。おじいさん、おばあさんもいなかったので、何かにつけて大変でした。

例えば、兄夫婦の、最後から二人目の子どもが生まれた時に、私が赤ちゃんを取り上げました。その時、私は高等科の二年生でした。年でいうと十四歳ぐらいだったと思います。隣のおばあさんが『年をとったので、もう子どもを取り上げる自信がなくなった』ということで、兄さんが私に『お前が取り上げてくれ』と言いなさった。私はどうしていいか分からなかったのですが、おそるおそる姉さんのそばでお産を見ていました。そしたら、生まれてきたので臍の緒を切りました。どの辺で切っていいのか分からなかったので、赤ちゃんを生んだ当の姉さんに聞きました。そしたら姉さんが『ここを切れ』と言ってくれました。姉さんの言われるところを切って、切った片方（母体の側）を糸で結んで、姉さんの股に巻きつけました。あと産が体内に逆に戻らないようにするためです。そうしておくと、自然にあと産が出てくるのです。

十四歳そこらでお産に立ち会い赤ちゃんを取り上げましたが、これくらい心配したことはありませんでした」と昔を語った。

ことのほか暑かった夏も過ぎ、晴天の続いたさわやかな秋、近くにいながらめったに出会うことのない静江おばあさんを、久しぶりに訪ねた。さわやかな秋空のもとでたぶん畑の草むしりでもしながら、いつもの笑顔で迎えてもらえるものと思っていた。しかし、骨折のため入院したということなので、あわてて病院を訪ねた。昔の元気はなかった。

昔、我が家は静江おばあさん一族と、隣り合わせて住んでいた。あまりにも親しい間柄であったので、改まって静江おばあさんの話を聴いたことはなかった。はじめてまとまった話を聴いたのが、前記の話である。それは、普通に生きた人々の中にある、ごくありふれた日常の話である。

しかし、この中には、「死と生」をめぐる、ひと昔前の生活の様子、家族の姿や無言のいのちの教育などが見える。地域社会の、生活舞台の風景や人と人とのつながりも、なんとなく見え隠れしている。忘れかけている様ざまな生活や風物がそこにあったことを、改めて知ることが出来る。

凡庸に生きてきた人々の日常的な体験がある。とりわけ、高齢者の幼少時の日常生活の中には、「死と生」にまつわる様ざまなエピソードがある。単に「死と生」だけではなく、死と生の過程にある「結婚」「出産」「労働」「地域共同体」などに関わるエピソードがある。その見聞や体験が自己形成にどのように作用していたのかについても、高齢者から聴き取ることが出来た。

明治になって、近代教育制度が確立されてからは、その中で学んだ知識や知恵が、次第に生活の主流をなすようになったが、根底には、地域に根づいている生活者によって守り育て伝えられてきた、地域社会での知恵や民俗が底流としてあった。

しかし、次第に公的な教育制度の中で学んだ知識や技術が金科玉条とされるようになってからは、常民の中にあった生活の知恵は、しだいに影を潜めてしまうようになった。

明治以降に日本社会の状況が、なぜ大きく変わったのかを阿部謹也氏が指摘している(1)。福田アジオ氏(2)は、近代化の風潮は戦後になって、ますます加速されたことを指摘し、そのうえで、過去の共同体の中に、現代社会の課題を解くヒントがあるという点に注目する。大本敬久氏も同じように「遠く（空間的には「世界」・時間的には「未来」）を見るには、まずは『足もと』（＝郷里）を掘って『泉』（＝伝承の知恵）を知ることが必要ではないだろうか(3)」

と述べている。『民俗学の方法』(4)の中で福田アジオ氏などが民俗学は、今の世の中を照顧する手がかりとして、過去をひも解くものだとしている。筆者も高齢者の過去の体験の中に、今日を照らし出す手がかりを見つけることができればと願って、以前から幅広く高齢者への聴き取り内容を、時に臨んで記録してきた。

特に、「死と生」にかかわって、意識的計画的に聴き取りを始めたのは二〇〇一年十月からである。二〇〇七年八月にかけて、主に筆者の居住区（広島県中央部―広島県三原市大和町）を中心にして、聴き取りを行った。機会をとらえて可能な限り広島県内各地に聴き取りの輪を広げて行ったものである。中には県外での聴き取りもある。

原則として明治・大正期生まれの高齢者（八十歳代から百歳代）を対象者とした。聴き取り件数は現時点（二〇〇七年八月）では一二一人で、継続中である。例外を除いて、一人ひとりそれぞれ個別的に聴き取りを行った。聴き取り時点での年齢構成は百歳代六名・九十歳代三七名・八十歳代四二名・七十歳代二一名・六十歳代九名・五十歳代四名・三十歳代一名・十歳代一名（外国人）で、おおむね八十歳代以上が聴き取りの対象の中心である。総数一二一名の中の八五名（約七〇％）が八十歳以上である。

当然のこととして、高齢者ほど過去に詳しいが、必ずしも高齢者のすべてが過去に詳しいとも限らない。また、若くても状況によっては民俗文化を見事に継承している者もある。内容的に古い民俗文化を継承している場合は、比較的に若年者であっても収録した。

聴き取り活動の中で気づかされた数々の事柄の中から、高齢者の声や姿のいくつかを、かいつまんで先ず列記してみる。

1　一般的には、高齢であればあるほど、それ相応に、昔のことをしっかりと覚えていることに間違いはないが、中には、高齢であっても、かつて生活が裕福で大事に育てられたために、あまり地域での生活体験をしていない人もある。また、若いときに都市に出ていて田舎の生活体験が乏しいために、思ったほどに聴き取りのできない場合もあった。さらに、比較的恵まれた生活をしていたと思える家で、早くから都市へ勉学に赴いた人たちは、田舎での生活体験が少なかったように思える。

逆に比較的に若いのに、ずいぶん昔のことをよく知って記憶している人がある。その背景には、もちろん個人の興味関心の高さもあるが、その他の要件として祖父母に育てられた場合は、二世代前の文化が伝えられていたと思えるふしがある。いまひとつは養子として迎えられ厳格な父母に対して、緊張して生活していたために、黙って養父母の話を聞かざるをえなかったケースもある。そのことが幸いして伝統的な文化を受け継ぐことができたと思える人がある。さらに仕事柄、若いときから年寄りとの接触を生業としていた人の体験は貴重であった。

いまひとつは、父母が自分たちの生活の知恵を子どもたちに大切に受け継がせようと熱心に子どもに語り伝える風土のある家であったために、確実に伝承されているケースもある。子どもが世間に対して顔向けできないことだけはしてほしくないという親たちの願いから、日ごろことあるごとに澱《おり》のように沈殿した民俗文化を伝承した高齢者がある。特に礼儀作法を厳しく教え込まれた家がある。

2　いきなり電話で聴き取りを依頼したところ、見ず知らずの者に何の疑念もはさまず快く招き入れ、親切に対応してくださった九十歳前後の夫妻がある。三時間に及ぶ聴き取りであったが、初対面の者に対して最後には夕食までご馳走し、昔からの知己のように振る舞ってくださった。もはや日本の社会からは消えうせてしまった人情が、この夫妻には脈々と生き続けていた。

3　百一歳の高齢者の聴き取りの中で、そのおばあちゃんは「若いもん（者）がよう（良く）してくれます」と言うので、「若いものとはどなたですか」と問い返した。「そこにおる息子です」と言う。その息子さんの年を聞くと、「八十一歳です」との返事が返ってきた。さっきから母のそばに付き添っておられた。筆者が「お忙しいと思いますので、どうぞご自由にお仕事をしてください」と言うと「いや、わしもばあさんの話を聞く。これまで聞いたことがない話じゃ」と最後まで付き合ってくださった。親子であっても、意外に我々は日常生活で必要な最低限度の会話しか繰り返していない。こんなケースがしばしばあった。

後日この話を、ある僧侶に話したら、次のような話を聞いた。それは、「法事などで母の思い出話をしていると、同じ母でも兄弟によって別々の思い出があり、兄弟で共有していない母との思い出がある。つまり、兄弟それぞれが、母と個別の思い出を持っている。各おのの思い出を出しあい共有化するのが法事だ」と、その僧侶は語った。

親鸞は父母の供養のためには、お経の一巻たりともあげなかったと言う。父母をご縁にして生きている者が、出会いの縁をいただくことが供養だと言う。まさに、父母を縁にして集うことで、生活の歴史を共有化するのである。そのように一つの縁によって、親子の関係が再発見される場面がしばしばあった。
4　かつて、焼場〔火葬場〕は二部落ごとぐらいに一ヵ所あった。しかし、その位置は記録にとどめられてはいない。現在では不明になっている。各地にあった焼場の位置を、すべて網羅して記録にとどめることさえ、今日では不可能になった。
5　高齢者がマスメディアに取り上げられると、必ず反応があり、その高齢者を何人かの人が訪ねるようだ。ただ、その目的は、写真を撮りに来る人、長寿の秘訣を聞きに来る人、その人の人生観を聞きに来る人など、様ざまである。筆者の場合は幼少時の生活から、その当時の民俗を訊ねようとした。

6　その地で生まれ、地を這うようにして生きてきた人々の中に代々の知恵が集積しているように思える。「百姓」とは「諸々の生業」のことだと、かつて網野善彦氏が指摘したことがある。

農業を中心にしながら何でも出来る人々が日本の農村地帯で根を張っていたように思えてくる。それが「百姓」と呼ばれた。村落共同体で、それぞれの道に徹した人があり、それに学んで何でも出来るようになっていった。例えば農業をベースにしながら、建築・土木あるいは機械操作などに関する仕事も、プロ級の人びとがいくらでもいる。日常の生活にかかわる仕事は何なりと、器用にこなしているのである。途中都会に出て行った者は簡単には土着の知恵を手にする機会がなく、その伝承はむずかしかったように思える。

7　ほとんどの人が「私などには何にも話すことがありません」と最初の挨拶をする。それは謙遜しての言い方であると同時に、平凡に生きてきた、ありふれた日常等は、話すに足りないことだと思っているふしがある。実はそうした日常のことを話していただきたいのだと言うと、次第に話が膨らんでいく場合がほとんどである。

8　トラクターで今年も田畑を耕運したと言う九十三歳の老齢者に会った。昨年までは自動車も運転していたと言う。高齢者を福祉の対象として決め付けやすい今日、一方にある、元気な高齢者の姿がかすんでしまっている。高齢者の力と知恵を掘り起こす作業を大事に思う。

他方では、一人でいると笑うこともないと言う高齢者もいる。「今日は久しぶりに笑いました。また来てください」と言う年寄りの姿も目についた。

9　百九歳という広島県の最高齢者に会った（二〇〇六年十月）。会話は成立しなかった。詩のように正信偈《しょうしんげ》を唱えておられた。意識はだんだんと朦朧としても、年輪とともに刻まれた信心はゆるぎないのに驚いた。

10　聴き取りをさせていただいたら、その場で写真を撮り、後日礼状に、その写真を取り込んで送るようにしていた。田崎稔正（九十四歳―二〇〇六年）さんの場合は話に夢中になり、うっかりそのまま帰った。後日、改めて写真を撮らせてもらおうと思い電話をし、了解してもらった。

訪問すると、何と、稔正さんは背広姿でネクタイまで着用されている。正装されているので、今日は何事かが重なって正装しておられるものと思い込んで訊ねた。ところが返事は

「なになに、あんたが写真を撮りに来るというから、急いで正装しとったのよー」ということで恐れ入った。奥さんも正装されていた。昔、写真を撮るのはハレの日のことであったのである。写真はケとはむすびつかないのである。なんだかこころが温まるのを覚えた。

ここに列記したような高齢者の日常は、やがて消えうせていく。次第に公的な教育制度の中で学んだ知識や知恵を、金科玉条とするようになってからは、常民の中にあった生活の知恵や風習などは、しだいに影を潜めてしまうことになった。こうした時代状況だから、常民の生活を浮き彫りにすることの出来る話を、足元から掘り起こし留めておくことは、先人の後を歩く者に課せられた課題であるように思われる。閉塞感のある今の社会情況を凝視する一つの視座になればよいと思うのである。

今回、このエピソードのタイトルを『死と生の民俗』とした。

目次

死と生の民俗

第一部

明治末期から大正期の「死の民俗」

――地域の葬儀や野辺送りの行列、火葬場での体験から――

昔は自宅で亡くなるのが当たり前であったが、今日では「死が家からどんどん遠ざかり、死に対する意識が希薄化した」ことを多くの人々が口にしている。しかし、その割には、自宅で家族や親戚の人々が死んでいった状態、つまり「死との出会い」の具体的な事実を述べたり、それを記録に留めたりすることはあまりされていない。

また、子どもの教育にかかわって、多くの人々が「今日、子どもたちは死との出会いが少なくなった」ことや、「死との出会いが大切である」とは述べている。そして病院での死が「死のイベント化」「死の儀式化」「死の産業化」につながり、死に対する意識が希薄化したことも、しばしば言われている。しかし、昔はどのように「死と対面していたのか」については、その事実が必ずしも明らかにされてはいない。

そして、最近では病院で亡くなった場合、家に帰らず病院から葬儀場に直行し、そこで葬儀をするというのである。生活を共にした家族との団欒の場に、一旦は引き取られて、せめて家族と最後の時を過ごし、お通夜の後に、葬儀場に向かうならばまだしも、「直行」するというのである。むしろ、その方が手空きで造作が少なくて、気が楽で良いという大人が多くなった。

こうした世情になってみて、日本社会に古くから長い間続いた、自宅死の様子はどんなものであったのかを明かすことが大切である。その具体的な事例を探った上で、自宅での死がどのように、いのちの感動を与えたのかを例示することで、はじめて、最近死者に対する弔いが儀礼化して「無感動」になっていることを、明かすことができると考える。

また、かつては死が日常の生活の中にあったから、理屈抜きでいのちの重みを肌で感じることが出来たものと思える。あわせて、昔、子どもたちは親に連れられて、日常的に仏教僧の法話・説法を聞く場に臨んでいた〔聴聞〕。それらを、明治末期から大正期の子どもたちの具体的な体験から迫ってみたい。

大正時代、広島市安佐北区可部町姫瀬地区の葬儀
可部カラスの会（新沢孝重事務局長）提供

そうした思いが出発点になって高齢者の聴き取りを始めたものである。

今回の、この意図的計画的な聴き取りの始まりは、広島市安佐北区可部町姫瀬地区に保存されていた、大正時代に撮影された葬儀後の、一枚の集合記念写真（写真参照）にある。この写真のもつ意味は大きい。それは、被写体六〇名の内二三名が、小学生程度の学童、ないしは学齢期に達していない子どもたちだということである。しかも、そのうち親族として、正装している子どもはわずかであり、多くの子どもは、地域の子どもである。このことの意味は、日常生活の中で、ある日、葬儀という非日常に出くわした子どもたちは、ものめずらしさで葬儀の場に集まって来たということである。死が日常生活

戦没者村葬　河本澄夫氏提供

から切り離されることなく、生活の一部として、子どもの日常にも組み込まれていたことを物語っている。

この一枚の写真を出発点にして、可部町以外の地域でも、昔、子どもたちは葬儀の場面に出くわしていたのかを聴き取った。

聴き取りの中で、上の写真にも出会った。この写真は昭和十年代の、広島県中央部の向原町（安芸高田市）で行われた、戦没者の村葬の風景である。学校をあげて参列した、その時の写真である。被写体は、大人約一〇〇人に対し丸坊主の子どもや、セーラー服の女学生ら約一〇〇人である。

「式順の中に回向《えこう》とあり全員が花を手向け焼香した」（聴き取り30）（以下「聴き取り」を「聴」と略す）と河本澄夫（九十歳—二〇〇二年）さんは、当日のことを回顧した。子どもたちは学校から動員された形ではあっても、地域の人の死に出会う機会であった。村葬は国家的行事ということで、この場合の子どもたちの参加は、必ずしも自由意志ではないが、子どもたちが死と出会う場ではあった。このように葬儀の場に、大勢の子どもの姿があった。現在では特別の場合を除いては考えられないが、かつての子どもたちにとっては、日常生活の一部であったであろうと想定して、聴き取りを続けた。

角田サダ子（九十五歳―二〇〇七年）さんは「昔、葬式はほとんど午後から始まっていました。尋常小学校の子どもたちは、学校から帰るとすぐに葬式のある家に行ったものです。時には学校に閑《ひま》をもらって（早退して）かけつけたこともありました」（聴43）と当時を語った。葬儀だけではなく「その当時（昭和十年前後）は地域の祭りなども、早引きが許されていました」（聴24）と古原久行（八十八歳―二〇〇七年）さんも言った。また「ひと昔前までは、その家の法事の時も学校を休んで、法事に加わるのが当たり前でした」（聴15）と備後教区の僧職の多くが語っているように、子どもも大人と同じように広く仏事に出会っていた。磯田清二（八十五歳―二〇〇七年）さんも、子どもの頃の体験を語った。

「子どもの頃に野辺送りの行列について焼場まで行ったことが何べんもあります。その中でいろいろ見聞きしています。当時は講中《こうじゅう》の役割が大きく、葬儀に必要な物はみな講中で用意していました。葬儀用の造花も全部講中で用意しました。死花花《しかばな》をはじめ諸々のものを手作りしていました。その中の杉盛りと呼ばれる花は、杉の枝を束ねたものの外側に竹ひごを十文字にさし、その竹ひごに赤白青の菊餅を張りつけてありました。子どもたちも、造花の中の死花花や蓮の花などを一本ずつもらって、行列に加わり野辺まで送りました。野辺で子どもたちは、菊餅をもらって食べました。その風習はこの地域では、少なくとも私の父が亡くなった、昭和三十八年ごろまでは続いていたように思います」(聴10)と語っている。

このように、当時の体験をありのままに聴き取ることを始めた。聴き取りの方法は、調査として構えたり、改まったりするのではなく、日常生活の中で、自然に出会った普段着の高齢者から、できるだけ自然な会話の流れの中で、相手の思いのままを聴き取ることを基本にすえた。可能な限り時間をかけて、相手の語りに任せ流れに乗って、聴き取りを進めた。

ある時は田んぼの畦で、ある時は軒先で、日向ぼっこをしながら満ち足りて生活している高齢者に声をかけて、また時には、旅の道端で四方山話の続きとして、気楽な会話の中で聞いたことを記録に留めた。さらには、病院の待合室で出会った初対面の高齢者を、ボランティアで自宅まで送る間に、話の核心に触れることが出来ることもあった。ドライブの途中、道を尋ねたことがきっかけになって、意外な話に出会うことも何回かあった。また高齢者の会合に招かれた後で、聴き取ったこともあった。聴き取りの終盤では、百歳前後の高齢者の体験を意識的に聞いて回った。ありがたいことには、時には先方からの招待を受けて、出かけるケースもあった。本当に貴重な高齢者の体験を、早いうちに聴き取っておかないと、後悔が残るという思いがあった。中には聴き取る寸前に、亡くなった例もあり、悔やまれたこともあった。

聴き取りが一段落した時点で、桜井徳太郎氏の「観光と民俗採訪」というタイトルの一文に出会った。

「わたしの行く先は、（中略）世間にまったく名の知られていない片いなかである。（中略）名もなき村が私の目的地である。（中略）ハイカーや登山者の目標は、あくまで山紫水明の大自然である。けれども私の目ざすところは、そうした美しい天然自然ではない。たがいに同じ顔かたちをもちながら、平々凡々の暮らしを立てている人間の群と、彼らが織りなす生活そのものを目あてとする」[5]と述べている。

筆者も同じ視点で、平凡に生きている、ごく普通の人びとの聴き取りを進めた。

話の切り出し方も、雰囲気を大切にし、話の強引な方向づけはせずに話の成り行きにまかせ、相手の語りをつとめて大事にした。聴き取りをする側の都合で、やつぎ早に発問を押し付けることなどは極力避けた。できるだけ相手の話の流れに乗って、聴き取りを試みた。

聴き取りを進めていくうちに、しだいに見えてきたことは、明治・大正期の子どもたちは、人の「死に逝く姿」に生々しく出会っていたということであった。「死に逝く姿」に出会うことで、当時の子どもたちは、いのちの大切さを体得していたのである。それは今日の子どもたちが出会う、死の儀式や、死の情報とは異質のもので、死のリアリティーをともなっていた。

多くの高齢者から聞いた話を無駄にしないため、エピソードをいくらかの項目に分けて、記録にとどめておきたい。

一　生の中の死

1　日々のなかにある日常の続きとしての死

⑴子どもの頃に「人の死」にどのように出会ったか

白寿を迎えようとしている、畝上数男（九十八歳―二〇〇一年）さんは語った。

「私が死について思い出すのは、大正初年頃のことです。私の伯父は土木の仕事をしていましたが、久井から田打《とうち》へ抜けている、いつも遊んでいた道が崩れ、その修理のために穴を掘っていたら、それがまた崩れて親子二人が生き埋めになりました。近くの者が、みんなスコップを持って行って、必死で掘りました。父親は顔が出ていたので助かりましたが、息子は生き埋めになって、亡くなりました。その場へ、知らせを受けたお医者さんが二人、馬に乗って来られました。後で思えば、それは検死でした。その道路端の様子を、はっきりと思い出します。私は当時七歳くらいでした」（聴19）。馬に乗って来られたお医者さんの検死で、平穏な日々に、急に死が割りこんでいる情景が目に浮かぶ。今日では見かけることのなくなった、屋外での検死の場面に出会った話は、ほかの高齢者も語っている。
「私は子どもの頃に、家族の死に出会った経験はありませんが、死体を見たことはあります。近所のことで心に残ることがあります。小学生の頃に、私の家のすぐ前のセンばあさんが、井戸の水汲み中につるべがはずれて、誤って井戸に落ちて亡くなられました。早朝、すでにお茶は沸かしてあるのに、おばあさんの姿が見えないので、家族が心配して探しておられたが、見つからないので、近所の人もみんなで探しました。やっと見つかって、井戸端に引き上げられ、お医者さんが来られて検死されていました。なぜか長い髪が、二〜三本顔にかかっていたのが目に焼きついています。それを見てから家に帰って、鞄を取って学校に行ったのですが、鞄を取りに家に入ろうとした時、家の中に入るのが怖かったのを、今でも思い出します。その頃の家はだだっ広くて、窓はなく電灯も少なくて、暗い感じで大変怖かったのです。両親は早くから遅くまで外で働いていますから、家には誰もいるわけではないのです。鞄を持って、すぐに家を飛び出しました」（聴44）と重井美恵（九十三歳―二〇〇七年）さんも語った。

検死どころか、全国的には、解剖が路上で行われたという事実もある。南方熊楠は生前に、「せめてわしの死屍《しし》がお役に立つならば、科学のために解剖してくれ」と言ったという。その意思に従い、「大阪医大の森上助教授が、学生数名をつれて南方邸に到り、庭前に古いえんだいをもちだし、その上に荒むしろを敷き翁の遺体を横《よこた》え、木枕をさせた。

飄々と師走の風が庭樹を鳴らし、からりと晴れた陽の下で、脳の解剖がおこなわれたのである」(6)と言う。しかも、それは昭和十年代のことである。我々が忘れかけている、なんでもないような事柄であるが、我々の世代にあったこととして、思い起こしておきたい。

重井美恵さんの話はさらに続いた。

「石工の岡条さんが一里ほど離れた山で、石を割り出しておられました。その日の夜、遅くなっても帰らないので、行ってみたら死んでおられたそうです。狐にだまされたのだと、当時、大人たちは言っていました。次の日、大八車に筵《むしろ》を敷いて、遺体を運んで帰りました。それについて歩いたことがあります。母は行くなと言ったのですが、私はおてんば娘でしたから、何でも関心があったので、振り切って行ったのです。子どもの頃は狐にだまされるという話をよく聞きましたし、実際に子どもの頃には、夜、狐が家の近く（渡郷―地名）まで来てしきりに鳴いていました。そのほかにも、内田さんの子どもが、川に転落して流されて、下流まで大人と一緒に探しに行ったこともあります。下流の井手（井堰）の所に引っかかっていたので、そこから引き上げて、連れて帰ったのを覚えています。

また、子どもの頃に親戚の近くの、造り酒屋の葬式がありましたが、そこの家は土葬だったので、墓所に大きな穴が掘ってありました。深い穴でした。棺を穴に納める頃には雪がしきりに降っていました」（聴44）。重井美恵さんのこの体験は、大正十年頃のことだと言う。今でこそ死が病院に集中しているが、かつては、地域の日常と死が繋がっていた。

百一歳（二〇〇六年）になる木原富士夫さんも、「わしはもう枯れ木同然じゃけー、はよう参らせてもらわにゃあいけません」と前置きして、子どもの頃に見た、印象的な風景を語った。それは「子どもの頃に徳永の助役さんが赤痢で、担架に乗せられ入院された様子です。よう覚えております。入院後亡くなりました」（聴98）。今日では救急車で通り過ぎていく風景が、大正時代の初期には、担架で運ぶ姿として、田舎道の一風景としてあった。それは純粋な子どもにとっては、心細く不安な情景であったに違いない。

「死について心に残っていることといえば、私が十四歳（高等小学校二年）頃のことです。二歳年下の弟が上級生にいじめられて、頭を打って一週間ぐらいして亡くなったことです。その時、脳内の白い液が、耳から出ていたのを今も思い出します。かわいそうでした。焼場まで送り、薪や藁の上に棺桶を載せさらに薪や藁を並べ、その上に濡れた筵を掛けて焼いたのを覚えています。次の朝、焼場に行ってみたら、けがをした頭だけが焼けておらず、急いで焼いた場面が目に焼きついています。昔は今日とは違って、兄弟が多かったので病気や事故で早死にすることがありました。痛ましい死に、子どもたちが出会うことが多かったのです。分娩異常とか、過労による死産などの死亡もかなりありました」（聴17）と蔵信初子（八十五歳―二〇〇七年）さんも語った。

右に見たように子どもをはじめ、若年での死がずいぶんあった。そして、日常の続きに死があった。

家族の死もまた、日常の中で見てきている。例えば「祖母はいたって元気だったのに、稲刈りをしていた時に稲の葉で運悪く目を突いてしまいました。にがってにがって〔痛くて〕仕方がないので、地元のお医者さんに診てもらいましたが、どうにもならないので眼科の専門医（三原市の桑田眼科）まで行きました。しかし、そこでも手当てがうまくいかず、右目を繰り出しました。それがもとで、しばらくしてから亡くなりました。今の医学なら死ぬことはなかったでしょうが。今では考えられないような死に方が、昔はいくらでもありました。祖母は死に際に、息子（角）に『角よー抱いてくれりゃあいいのにのー』と頼みました。息子が抱いてあげると、眠るように息を引き取りました。息子のほうは、母の死を自分の腕の中で看取ったのです」（聴45）と杉本禎子（八十二歳—二〇〇七年）さんは語った。病院死などに比べて、はるかに豊かな人生の終わり方である。

自宅で生涯を終えるのが基本であったから、子どもたちも多くの「死に目」に出会っていた。また、子ども心にいのちの無常を、心に刻んでいる体験も語られた。湯来清子（八十三歳—二〇〇六年）さんは「子どものころに出会った死で、記憶として残っているのは祖父の死です。昭和のはじめごろです。朝、私が出かける時には、祖父は元気で、囲炉裏端に座っていました。朝食の準備もしてありました。ところが家を出て間なしに、学校へ行く途中、自転車で追いついて来られた先生が、私に『今あなたのおじいさんを、あなたのお兄さんが近くのお医者さんに、連れて行かれるのを見かけた。すぐに引き返したほうが良いよ』と言われ、すぐに引き返すと、おじいさんは亡くなっていました。たった今まで元気だったのにと思いました」（聴86）と話した。

また、高齢者の話には人生の途中で、多くの逆縁に出会った体験もあった。

山川良子（九十一歳―二〇〇五年）さんも若いころの逆縁体験を語った。

「話は昭和十九年のことですが、忘れもしません、この年の七月一日、この日は土曜日でしたが、小学校三年生の長男と一年生の次男と、もう一人長男の友達で、近所の収夫君との三人が、裏の池で泳ぐことになっていました。兄弟で待っていましたが、収夫君が来ないので、兄弟二人で先に泳ぎに行きました。ところが長男の方が足を滑らせたのでしょう、深みにはまって、姿が見えなくなりました。ちょうど私は麦刈りをしていました。次男が知らせに来て、近所の人に集まってもらって、池の樋を抜いて探しました。今頃のようなポンプはなく、池の樋を抜いただけで、池を干上がらせるのは時間がかかりました。結局助かりませんでした。これは如来さんのご催促だと思いました。人のいのちとはこういうものだぞと教えてくださったのだと思います。人生はこの通り無常だということを教えてくださったのだと思いました。その時わたしは三十五歳くらいだと思いますが、逆縁に会いました」（聴60）。逆縁という不運を、「諸行無常を悟れ」という如来様の催促だと受け止める、信心に徹した生きかたを聴かせてもらった。同席していた相田コシゲ（九十歳―二〇〇五年）さんも、逆縁の人生を語った。

「私も、たくさんの逆縁に会いました。昭和十二年には一歳になったばかりの子どもが風邪をこじらせ、ついに肺炎になって亡くなりました。その次の子は、五歳の時に脱腸が高じて亡くなりました。また、もっとも心に残るのは孫の死です。この孫はおばあちゃん子でしたから、私になついていました。孫が二歳の時でした。私は家の川向こうの田の、麦刈りの手伝いに行く約束をしていた日のことでした。朝出かけようとすると、孫は気配を感じて、私のそばから離れないのです。嫁さんに渡そうとしても、私にしがみついて離れないのです。それで、嫁さんにお菓子を持って来るように言いました。菓子で手なずけて母のもとに行かせようとしても、泣きじゃくったのですが、無理やり母の手に預けて、私は出かけました。二歳頃は目の離せない時期ですから、そばを離れないように、嫁に言い聞かせて私は出かけました。それでも気になるものですから、川の反対側から見ると、嫁は畑に出て仕事をしているので、『仕事はしなくてよいから孫のもとにいるように』と大きな声で命じました。その時、嫁は一旦家に帰って行ったので、安心して仕事を続けておりました。ところが家に帰った嫁は、孫が寝ているので安心して、再び畑に行ったようです。そのすきに、目覚めた孫が縁側に這い出し庭に落ち、さらに這って、庭の池にはまってしまったのです。そのことに気づいた嫁が、池から拾い上げたのですが、すでに孫はぐったりしていました。嫁は『お母さん』と大声をあげて、孫を抱いて私のところに走って来ました。もうその時には孫はぐったりしていました。ずいぶん離れたところにある医者に連れて行った時には、もう手遅れでした。虫の知らせというか、この朝に限って私のもとから離れなかったのです。何か妙に気になっていたのです。嫁に孫のもとを離れるなと、しつこく言ったのも、虫の知らせだったのだと思います。不注意で子どものいのちを奪った嫁は、てっきり離縁になると思っていたようです。実家のほうでも、覚悟するように言っていたそうです。もちろん、そんなわけのものではありませんから、頑張っています」（聴61）。

宮本常一氏も、農家の母たちの同じ思いを聴き取っている。

「特に農村においては母もまた野に出て働かなければならない。農民を一概に保守的というけれども、単に何も顧みないのではなく、多くは仕事にかまけて直接生産的でないものに眼をむける余裕が少ない。そうして母は子を守の背中にくりつけておいて終日はたらいたのである。守のない子は親が田の畔などに背負うて行って、そこへ寝させて仕事するものも少なくなかった」(7)と、生活に追われているがゆえに、子どもから離れなければならなかった実状を宮本常一氏も聴き取っている。これらの話は、聴き取る側が、自ら田の畦に腰を下ろして、相手のそばに身を置くことで、はじめて聴き取ることのできる話である。その中で聴き取ったのは、日常のすぐ隣へ徐々にやってくる死と、予告なしに突然にやってくる死とがある、ということである。そのいずれも、大人と子どもの目に触れる形で日常生活の中にあった。

高齢者から聴き取った話を、項目に分けてさらに仔細に追ってみる。

(2)「死に目」に出会った体験や見聞

「私が小学校一年生の時に、曽祖母は亡くなりました。危篤の知らせを受けて、当時住んでいた近くの大乗駅から、父母に連れられて帰りました。何回も生死の境をさまよって、いよいよ最期の時には親類一同、孫も含めて皆で息を引き取るのを見届けました。最期の時、本当に息を引き取ったかどうかを確かめるために、和紙を細くちぎって鼻のところに近づけたのを、子ども心に覚えています。息を引き取っていると、和紙が動かないのです。それを機に、臨終ということになるのです。この場面が、私にとって人の死に出会った最初でした。それだけに、その時の記憶が非常に鮮やかに残っているのです。体が硬直しないうちに、膝を抱えさせ、紐で巻き座布団などをつめて部屋の片隅に寄せていました。後で縦棺に入り易いようにとの計らいだったのです」（聴22）と国貞昭雄（七十九歳—二〇〇七年）さんは語った。この例から、人の死はおおよそ予測でき、臨終の場に親類縁者、一族の老若男女が集まり、見届けるというのは普通のことであった。

死を予測して、一族が集まって「死に目」に会った例は限りない。

「高齢であったのでみんなが看取る中で、眠るように亡くなりました」（聴27）、「家で死んでいったので、ほとんどの人の死に目に会いました」とか、「わしは子どもを六人生みましたが、上の二人の男の子は、どっちも三歳の時に死んでしまいました。長男は昭和十年にジフテリアで死にました。わしが二番目の子どもを、ちょうどお産した時のことですが、その時、わしの実家の甥がジフテリアで死んだので、連れ添い（旦那）が葬式に行って、ジフテリアの菌をもろうて（貰って）帰ったのが、長男にうつり、それで死んだのです。昭和十二年には、次男がエキリにかかり高熱が出て下痢で死にました。男の子二人を亡くした後、続いて昭和十三年には、祖父を送りました。昭和十九年には旦那まで失いました。親をはじめ子ども・舅・夫など、多くの死に目に会《お》うてきました」（聴50）、また「少女であった頃、祖母が亡くなりましたが、その間、毎日まいにち祖母の様子を見ながら話をしていました。後から思うと、一日一日祖母は弱っていき、徐々に死が近づいているように感じとることができました。家で一緒に暮らし、思い残すことのないように尽くすこともでき、精一杯看病し、看取ったので、徐々に死が近づいていることを予感できました。そのためか、『死に目』に会っても、なぜか悲しくなかったのです」（聴46）と新潟市（旧西蒲原郡）出身の山木鈴子さんは語った。

その頃、人々は家族や一族の中で、数多くの「死に目」に出会っている。高齢者の話は一様に、日常の生活で、日頃から精一杯尽くしていたからこそ、徐々に死に対する覚悟もでき、死を自然の流れとして受け入れることができたと言うのである。家族や地域の人々にかこまれて、一生涯を終えることのできる豊かな人生があった。

人の一生の最後である「死に目」について、例えば、潮の満ち引きで死を確認したり、本当に息を引き取ったかどうかを確かめるために、先に引用したように、和紙を細くちぎって、鼻のところに近づけたりして死を確認している事例（聴2・22）のように、意識的に死をとらえているものもある。

さらに注目したいのは、「死に目」に会った衝撃よりも、死の前後の衝撃の方を、大きく記憶している者がいることである。例えば「死との出会いで最も心に残っていることは、わずか五歳か六歳ごろのことですが、一歳になったぐらいの弟の子守を任されて、遊んでいましたら、いつのまにか弟がたんぽつ（湧き水の出る小さな水溜まり）にはまり、気づいたら死んどりました。私は、その時お巡りさんに『あんたがしっかり守をしょうらんけーよ』と、ひどう怒られたのを、いまだに忘れられません。今でも、その弟の墓に参ると『すまんことをしたのー』と手を合わせています」（聴6）と内田早美（八十九歳―二〇〇七年）さんは言う。子守の途中で、弟を水死させてしまったことへの自責の念に、今なお駆られているのである。「私が十五歳の頃、生まれて間もない弟が栄養失調で亡くなりました。亡くなってから座布団に包んで抱っこしてやった時のことを思い出します。かわいそうでした。また人間として生まれて来いよと、何べんも言ってやりました」（聴12）と、ままならぬ経済状況の中で、弟を送らねばならなかった無念さを思い出す高齢者もいた。

「癌を患っていたおばあちゃんは、死んだ次の日の朝に多量の出血を畳に残していきました。そんなことになってはいけないと、あらかじめ棺桶の底には、米糠を入れて万一の場合に備えていましたし、出血を予測して念入りに身体中の穴に脱脂綿を入れて処置をしていたにもかかわらず、死後に下血しました。そうなったことを母は残念がっていました。子ども心に母の慌てようを見た思いがしました」（聴32）。それをかいがいしく処置する母のことを思い出す高齢者の話は、半世紀以上も遡る話である。これらは、「死に目」に会った瞬間よりも、もっと衝撃的な体験であり、強烈な印象として脳裏に焼きつけられている。「死に目」という瞬間だけでなく、総じて死の前から、死後に及ぶ「死に逝く」過程全体を、死として受けとめているように思える。彼らは生活の一連の流れとして「死に目」をごく自然に受けとめようとしている。

すべて、死を家族の日常生活のすぐ隣にあるものとしてとらえている。いわば「生」の一部としての「死」といえる。

昔子どもたちが出会ったのは「死に逝く姿」であり、死を部分的に切り取った、いわゆる今日のように「儀式」だけに出会う、といった死との出会い方ではなかった。

さらに、「儀式」としての葬式も今日とは違って、その地域に住む人々の日常に繋がって、一体になっていたことがうかがえる。例えば「私の父の葬式は、お寺でしてもらい野辺送りをしました。その時、お寺の正面の石段でみんなの写真を撮ったのを覚えています。そのあとで、行列を作って野辺送りをしました。行列の情景を今でも思いだします。父は四十八歳という若さで亡くなったせいもあると思うのですが、たいそうな行列でした。おそらく行列は一〇〇mにおよんだと思います。亡くなったのは五月頃でした。その時期はちょうど麦刈りが忙しい時期でしたが、大勢の人でした。隣近所の子どももたくさん、行列に並んでいたのを覚えています。家の近くに五軒ほどありましたが、どの家にも小学校一年生から六年生までの子どもがいました。その子どもたちが、全部野辺送りの行列に加わっていました。その頃は、親が必ず子どもを連れて、葬式に出ていたように覚えています。葬式といえば一家総出で、お祭りのようなものでした」（聴11）と本村千代子（八十三歳―二〇〇一年）さんは語った。しかし、死を悼む気持ちがなかったわけではなく、それはいわゆる、黒のハレの日であった。

前記のどれをとっても全て「人の死」が、そこに生活する人々の日常生活と密接につながっていた。そして、ゆっくりと流れていく日常がすけて見える。ここに見るように、故人との日常の続きを最後まで大事にしていた。

しかし、「ふり返ってみると昭和五十年頃からは病院で死ぬる者が身内でも増えてきました。それまではほとんど家で死んでいました。ですから、ほとんどの人の死に目に会ってきました。昭和五十年頃から、何かにつけて変わってきたように思います。また葬式が儀礼的になり、葬式の場に、子どもの姿も見られなくなりました。昔は子どもが大勢葬式の場にいたのが、懐かしく思い出されます。今は寂しいことになりました」（聴43）。角田サダ子（九十一歳―二〇〇三年）さんのこの話は、時代の変わり目に注目させる話である。たしかに、昭和五十年代を境に、その後時代は急激に変わった。そのことを多くの高齢者が語った。「今は葬式の形も簡素化して、人の死を悼むことがおろそかになっています。人の死に目に会うことも少なくなりました。たとえ死に目に会っても、今の子どもたちは（大人も同じですが）、臨終の時いっせいに医療機器の方を見ているということです。臨終行事の意味を、もっと若い世代に伝えねばならないとつくづく感じます」（聴21）と、今の世の中を心配する高齢者もいた。これは、今の世の中が「死に目」に会うのではなく、室内に設置された脳波・心電図などのモニターを通して、「死の情報」に出会っていることを物語っていると言える。

2　日常を断ち切る死の予言

昭和五十年代を境に、大きく変わったのは、死との出会い方だけではなく、死に逝く者の自分の寿命に対する予知のし方もそうである。「今頃は死にそうになっても、医学の力で生かすので、なかなか死が予測できない。また事故などで突然に死ぬこともある。昔は今頃とはちがって、隣近所で大体誰がいつ死にそうだというのも分かっていました」（聴56）と川原克彦（八十歳―二〇〇五年）さんは語った。べつだん、医学やその関連の知識をもつ者ではない、普通に生活している高齢者の言葉である。昔、人びとは意外に自分の死期を予感していたと思えるような事例に出会った。

「実家の父は、私がここへ嫁いでから後で亡くなりました。八十歳で亡くなりました。みんなが見舞いに行くと、いつもみんなに『ありがとう。ありがとう。よう来てくれた』と言って感謝の気持ちを素直に示していました。私が見舞いに行った時も『よう来てくれた。ありがとう』と言い、『わしが死んだら八十歳で死んだことを墓に書いてほしい』と言っていました。当時としては長生きでしたから、そのことを書いてほしいと思ったのでしょう。見舞いに行った私を気遣って、『今日はまだ死なんと思うので、帰れ』と言うのです。みんな、それぞれに仕事をもっていて忙しいのだから、わしのいのちが続いている間は帰れと言うのです。見舞いに来る人に『たえがとうがんした』（堪えがたいことでした。つまり『ありがたさに堪えがたい』の意味）と、たびたび言っていました」（聴68）―中林栄代（八十八歳―二〇〇六年）さん談。「『会うた時がいとまごいじゃ思うとけーよ』と絶えず父は言っていました。父は信心の篤い人でしたから諸行無常と心得ていたのでしょう」（聴85）と、常々聞かされた古老もいた。

今日では医学の進歩、医術の向上により、あるいは延命装置などによりいのちがコントロールされ、自分で自分の寿命を予測できなくなっているのに対し、当時の人々は自分の寿命を、おおよそ感知していたように受け止められるのである。

死を予告した話も聴き取った。

吉原有男（九十六歳―二〇〇六年）さんは「父林三郎は、明治三十八年三十歳の時に『御文書』を書写しました。御文書は毎日毎晩お礼をするのだから、本願寺から貰ったものは傷むので、自分用に書写したと父は言っていました」と語った。「書写したものがこれです」と見せてもらったものが、左の写真にある自家製の御文書である。「明治三十八年之を写す」とある。吉原有男さんは続けて語った。

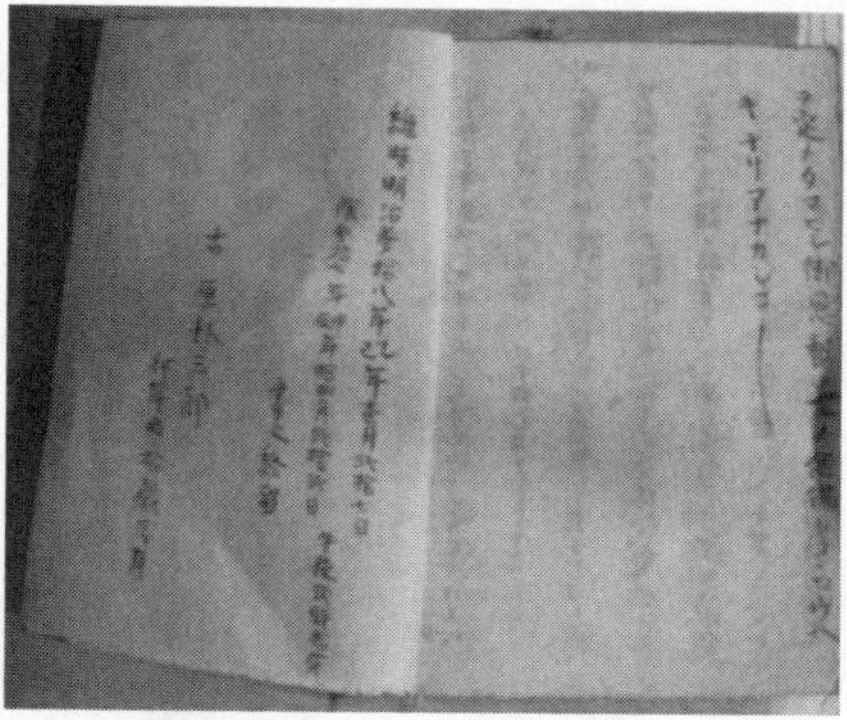
書写された御文書

「その父が、晩年になったある時に、自分の死期を悟って『阿弥陀経はもっと大きな声で、お経してくれ』と言いました。そう言った後で、みんなに『ご飯を食べてこい』と言いました。食べ終わってから父のところに行くと『ご飯を食べてきたか』と言うので、『食べてきた』と言うと、父が『それじゃあわしが負けた』と言いました。『負けたとはどういうことか』と聞きますと、父は『お前らがご飯を食べている間に、阿弥陀さんのところへ参らせてもらおうと思っていたのだ。お前らが来たからわしの負けじゃ』と言うのです。しかし、それから間なしに亡くなりました。信心のあつかった父は、自分の寿命を知っていて、そのように言ったのだと思います。その時わしは三十歳でした」（聴74）と。

さらに、決定的に自分の寿命を予知していた年寄りもいたと、里村卓雄（八十六歳―二〇〇六年）さんは語った。

「私には、いまだに謎の解けない不思議な思い出があります。それは、母方のおばあさんが死んだ時のことです。私は父が早く亡くなったので、母の実家で祖父母や伯父一家と一緒に生活していました。昭和のはじめ頃のことですが、私が十歳ごろのある寒い晩のこと（後で調べたら昭和三年二月二十八日）ですが、祖母は夜な夜な、経木《けいぎ》（帽子の素材）を内職で組んでいました。その晩、経木を組み終わって『やれこれで経木を組み終わった。わしは明日死ぬるけー経木を納めてくれー（甲山の元締へ納入）』と言いました。

それに続けて、おばあさんは言いました。『わしはこれで終わりじゃー。よその人が来てじゃけー、きれいに片付けておけーよ、恥をかかんように』。つまり自分が死んだらすぐに「講中の人が来て、家の中で葬式の準備を始めると、家の中が丸見えになるので恥をかかないように片付けておくように」ということである。

「その晩しばらくして祖母（タツノ）は母（ツヤ）に言いました。『ツヤよー、うまい酒を一杯沸かせー、最後の酒じゃー熱つーに沸かしてくれー』と。母が沸かして行くと、おばあさんは『最後の酒じゃー、何で小温《こぬる》い酒を沸かすんにゃー』とひどく怒ったというのです。

そこで母は『明日も沸かすんじゃけー、こらえんさい』と言ったというのです。おばあさんは『へーじゃーいいわい』と言って飲んだのです。おばあさんは、便所が近くなっていた（頻尿）ので、夜中に母が祖母の様子を見に行き、おしっこで体が濡れてはいないかと触ると『つべたー手（冷たい手）をのぞけて、いらんことをするな』と言ったので、祖母の元気な様子に安心して母も寝ました。もちろん、いのちが切れるなど思いもしなかったのです。

翌朝になって、私が学校へ行く仕度をしていたら、母が『おばあさんを起こしてこい』と言うので、祖母を起こしに行きました。返事がないので『おばあさんは返事をせんどー』と言ったら、母が『もう一回行って体を動かしてみいー』と言うので、もう一回行って動かしましたが動きません。『しっかり起こしてみいー』と言うので再度行ったが、動かなかったのです。すると母が飛んで来ました。母は『息が切れとる』と言いました。まさか死ぬるとは思いませんでした。『息が切れとる』という母の声を聞いた伯父さんは、たまげて家の外へ飛び出し、前の道で『おばあさんが死んだ。おばあさんが死んだ』と叫んだのをいまだに覚えています。今ごろになっても、どうしても分からないのですが、昔の年寄りは自分の寿命を知っていたように思えるのです」（聴88）と里村卓雄さんは、昔を振り返って不思議がった。

次も同様な話である。「私の心に残る人の死は、何と言っても私の父の死です。私の父は大正十二年二月二十四日に亡くなりました。ちょうどその年は、関東大震災が起こった年ですからよく覚えています。父は風邪がもとで、それをこじらせて、一ヵ月わずらって死にました。五十二歳でした。私はその年十四歳くらいでした。私の家は親戚が多かったので、私の従兄なども多く集まっていました。その日の午後六時頃のことですが、父は家族に言いました。『羽織を出せ。今から参らせてもらうけー』『花車が来たから、それに乗って行くけー』と言いました。しばらくして、みんなに『さよなら』と言って死んでいきました。その日のことを、みんな不思議に思い、年上の従兄たちも、その後度々話してくれて、心に刻み込まれています」（聴89）―佐藤春代（九十五歳―二〇〇六年）さん談。

　次の話も同じ頃の話である。「勝市（父）は若くて亡くなりました。三十四歳でした。大正十二年のことです。私たちは、子どもの頃のことですが、父は死に臨んで『仏さんが迎えに来られた。冠りものを取れ』と言って死んだことを、母は私たちに、度々聞かせてくれました。妹も、亡くなった父のこの話を、母からしょっちゅう聞いていたと言います。母はその次に必ず『お前ら二人がいなかったら、すぐにお父さん（夫）についてあの世へ行っていたであろう』とも言っていました」（聴90）―平田文子（八十五歳―二〇〇六年）さん談。

　筆者の従兄も逝去の日は「今日は南無阿弥陀仏よ」と朝から唱えつつ、この世を去ったと聞かされている。それから既に半世紀が過ぎた。これらの事例のように、自らの死を覚悟して、この世を去ったという多くの話を聞いた。

　その昔、光源氏は「宿世のほども、みずからの心の際も残りなく見はてて心やすきに……」と、世を去る句を残して去ったという。このように自分の死期を直感していた話を、五木寛之氏も収録している。例えば「曽祖母よみは文久三年（一八六三）生れ、昭和二十八年（一九五三）四月に死んだ。（中略）よみは『今夜は、間違いなく浄土に詣らせてもらうよ』といって、自分の寝ている藁ぶとんの下から大切にしてきた胴巻きを引き出させて、取って置けと私に合図する。（中略）『死ぬということは、少しも特別なことではないがやぞ』『人は、阿弥陀さんの所から来て、また阿弥陀さんの所へ帰る』『浄土では皆いっしょになれるがや』と、諭すように、ゆっくり話す。（中略）『さあ、一足先に詣らせてもろうさかい。浄土で待っているさかい』」[8]と言って、人生を全うした話を載せている。そして「ひょっとしたら字も書けないかもしれない農民や漁師の中に、従容として自分の死というものを受け止める人たちが無数にいた」のだろうとも言及している。

立川昭二氏が文人たちの姿を、時代を遡って追い、江戸時代の人びとの死生観を現代の死生観と対比している[9]。その記述の中で江戸時代は、医術や薬によってあくまでも延命を図る今日とは違って、精一杯生きたのちは、自ら死を自覚して未練なく去って行けたと述べている。

しかし、今日では何人かの高齢者が「芝居は済んだのに、幕が下りません」と言う。芝居の最後に、芝居の流れを思い起こし、幕の下りるのを自覚し、心静かに世を去るというようには、ことが運ばないケースが多々ある。

高度な医学に頼ることのなかった時代、人びとは日常の続きに、徐々に死に逝く自分の姿を見ていた。日を重ねるうちに、次第に死が予測できたのであろう。それに引き換え、医術によってよく言えば守られている、言い換えればコントロールされている現代社会では、死の予知が、はなはだ困難である。日常の続きとして自然な死があるという時代は過ぎてしまった。

二　死の儀礼に出会った体験や見聞

加藤秀俊氏は『人生のくくり方』(10)の中で死の儀礼を次のように分けている。

第一が死後すぐに死んだ人の名前を呼ぶ「魂呼《たまよば》い」と「末期《まつご》の水」である。第二が「枕飯」という儀礼で、第三が「お通夜」、第四に「湯灌《ゆかん》」という儀礼である。第五に「葬式」で、第六には「出棺」であると、六つに儀礼を括っている。

聴き取りの中では、第一・第二・第三に関する話には、ほとんど出くわさなかった。「お通夜」はもとより「枕飯」の儀礼は今日でも、われわれの周りで行われており、しばしば見かけるが、なぜか高齢者の話題にはのぼらない。上に挙げた儀礼では、第四の「湯灌」が多く思い出されている。その他の儀礼では、儀礼に関する記憶よりも、それにまつわる事柄に関心が集中しているように思える。例えば「葬式」・「出棺」そのものはあまり話題にならないが、その前後での「角寄《すみよ》せ」や「棺作り」や「納棺」の見聞や体験などが多く語られている。さらに第六の「出棺」に関しては、その後の「野辺送り」の体験が多く語られている。

いずれにしても、加藤秀俊氏が言う第一から第六までの死の儀礼は、「死に逝く」過程を自覚的にとらえさせる節目であった。聴き取りの内容を、それらの項目別に仕分けして、逐一追ってみる。

1 「湯灌」と奥納戸

儀礼に関することの中で、多くの者が記憶しているのが湯灌である。

「私が十六〜十七歳の時に祖母は亡くなりました。その時、親戚が集まって看取りました。息を引き取った時に、母が親戚の者に『しばらく部屋から出ていてください』とお願いしました。その時のことを私はよく覚えています。母に『どうしたん』(なぜか)と聞いたら『亡くなった祖母の下のもり(下半身をきれいにする)は嫁の仕事なんよ。あんたもよう覚えとりんさい』と言いました。人が亡くなった時にどうするのかを、生活の中で見聞きして自然に覚えていました」(聴45)と杉本禎子(八十二歳—二〇〇七年)さんは語ったが、あらかじめ死体の処理をしておいて、その後で湯灌が行われる。

高齢者の話を総合すると、湯灌の前に家族は大急ぎで、白のサラシ(晒し布)で死に装束を縫っていた。サラシは、はさみを使わずに、手で裂いて縫っていた。「縫う糸はこぶにせずに縫いました」(聴28・74)とか、「縫うときに『後返し』(行った針の向きを変えること)をしませんでした」(聴68)とあるように、「糸をこぶにする」ことで、死者がこの世に留まったり、「縫う時に『後返し』をする」ことによって、死者が後戻りすることのないように、という計らいが読み取れる。このことに関して、新谷尚紀氏も「その通夜の晩に入棺をした。死者に着せる新しい着物は身内の女性が縫った。糸のはしをとめず、ハサミも使わずにつくった」[11]と述べている。

「死に装束を着てからその上に羽織を着せる時に、裾を頭の方に、襟を足の方にしてかぶせてくれと、おばあさんは言い残して九十五歳で亡くなりました」（聴74）という事例もある。「男には装束に褌を縫いつけていた。女には腰巻をつけた」（聴45）地域もある。

白の装束が出来上がると、「お寺さんに連絡して、来てもらい枕経をあげてもらいました。その後で親族の者で湯灌をしました。湯灌は仏壇の前の畳二枚を上げてその上に盥を置いてみんなで体を少しずつ洗ったのです。湯灌の湯は、床板をはぐって床の下に捨てました。それは見て知っておりました」（聴89）と佐藤春代（九十五歳―二〇〇六年）さんは言った。そして、湯灌の時に使ったという盥を見せてもらった（写真）。

湯灌に使った盥

盥は湯灌のほかに産湯にも使い、さらに嫁迎えのときに、次のような意味にも使われた。

「嫁さんは婿さんの家に着くと、玄関に置いてあるたらいに草履を履いたまま片足を入れる。たらいには水は入っていない。これは桶（棺桶）に入るまでいますという意味であるという。仏檀を拝んで持ってきた数珠を仏檀に置いた。そして、これから自分たちが寝起きする部屋（ヒヤ）に入る」[12]と井阪康二氏は述べている。

盥は人生の初めの産湯で登場し、最後に湯灌の場にあり、中ほどの結婚という通過儀礼でも登場する。盥は通過儀礼のシンボル的な存在であった。

湯灌をする時に納戸の部屋の敷物を取り払って、竹製の床の上で湯灌を行うのが、最も古い湯灌の慣わしとして伝わっている。そこで、文字通り盥に湯を張って、有縁の者が左縄を綯《な》い左襷にかけて、血縁の濃い者から湯灌をしていた。「湯灌をする時は線香を一本くゆして、左手に持った。死者に迷わず昇ってもらうために、線香の煙は一筋にするのだと聞いています」（聴88）という心得もあったことを、里村卓雄（八十六歳―二〇〇六年）さんは語った。

「小学校一年生の頃、近所のおばあさんが亡くなった時に、湯灌に呼ばれました。『小さい時からかわいがってもらったんだから、どこでもいい、（体の一部を）拭いてあげんさい』と言われて拭きました」（聴6）、「祖母が九十歳で亡くなった時には、親戚一〇軒ぐらいが集まって湯灌をしました。親戚じゅうで盥につけた、おばあさんをきれいにしました。子どもも全部集まって全員が湯灌をしました」（聴13）、「母が死んだのは昭和二十五年（十二月十四日）のことでしたが、当時はまだ湯灌も丁寧にやっていました。荒縄で襷をかけて、別れの杯を交わしました」（聴17）、「夜になったら、親戚や近くの人が集まって、湯灌をしました。湯灌は納戸でしましたが、納戸の畳を上げて筵を敷き、その上に大きな盥（洗い桶――今でも保管してある）を置き、沸かしてきた湯をタゴ（桶）から杓で汲んで身体を洗いました」（聴43）とそれぞれが語った。

湯灌の前の別れの杯を「湯灌酒」と呼び、その儀礼を多くの高齢者が語った。新谷尚紀氏も調査結果を次のようにまとめている。「この（湯灌の）とき湯灌酒などといってこれに当たる者がとくに酒を飲んでするという例が東北地方から関東、近畿、それに四国や九州の一部に点々とみられる[13]」と述べているが、広島県にも多くの事例がある。

また湯灌を簡略化してアルコールで湯灌をしていた例が、すでに昭和初年ごろにある。桑田節江（八十四歳―二〇〇二年）さんは「小学校五年生の頃に、おじいさんが九十歳過ぎて亡くなりました。高齢であったので、みんなが看取る中で、眠るように亡くなりました。その夜、みんなで湯灌をしました。洗面器にアルコールを入れて、脱脂綿で家族や身内の者が、体を拭きました。最初は、頭のほうから拭き、次第に下の方へ向けて拭いていきました。子どもも、終わりごろに拭きました。湯灌の時は、みんなそばへ寄って、荒縄で襷《タスキ》をかけて、脱脂綿にアルコールをつけて拭いた後、別れの杯をして、そのあとで、死人を棺桶に入れて、線香を供えて棺桶に蓋をしました。遺体は膝を立てるようにして、角に寄せていたのも、記憶に残っています」（聴27）と語った。しかし、昭和初年に、アルコールで湯灌をしたというのは、一般的ではなかったように思えるが、アルコールの湯灌が、どの時点で、一般化したかはつかめなかった。「湯灌の前に、最後の別れとしての杯を交わした。なぜ豆腐なのか分からないが、豆腐を酒の肴にしていました」（聴53）など、湯灌にまつわる記憶は様ざまにある。豆腐を肴にしていた地域が、確かにいくつかあった。このことについて新谷尚紀氏も、〔墓の〕穴掘り役が酒をもらって「豆腐といっしょに飲むという例も多い」(14)と述べている。新谷尚紀氏は、穴掘り場面のこととして述べているが、豆腐が酒の肴になっていたという共通性がある。

別れの杯をした後で、奥納戸の畳を二畳ほどあらかじめ上げて、湯灌をしていた。湯灌が済むと、すぐに湯を床下に捨てていた。竹製の床の場合はそのまま、木製の床の場合は、一部板をはがして床下に捨てていた。沿岸部（竹原市）で、幼少期を過ごした本村千代子（八十三歳―二〇〇一年）さんは、「昭和十四年ごろは、文字通り湯灌を本格的にやっていました。湯灌に取りかかる前に、みんなで故人との別れの杯を交わしました。それから荒縄で襷をかけて、取りかかりました。今日でもあるような盥桶に、亡くなった父を裸にして入れ、産湯を使ったときと同じように洗い、きれいに身を清めました。体を洗った湯は、畳と座板を上げて、床の下の地面に流しました」（聴11）と語った。また、松原朋子（九十九歳―二〇〇六年）さんも幼少のころから、地域のことを見聞きしているが、その言によると、「実家のある田打（世羅郡世羅町）の祖母が亡くなった時には、娘ら（私の叔母）がチンタオ（青島）から帰るのを待つために、長いこと棺桶に入れていたのを、一番先に思い出します。私がまだ十歳くらいのことでしたから、大正五～六年頃のことです。納戸で湯灌をしたと思いますが、盥に湯をくんできて、体を洗いました。使った湯は、納戸の押しまくり（ゴザ）をはぐって、座板をはずして、床の下に流して捨てました。どうして外へ捨てんのかのーと思いました。どうして納戸の床の下に捨てたのか、そのわけは知りません」（聴73）と言う。

さらに、豊栄町（東広島市）の小坂シマコ（百一歳―二〇〇五年）さんも「家のものが死んだ時に盥に湯を入れて、その中に死んだ人を裸にして座らせて、体を洗っていました」（聴57）と言う。これらの語りは、今日のように、形式的な湯灌をするのではなく、実際に湯の中に体を入れて洗うという、湯灌の本来のやり方を証言しているように思えた。しかし、床はすでに竹ではなく、木製の板であったと言う。一昔前までは、竹製の床の上に筵を敷いて、その上で湯灌をしていた地域はあったと言う。松前昭雄（八十歳―二〇〇二年）さんは「床板が割竹になった納戸があったと聞いています」（聴31）と語ったが、広島県では実際に、割竹の床板の上で湯灌をした事実を見て知っている者には出会えなかった。

しかし、広島県でも、仏間の前の床板に、割竹を使ったものを復元し保存している建物はある（五八頁写真）。

三次市三良坂町字灰塚の移築民家

また、徳島県三好市東祖谷釣井地区（五九頁写真・上）での聴き取り（聴101）では、子どものころは割竹の座板があったことを記憶している高齢者がいた。さらに徳島県東祖谷の国の重要文化財である「小《こ》采《うね》家《け》」（江戸末期）では、一部屋が竹製の床になっている（五九頁写真・下）。

愛媛県小田町〔現内子町〕の旧河野家住宅も竹の床であった（六〇頁写真）。

竹製の床板だと座板をはずさなくても、床に湯をためらいなしに流せる。

小坂シマコ（百一歳―二〇〇五年）さんは、さらに、「赤子を盥で洗うと、産湯も納戸の床板をはぐって、そこに流していました」と言う。どうしてか詳しくは分からないが、「なんでも産湯を流したところを踏んではならない、と言っておりました。粗末にしてはならないと言っておりました」（聴57）ということである。

西尾ユキコ（九十一歳―二〇〇三年）さんも、同じように言った。

「最初に使わす産湯は、納戸の床の下に捨てていました。同じように、死後の湯灌の湯も、納戸の床下に捨てました。どうして床の下に捨てたのかは分かりません。ただ、湯を太陽にさらしてはいけないと言っていました。わけは分かりません。私の嫁いだ先の舅さんが昭和二十年に亡くなった時も、姑さんが昭和二十三年に亡くなった時も同じように床の下に捨てました。私の連れ添いが死んだときは、病院で湯灌をして帰ったので、その時はしなかったです」（聴33）。

東祖谷釣井の風景

東祖谷「小采家」

納戸の床の下に湯灌の湯を捨てたことを、話として知っているという証言は、高齢者の中にかなりある。しかし、現に湯灌の後の湯を、納戸の床の下に捨てたのを見て記憶している古老は、ほとんどいなくなった。聴き取りの中で、七人がその場面を記憶していると証言している。門田晃三

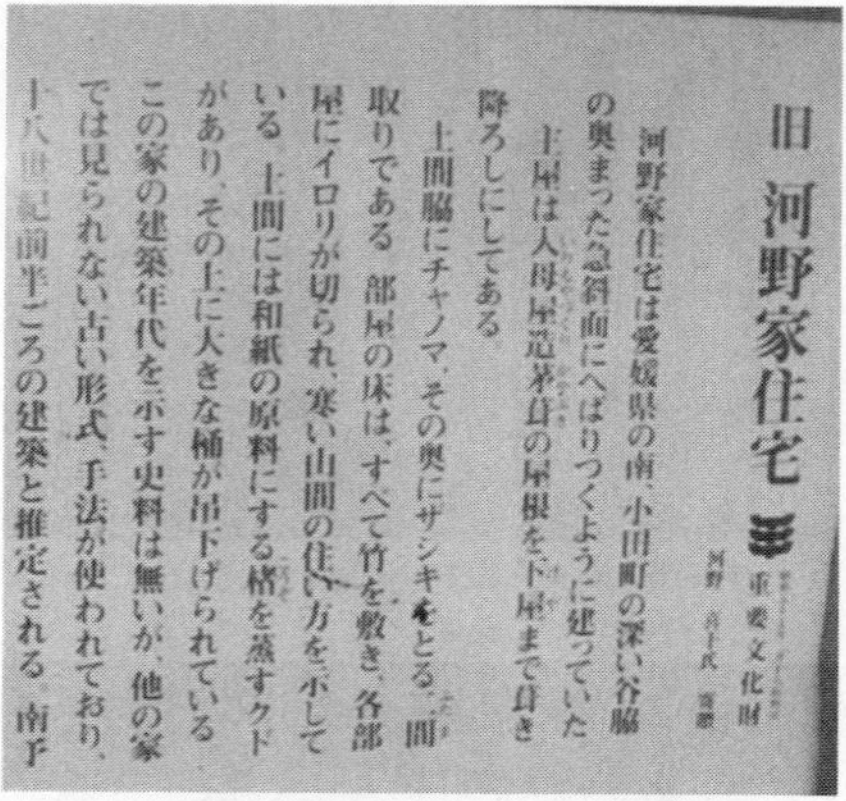
旧 河野家住宅
重要文化財
河野家住宅は愛媛県の南、小田町の深い谷脇の奥まった急斜面にへばりつくように建っていた
主屋は入母屋造茅葺の屋根を下屋まで葺き降ろしにしてある
上間脇にチャノマ、その奥にザシキをとる三間取りである 部屋の床は、すべて竹を敷き、各部屋にイロリが切られ、寒い山間の住い方を示している 上間には和紙の原料にする楮を蒸すクドがあり、その上に大きな桶が吊下げられている
この家の建築年代を示す史料は無いが、他の家では見られない古い形式、手法が使われており、十八世紀前半ごろの建築と推定される 南予
四国村（四国民家博物館）に移築された旧河野家住宅の案内板

（八十九歳—二〇〇六年）さんも「湯灌は納戸でして、その湯は、納戸の床板をはぐってそこに捨てていました」（聴95）と言う。後藤仁（八十八歳—二〇〇六年）さんも床の下に捨てたと言う（聴81）。貴重な証言である。

八十六歳（二〇〇六年）の正田利昭さんも、湯灌のあとの湯を、奥納戸の床の下に捨てたのを、祖母の葬式で見ていると言う。昭和初年のことだと言う（聴75）。本村千代子さんも現実に床の下に捨てていたのを見てはいるが、そのわけについては聞いていないということである。

小坂シマコ（百一歳—二〇〇五年）さんの話のように、産湯も使った後は床下に返していたが、使い終わった後の湯水をなぜ納戸の床の下に捨てるのかは、その事実を見て知っている者にも分からない。その当時は「天日にあわせたら罰が当たる」からだという高齢者はあった。

岡山県川上郡備中町平川字惣田（現高梁市備中町平川）の例として新谷尚紀氏も「湯灌は

死者の子供たちがそろって納戸の畳をはぐってからする。死者を裸にして湯を入れたたらいに腰掛けさせ、うしろからかかえて洗ってやる。（中略）湯灌の湯は水に湯をたしてつくるが終わったあとは納戸の座板をはぐって下にすてる[15]」と、広島県と類似した湯灌の結末を記述している。

加藤秀俊氏も前掲の著書の中で「湯灌につかった水は陽があたらないところに流さなければなりませんでした[16]」としているが、その理由は加藤秀俊氏も述べていない。なぜなのかについては、明かすことができなかった。同じように井之口章次氏も「使い終った湯は、床の下や籔かげ、あるいは土に穴を掘って捨てる。陽のあたらぬところに捨てて、忌の害を防ぐためである[17]」と述べている。いずれもなぜかという点では定かではない。

宮本常一氏は、一般的に不浄なものは日なたに乾さなかったことを、愛知県で聴き取っている。聴き取りに応じた小笠原さんは「嫁は嫁でわたしはわたしです。嫁の気に入らん事をすすめはせん。はァ、わたしは子供のときからそうであったから、今でも腰巻は日かげに乾す。どうもお日さまによごれたものを向けては申しわけないと思っていますで……。しかし、わたしは嫁にそうせえとは言いません。死ぬる時にはいやでも嫁の世話にならにゃァならんのに、なんで嫁の気に入らんようなことが言われましょうかいの。あんたでもおなじでしょうが[18]」と言っている。不浄なものをお日さまに向けてはならない、ということが基底にあって、湯灌の湯も、日のあたらない納戸の床下に捨てていたのであろうか。

井阪康二氏は湯灌の湯の捨て場所を「湯灌の湯は終わると便所に捨てる」[19]と述べているが、筆者の聴き取りでは、便所に捨てたという事例は皆無であった。

『暮らしの中の民俗学』に、次のような記述もある。湯灌を「行なう場所は風呂場の湯船か、座敷か納戸か、またそこに置かれたたらいの中で行なうのか、特別のしつらえ（中略）をするのか、湯灌を行なう人は特別の身支度をするのか（口に樒《しきま》の枝をくわえる、左綯いの縄でたすきをかけるなどのことは数多く報告されている）等々が地域によって異なる」[20]と述べている。

筆者が聴き取りをした当地域では、左綯《な》いの縄で襷をかけて納戸で行っているのが一般的である。例えば松前昭雄（八十歳―二〇〇二年）さんは「その晩には湯を沸かし盥に入れて、みんなで体を洗った。荒縄で襷をかけて洗った。この地域では今でも襷をかけて湯灌をする風習は続いている」（聴31）と言う。角田サダ子（九十一歳―二〇〇三年）さんも「大人はみんな荒縄で襷をかけていた」（聴43）と語った。

現在も縄で襷をかけて、湯灌をしているところもあるが、全体的には、次第にその風習も廃れつつある。現在では病院で亡くなる場合が多くなり、家で湯灌をすることも、次第になくなってしまったことを、高齢者は嘆いている。

湯灌の儀式が消えると同じように、奥納戸という部屋の持つ意味や、呼び方も次第に消えている。「奥納戸は家で一番大事な所でした。いろいろの面で大事な所を奥納戸と言うようになりました。例えば自分の家で米が一番よくできる『一等田地』のことを『あの田はうちの奥納戸だ』という言い方をしておりました。日常の生活の中でも、大切なことは奥納戸で行っていたのです。ですから人のいのちを迎えるところ、人のいのちを送るところはみな奥納戸でした」（聴75）と正田利昭さんの妻昌子（八十一歳―二〇〇六年）さんは話した。

そのほかにも、近隣の寺でその門徒が集中している集落を、「この集落は〇〇寺の奥納戸じゃ」という言い方が今でも残っている。

坪井洋文氏は納戸について次のように述べている。

「⑴婚姻の成立にあたって、そこで夫婦盃などの儀礼がおこなわれ、同時に夫婦の寝室として生殖行為のおこなわれる空間である。⑵出産のおこなわれる空間である。⑶病気、疲労のとき休養をとる空間である。⑷死亡の際に通夜、湯灌などの儀礼のおこなわれる空間である。以上のように、人間の通過儀礼と深くかかわってくる空間であるが、これらに一貫している特徴は、ある特定の状況から別の状況へ移行する際の空間として選ばれている点である。（中略）不安や危機的な状況におかれたとき、納戸という空間は人間にとって望ましい方向に加担すると考えられてきたのである[21]」と。

坪井洋文氏の言う⑴についての聴き取りは出来なかったが、近年まで夫婦の寝室であった事実は聴き取れた。⑵～⑷は現時点では聴き取ることが可能であった。しかし建築構造の変化もあり、これらの民俗も消えつつある。坪井洋文氏は「納戸はまた米櫃の保管場所であり、日常の飯米はここに置いて主婦が管理していた」とも述べている。

桜井徳太郎氏も、新潟県中魚沼郡の調査から次のように言っている。「節季搗《つき》で精白された米は、大部分、再び俵に入れて、茶の間に積むか、またはソラ（天井）に上げて貯蔵される。けれども、一部は食用としてケシネ〔自家用の穀物〕箱の中に収められる。アネサ（嫁）はオカカ（姑）の許可を得て、このケシネ箱から飯用の米を量りとって炊事をするのである。このケシネ箱は、常時寝間に置かれる。この地方の寝間はいくつかの間仕切がしてあって、親夫婦の寝室（子どももここで寝る）若夫婦の寝室のほかにケシネ箱を置いたり一寸とした家財道具を入れる部屋があるから、寝室と納戸とを併せたものと考えたらよい[22]」と述べているように、もともと、納戸は作物の種子を保管する場所でもあったが、それらのことは、すでに古老の口からも聞き出せなくなっている。日常の飯米を保管する場所であったことも、すでに聴き取ることはできなくなっている。これらの民俗は死文化になってしまった。かすかにその痕跡がうかがえるのは、正月の餅を搗く時に、搗きあがった餅を並べる場所が納戸であった。納戸に筵を敷き、藁を広げて床を作り、その上に搗きたての餅を並べた。一日もすると餅は適当に固くなる。それを見はからって、餅床は撤去する。そうした風景は、二十年前までは見られた光景であり、筆者は現在も続けている。納戸の持つ機能の伝統を引き継いだ痕跡と思える。

そのように、今日ではかろうじて聴き取ることが出来る事柄も、近い将来、聴き取りが不可能になるであろう。

納戸は生産の原点でありながら、一方では、坪井洋文氏が言うように、マイナスのイメージをともなっている。

「納戸婆という言い方があり、納戸は生まれて老いるまでの、いのちの故郷を意味する場所でありました。子ども心に、死者を裸にして湯灌をした部屋であり、なんとなく寂しさや怖さを伴った部屋でした。確かに納戸は、一般的に家の北西に位置し、比較的暗い部屋というイメージがありました。盥についても、湯灌を連想させる器であり、納戸と盥は湯灌、人の死を連想させるものでありました。その部屋に、死を間近にした年寄りがおり、それを納戸婆と呼んでいたのです」（聴75）と正田利昭（八十六歳—二〇〇六年）さんは語った。

坪井洋文氏は納戸を「人間の喜怒哀楽、浄と不浄が露呈される家空間の中でも、人間が理性的にコントロールして表へ出しがたいものを、納戸という裏側の空間に包みこんでしまう空間である[23]」と述べているが、不浄なもの、見せたくないものを、閉じ込める場でもあったことを、現時点では聴き取ることができたが、やがて居住構造も変わり、聴き取りができなくなるであろう。

話を湯灌にもどすが『生と死の人類学』の中で田辺繁治氏は、タイの村チェンマイ郊外のノーンパーマン村の、一九七五年のデータから、タイの国の湯灌について述べている。日本の葬儀や湯灌と比較するために、次に引用する。

「死者が息をひきとるとともに、死者につきそう家族の者、特に女たちはしばしの間号泣する。女たちのこの号泣は明らかに儀礼的慟哭であって、近隣の村人に死が発生したことを伝達する。炊事場では湯が沸かされ、死者の湯灌の準備がされる。いったん沸騰した湯はしばらく放置して人間の体温ぐらいにまでさまし、家族および近親者たちがかわるがわる死体に湯水をかけて洗浄する。湯灌された死体には、生前の死者の着物のうち最も清潔で美しいものが裏返しに着せられる。（そして死に化粧をする）（中略）死体は竹編みの担架の上にのせられ、上から掛布をかけ、吉祥の方向である東方に頭をむけて居間の中央に安置される。死体の頭上には小さな灯油ランプが置かれ、火葬まで絶やすことなくともし続けられる。（中略）死とともに寝棺は村で葬具を作る大工に注文され、多くはチーク材で作られる。棺は一～二日で完成して家に運びこまれ、死体はその中に入れられる。納棺は棺を作る大工によってなされ、家族や他の者は関与しない。死者の不浄はこの時点から強調され、死者の家を中心として各所に蔓延するといわれる」[24]。

タイのこの事例と、日本の湯灌を比較してみると、親族や親しいものが湯灌に立ち会うことも共通している。タイでは着物を裏返しに着せるが、日本では左右上下を反対にする。この世での作法とは逆である点が、共通している。葬儀まで火を絶やさないことも共通である。頭の向きは逆である。さらに納棺を不浄なものとして棺を作った大工が納棺の役割をしている点は日本の風習とはかけ離れている。東北地方を舞台にして納棺夫を務めたという青木新門氏は、「他人が納棺にかかわる」[25]と述べているが、その話とは共通性がある。

2 「角寄せ」

聴き取りを続けるうちに摑めたことの一つは、広島県の中央部では、昭和十二年から十三年頃まで、縦棺といって座位で納棺する方法をとっていたことである。縦棺は、現在の寝棺に比べると半分の材料で棺桶ができる。そのため経済的でもあったので、長い間縦棺を使っていた。

「兄が死んだ時には、足を折り曲げ、手を合わせて数珠をかけて、布団を巻いて部屋の角に寄せかけてありました。縦棺に納めるためには、亡くなったら早々に遺体を座位にして、膝を抱え込むような姿勢にして、紐でくくったり布団を巻きつけたりして、部屋の隅に寄せていたのです」（聴43）と、角田サダ子（九十一歳—二〇〇三年）さんは語った。同じ場面を、杉本禎子（八十二歳—二〇〇七年）さんは「遺体はすぐに座り棺に入るように、足を曲げ手を組ませて、遺体の周りを布団で巻いて、部屋の隅に押し寄せていました。これを『押し寄せる』と言っていました」（聴45）と言う。この場面については多くの高齢者が語っている（聴18・22・27・75）。

部屋の隅に寄せることを、住職の楢原正覚（七十八歳—二〇〇七年）さんは、次のように語っている。

「当時の住職が亡くなったのは昭和十三年のことですが、そのころ、このあたりでは、はじめて寝せ棺を使ったように思います。それ以前は全て縦棺でした（寝せ棺のはじまりは、今からおおよそ七十年前だということになる）。縦棺の場合は死亡とともに、遺体の膝を立てて、両腕で抱え込むようにして、棺桶に入れ易いように、家人は配慮しておかねばなりませんでした。その姿勢を保つために、遺体を部屋の隅に片寄せていました。時には身体を帯などで巻いていました。そのことを、この地域では『角寄《すみよ》せ』と言っていたように思います。昔の子どもは、肉親が家で亡くなるので、家族の死に目に会い、人の死を身近に感じていました」（聴16）と。所によって言い方は少しずつちがうようであるが、楢原正覚さんが言うように、納棺の前に「角寄せ」という作業が手順としてあった。「角寄せ」をする場所についての話もある。小坂シマコ（百一歳―二〇〇五年）さんによると、子どもたちは納棺よりも「角寄せ」の様子を印象深く記憶していたと言う。「人が亡くなった時、奥納戸の西（表の間の隣の西隅―奥納戸の西南）の隅に寄せかけていました」（聴57）。遺体を寄せた場所は、もともとは奥納戸の西の角であった。子どもたちは、納棺と同時に「角寄せ」られた姿を異常に記憶している。例えば「祖母が亡くなった時には物心がついておりました。亡くなった時に部屋の隅に、しゃがみこむような形で、体を丸めていたのを覚えています。後で考えれば、それは遺体を棺桶に納めやすいようにするためであったのです。遺体の後ろには屛風を立ててあったのも心に残っています」（聴25）と福宗淑子（八十歳―二〇〇七年）さんは語った。

「祖母はわしが小学校一年の頃に亡くなりました。子どもの頃のことですが、よくおぼえております。死んだ時には真っ先に『寄せる』と言っていました。どういうことかといいますと、体が硬直しないうちに、縦棺に入るようにからだを折り曲げ、紐でくるのです。その時に母が言っていました。『どこの家だったかは覚えていないが、生活に困っていた家だったので、家に一本の紐さえなかったが、まさか、荒縄でくるわけにもいかず、しようがないので腰巻の紐で巻いた。気の毒だった』と母が言っていたのを、ふっと思い出します」（聴75）と正田利昭（八十六歳―二〇〇六年）さんも語った。

北陸地方でも座棺に納めていたことについて、青木新門氏は、腰が海老のように曲がった老人は寝棺に納めるのが大変だとして、「農村の老人のほとんどが腰を曲げて歩いていた時代、やはり座棺の方が適していたように思われる。特に丸い風呂桶型の棺などは最適であったはずだ[26]」と述べている。

各地でおこなわれていた座棺の、「人を拘束しているように思えるその姿」は、見る人の心を締め付けるものがあったために、多くの子どもたちが記憶の中に留めている。つまり、この座位の姿は生きた姿に見え、それでいて死者でもあるので、子どもたちの心の中では「死と生」が入り混じっていた。

「昭和十七年には父の兄嫁（私にとっては伯母）が亡くなりました。私は当時六歳くらいでしたが、強烈な記憶があります。それはなぜかと言うと、伯母さんが亡くなった後、すぐに目をつむらせなかったために目を開けたまま硬直してしまったのです。座り棺だったので部屋の隅に座位で安置してありましたが、目を見開いていたので、気持ちが悪かったのを覚えています」（聴20）と古沢佳子（六十七歳―二〇〇一年）さんは語った。

ところが、広島県のうちには、死後「角寄せ」をしないままで置き、納棺の時に無理やり折り曲げて入れる処もある。例えば「死者が出るとこの地域でも湯灌をして、そのあとで遺体を桶に入れていたのですが、無理やり骨を折り曲げて押し込んでいました。この地域には、死後すぐに体を丸めておくという風習はないので、硬直したものを押し込んでいました。死んだのだから仕方がないとばかりに、押し込んでいました」（聴64）という事例もあったことを、法華宗のお寺の住職草井寛（八十一歳―二〇〇六年）さんは語ったが、ほとんどは、座棺に入りやすいように折り曲げていた。

新谷尚紀氏は岡山県川上郡備中町平川字惣田の例を引いて「人が亡くなると、死体は横にして北枕にする。手は組ませひざは立てひざにしておく。だからふとんは足のところが高くなった状態になる」[27]と述べている。死後に体を丸めることはしないが、膝を折り曲げて、縦棺に入りやすい状態にしておくということであろう。井之口章次氏は、こうした屈葬について次のように言っている。

「以前は桶棺が多かったから、納棺のためには、しゃがんだ姿勢をとらせる必要があった。伸展葬に対する屈葬である。箱棺でも寝棺以外はこの姿勢のもので、甕棺もふつうには屈葬であるから、死体が死後硬直をおこす前に、あらかじめ納棺しやすい形にしておく方が好都合だったのである。新潟県では、死体の硬直せぬうちに、ひざや腕をまげることを、手直しまたは床直しと呼んでいる。

これをいっそう具体的に、荒縄でしばりあげるところがある。青森県野辺地では、棺の中で骸《むくろ》が動かぬように、首枕と称して藁の袋をつめることもあるが、また極楽縄といって、自分でこしらえた縄を首からひざへかけることもある。死霊が棺からとび出さぬためとも言っている(28)」。

井之口章次氏の、この一文は新潟県・青森県の事例であるが、広島県においてもほぼ共通している。新潟県で「手直し」または「床直し」と呼んでいることを、筆者の聴き取りでは、「角寄せ」と呼ぶ。「荒縄でしばりあげるところがある」というが、筆者の聴き取りも同様である。紐でくるか、あるいは布団を巻きつけるかによって、同様の効果を果たしている。青森県では棺の中に藁の袋をつめるというが、広島県ではお茶の葉をつめる。このように東西日本に共通する民俗文化があった。

いずれにしろ親しい人が「角寄せ」られた、その姿の中に「死に逝く姿」を見ていたものと思える。死は生きていた日常の続きとして、子どもたちの心の中に刻まれていた。

3 「棺作り」や「納棺」と結核患者

角田サダ子（九十一歳―二〇〇三年）さんの話では「だいたい湯灌が済んだ頃に棺桶が届きました。棺桶は講中で作っていたように思います。私の実家には、近くに大工さんがおられ、その人が作ってくださっていました。その頃の棺桶は縦棺といい、屋根のついた縦型の棺桶でした。遺体を棺に納めたらその周りに鉋屑《かんなくず》をぎっしりと詰め込んでいました。納棺をしたら、棺を納戸から仏壇のある出居《でい》（客間）に移していました」（聴43）（七三頁の図のように仏壇の前方正面に置いた）。

このように湯灌と納棺までは奥納戸で行い、納棺が済んだら出居に移した。しかし、「納棺をしたら、納戸に必ず筵を二つ折りにし、その上に棺桶を置いていました」という所もあるので、作法が多様になっていったものと考えられる。

納棺や棺作りに関する聴き取り事例は多い。棺桶は一般的には、その講中で用意する。今日のように商品のそれが、すぐに手に入るというわけにはいかないので、葬式を出した家が、次の葬式のための棺桶を生木で作って用意しておいた。これを「作り置き」と呼んでいた。それを講中の「棺小屋」（「講椀倉」と呼ぶ所もある）に置いていた。近くの寺に保管してもらっていた所もある。しばらく葬式がないと「作り置き」した棺桶の木が枯れて燃え易くなり、焼く時に棺桶だけが早く燃えて、遺体が焼け残ることもあった。遺体だけが残らない工夫も様ざまに語られた。

「遺体をお棺に座位で座らせた後で、その周りに鉋屑をつめました。これは焼場で遺体に火がつき易いようにするための知恵でもありました」（聴43）、「昭和十八年に兄が十八歳の若さで亡くなりました。盲腸がこじれて、亡くなったのです。棺の中にお茶の葉をかます一杯分を入れました。わけはよく分かりませんが、おそらく臭いを消し、防腐作用もあったからだと思います。あるいは、焼けやすいようにと考えたのだと思います」（聴20）、「呑むためのお茶を採った後の、粗っぽい葉を納棺用に、素《す》扱《こ》いて保存していました。茶の葉を入れることで、臭いを吸収し焼けやすいようにしていたのだと思います」（聴95）、「湯灌が済むと納棺します。昔は縦棺でしたから、背の高い人は頭を押し付けていました。棺桶の中には、必ずお茶の葉を入れていました。その茶の葉のことを、大葉と言っていました。それをかますに入れて天井裏に保管していました。茶の葉の新芽が出た時に、呑むために摘む新芽を小葉と言っていました。それを採った後の粗っぽい葉を、大葉と言い、それを素

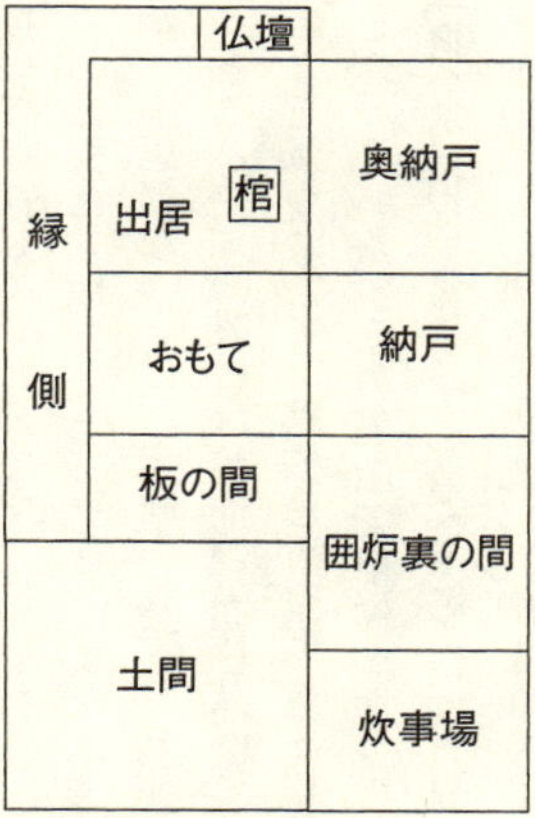

図　仏壇と出居（客間）

扱いて保存していたのです」(聴88)。

この様に、地方によって様ざまな工夫が凝らされている。少しずつやり方は違っていたが、不思議なことに、大同小異である。

ところで、一般には棺桶の「作り置き」があっても、結核患者が出た場合は伝染病であることを気づかって、結核患者を抱えている家が、講中にも言わずに、自分の家で密かに棺桶を作っていた。家の裏山で棺桶を作っている音が、結核をわずらっている兄の耳に届き、「自分の棺桶を作っていることを悟った兄」(聴25)の話を聴き取った。当時、不治の病と闘っていた兄の無念さを思い、胸を痛くしていた頃の思いが、いまだに心に残っていると言う。人の死にかかわる無常が、語られた。

また冒頭「はじめに」で述べた「父の死を覚悟した兄は棺桶を用意していました。結核患者の棺桶には内側から目張りをしました。目張りをするのを私は手伝いました。結核だから気を使っていたのだと思います。棺桶の用意をしていることは誰にも言うなと、強く口止めされました」(聴18)という事例のように、結核患者のいる家族はとりわけ苦労が多かった。

今日では、医学の力で生かすので、なかなか死が予測できない。また、事故で突然に死ぬることもある。ところが「昔は今頃とはちがって隣近所で、大体誰がいつ死にそうだというのも分かっていました。とくに肺病(肺結核)を患《わずろ》うたら、大体分かっていました。結核の場合は伝染病だということで、その家の者は講中に迷惑をかけまいとするし、講中もその家への出入りはなるべく避けるようにしていました。その家では、そろそろ死期が近づいたと思えば、自分の家で棺桶も用意していました。昭和十年頃までは、結核で死んだ家では、先に火葬をして、その後一週間くらい経って、地域で葬式をしてもらいました。結核以外の時は、先に葬式をして、それから火葬していましたが、結核の場合は逆になっていたのです。結核で死んだら、家族と親戚で火葬までを済まさねばならなかったのです。棺桶も一般的には講中で死者が出てから作っていましたが、結核患者の家では自分の家で作っておかねばならなかったのです。死後すぐに、炭酸（消毒薬）で消毒をして、通夜の枕経もごく簡単に一巻あげてもらいました。その後親族で焼場に行き火葬するのです。酷なようだが、ここまでは講中は取り合わなかったのです」（聴56）などのように結核患者の出た家族は人知れず苦労をしていた。

そのほか納棺については、無理やり棺桶に遺体を押し込めた場面など、幼少時に見た体験が様ざまに語られている。

「棺桶に遺体を入れたものの、背の高い人の場合は頭が棺桶からはみ出します。やりようがないので頭の上を無理やりたたきつけていた場面を見たことがあります。頭が痛かろう、かわいそうにと思った子どもの頃の記憶が消えません」（聴12）、「兄は大男だったから棺の中に入りきらず、止むなく膝の裏側の筋を、薪などの棒切れでたたいて無理やり曲げたが、硬直していてなかなか曲がらず、かわいそうでした」（聴20）など、似かよった場面を脳裏に焼き付けている。また、当時広島駅周辺で見かけた風景に、「列車への飛び込み自殺が何回かありました。私はその現場を、白島町の家の二階から見ていました。駅員が棺桶用の樽を持って来て、遺体を無理やり折り曲げて、それに入れていました」（聴45）、そんな場面もあったと言う。このような痛々しく生々しい死に、今や子どもたちだけでなく、われわれ大人も出会えなくなって、しだいに死者の姿が具体的に見えなくなっている。

五木寛之氏も、縦棺であった頃「なかなかうまく入らないときは、ボキボキと折って入れる。それを皆で担いで山の上に埋めてましたけれども、家族たちも子供たちもみんな、死というものを日常のものとして、よく見ていたんです[29]」と述べている。

同じように井之口章次氏も「石川県鹿島郡でも極楽縄と言い、納棺には三尺木綿を、ひざから首へかけて棺に入れ、それからぐっとしめつけるので、首の骨が音をたててくだけることがあるという。（中略）一般に死体のあつかいかたを観察してみると、極楽縄以外にも、古風な村々では粗末にするかたむきがある。それは、死体はいわば死者のぬけがらであり、死者の本体はむしろ霊魂にあったからで、それゆえに死体は、あるばあいには捨ててかえりみず、霊魂だけをまつれば足りるという考えが、以前は強かったのである[30]」と述べているが、筆者の聴き取りでも、死後は魂が抜けているので、ぞんざいにあつかってもかまわない、と言われていた地域もあった。

別の対処の仕方として次のような事例もあった。

「私は一回だけ経験したのですが、ある時、遺体が硬直してどうにもならなくなったのです。その時誰かが、真言宗のお経を借りて来て、お経をあげれば硬直が直るというので、私が借りに行きました。借りて帰って、お経をあげたところ硬直が直りました。たまたま硬直が解ける折になっていたからかもしれませんが、そのように言い伝えられていました」（聴88）。

納棺が済むとその棺桶をさらに飾り棺の中に入れていた。平田文子（八十五歳―二〇〇六年）さんは「棺桶をさらに入れる飾り棺というのがありましたが、どういうわけか祖父の時には、その飾り棺も新しいものに作り変えました。特に覚えているのは、その屋根に糊をつけて、松葉を刻んで屋根にふりかけたことです」（聴90）と言う。飾り棺があったことは、聴き取りの中で何人かから聞いた。その飾り棺も、時には装飾しなおしていたことを平田文子さんは語った。飾り棺の屋根に松葉を刻んでふりかけて化粧直しをしていたと言うのである。

4　「親戚へ音をする」「悔やみを言う」

死者が出ると、家の中でやることと同時に、外への対応がある。必ず親戚に知らせねばならないが、その様子も聴き取った。

「講中で誰かが亡くなると、講中の者で手分けをして親戚へ、その家に亡くなったことを、まっ先に知らせに行かなければなりません。二人が一組になって知らせに行くのですが、ただ死んだということを知らせるだけでなく、どういう病気でどんな状態で亡くなったかを詳しく伝えるのです。例えば最後は苦しんで亡くなったとか、楽に亡くなったとかも伝えるのです。ですから、この辺ではそれを、『死相を伝えに行く』と言っていました。つまりその人の、死の相（死んだ人の最後の様子）を伝えに行くという役割だったのです。

昔は電話があるわけでもないし、電報ということも出来ず、講中の者が歩いて伝えに行ったのです。死相を伝えに行った者は、相手方から葬式に何人が参られるかを、必ず聞いて帰ったのです。講中がお斎の準備をするのに何人分作るかの目安になるのです。一方当家に残っている者は、造花を作ったり、棺桶の算段をしたりしました」（聴69）と別府龍太郎（九十三歳―二〇〇六年）さんは語った。死の情報を機械的に伝えるのではなく、死に逝くいのちの情報を可能な限り詳しく伝えるという、温かみのある伝え方である。何でもないような「死相を伝えに行く」という言い方の中に、人情と地域性、時代性が伝わってくる。

正田利昭（八十六歳―二〇〇六年）さんの話によると、所によっては、「飛脚を出す」という言い方の所もあった。要は訃報を伝えるのであるが、所によって、やり方が少しずつ違う。

「誰かが亡くなったという言い継ぎが出ると、講中の者は、すぐに役割分担をして仕事にとりつきます。その中でも、いち早く親戚に『相を言う飛脚』を出さねばなりませんでした。飛脚は、必ず二人組で行きます。先方は飛脚が来ると家に通して、すぐにご飯の用意をします。当時のことですから、たいしたおかずもないので、米の飯と漬物ぐらいでした。しかし、酒は必ず出していました。せいぜい二合程度ですが、その頃どこの家でも、いつでも酒を用意しているとは限りません。ですから、親戚に高齢者がおり、いつ飛脚が来るか分からない家では、酒の二合程度は、必ず用意しておくように気をつけていたのです。酒屋がすぐ近くにあるわけでもなく、間に合わないようなことがあっては、飛脚に申し訳ないし、その家の恥になるのです。飛脚は葬式の日取りを伝え、酒とご飯を頂いたら引き上げるのです。たいてい、飛脚はその日の夕方から出かけて、その日のうちに帰っていました」（聴75）。

同じく飛脚について、所田フジヨ（九十三歳―二〇〇六年）さんは、戦後の様子を次のように語った。

「わしの実家と嫁いで来た所は一〇里（約四〇㎞）ほど離れておりますから、昔は人が死んだら大変でした。今では電話ですぐ連絡できますが、昔は飛脚が来ていました。戦後になっても一般の農家には電話はなかったし、電報も三里以内だけしか扱いませんでした。一〇里も離れていると、その頃でも、まだ飛脚がやって来たのです。飛脚役の人も、はじめての所に来るのですから、迷い迷い道を聞きながら来たということでした。朝発って、かれこれ夕方になっていました。

飛脚が来たので、何か変わったことがあったとは思いました。たしか、昭和二十年のことだったと思いますが、里の父が亡くなりました。稲刈りの頃のことだったと思います。餅が喉に詰まって、五十七歳で亡くなりました。その頃、食べ物を喉に詰まらせて、窒息死したという話は、よく聞いたものです。わしの友達のお父さんは、肉の塊を喉に詰まらせて、亡くなられました。取り出してみると、肉の塊を噛まずに飲み込んで、詰まっていたということです。

飛脚には姑が、すぐにご飯を炊いて出しました。ご飯の支度をしている間に、わしは葬式の支度をしました。荷物は飛脚が自転車で来てくださっていたので、その荷台に積んでもらいました。はじめは道が悪いので、飛脚の人もわしらと一緒に自転車を押して歩いて帰ってもらいましたが、途中からは道が良くなったので、自転車に乗って帰られました。わしと連れ添いは、口和（三次市）へ向いて夜通し歩きました。話すことはないし、黙って歩きました。いきなりのことですから、汽車も使うわけにいきませんでした。葬式が済んでからの帰りは、三次から志和地まで汽車を使って帰りました。戦後間なしのことでしたが、その頃は喪服を着るのではなく、普通の和服の上に事務服を着て葬式に臨みました」（聴96）。

井阪康二氏も、そっくりな事例を記載している。「知らせに行った先で食物を出されたら食べてもよい。知らせに遠いところは天野（河内長野市）まで自転車で行った。（中略）遠方は電報で知らせる」[31]と河内長野の事例をあげている。

ところで、「飛脚を出す」前に葬儀の日程を決めねばならない。そのため、まっ先にお寺さんに訃報の連絡を入れる。ある僧侶の話によると、お寺さんも相を伝えに来た飛脚に、食事を出していたということである。お寺の都合を聞いて帰り、それから親戚に「死相を伝えに行く」手順になるので、お寺の場合は、その場ですぐに食事が出せるように、常に二〜三人分のご飯を余分に用意しておいて、即座に出していたということである。

「親戚への伝言は飛脚（または早足と言っていた）という役割の者が二〜三人いました。葬式・出棺の日程を伝えるのです。また、見立て（送別）に来られるのは何人か、も聞いておきます。大事なことを伝えるのに、遣わされた二人が仲たがいして、やりようがなくなることもあるので三人にしたこともあります。飛脚が来ると、飛脚を迎えた家では、大急ぎでご飯と汁を炊いて接待するのが慣わしでした。飛脚はたいてい、二〜三ヵ所に伝言して歩きました。そのいでたちは、雨や雪の日には蓑を着け、デンパチと呼ばれる笠（写真）をつけていたのを記憶しています」（聴95）と門田晃三

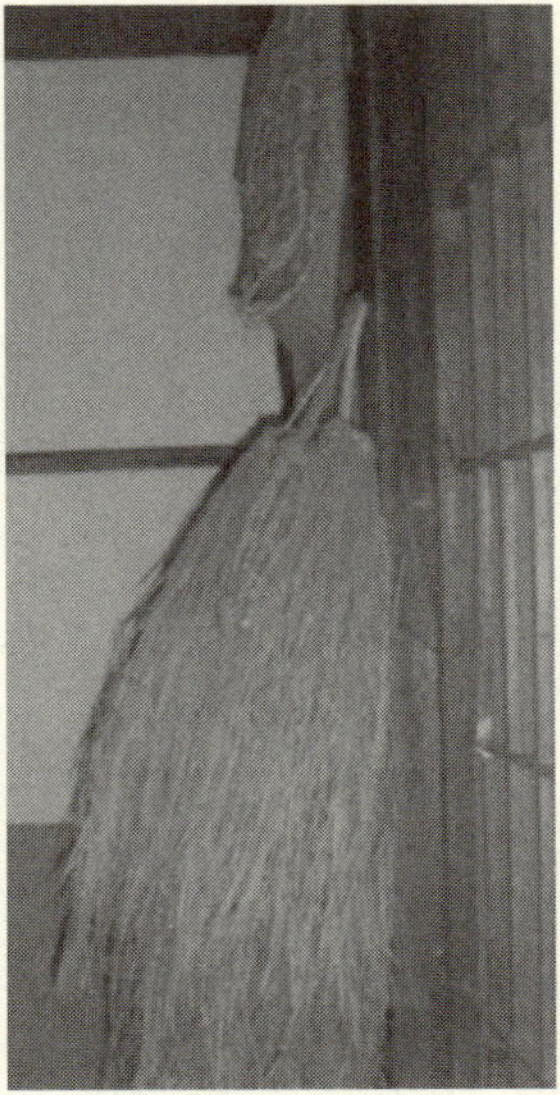
蓑とデンパチ

（八十九歳─二〇〇六年）さんは語った。

新谷尚紀氏も「遠い親戚への知らせはソウニイクといって必ず二人ずつでいく。昼でも提灯をもっていく。定紋の入っている弓張り提灯である。むこうの家でお酒やごはんをごちそうになってくる。男の人たちは葬具づくりの一切をして夕食を食べてから帰る(32)」と述べている。新谷氏の言う「ソウニイク」とは、おそらく「相に行く」という意味合いであろう。筆者の聴き取りの中の「死相を伝えに行く」の意味と通じるものであると受けとめる。「ソウニイク」者以外の男の人たちは、葬具づくりの一切を行うという点も、共通している。所によっては「音をする」という言い方をする所もあった。二人で訃報をもって相手側に行き伝えた帰り道、その役目の内の一人の親戚が途中にあったので、ちょっと立ち寄ってみようということで、立ち寄ったのはよいが、歓待されて長おりをしてしまった。帰ってみたら、音をしに行った者より親戚の者の方が、早く来ていたので、「何をしていたのか」と大目玉を食らった。若い時の失敗談を話した、二人の高齢者（三原市大和町）は既に亡くなった。このような失敗もあるので、二人では危ういということで、三人一組で回っていた所もあるというのである。

「音をする」ということは葬儀を行ううえで、先ず基本になる大事なことであった。そこで、「音をする」ことの大切さを諭そうとする愉快な昔話を聞いた。あくまでも話である。

「使用人で実直な若者がいました。その家の旦那さんから、訃報の知らせと葬式の依頼に、お寺の住職さんの所にお使いに行けと言われた話があります。旦那さんは、若者に分かりやすく伝えます。『お前さん、近所の家の○○さんが亡くなったのでお寺さんへ行って、そのことを伝えてきてほしい。よいな。お寺へ行ったら、墨衣《すみころも》（黒い衣装）を着ている人がおられる。その人が和尚さんだから、その人にわけを伝えて来るんだよ』と、言い含めて出します。若者は了解して、寺に赴きます。『墨衣』『墨衣』と言いながらお寺の前まできたら、道端でカラスに出会いました。さて『墨衣』とはこれだと思って、若者は用件を伝えました。するとカラスは『コカー』『コカー』と言うので、若者は『子じゃあございんせん』『子じゃあございんせん』『親でございんす』『親でございんす』と一生懸命に言ったそうな。おしまい」（聴86）。こんな話を、湯来清子（八十三歳―二〇〇六年）さんは、昔々おばあさんから子どもの頃に聞いたと言う。昔は、祖父母から、昔話を聞いたという事例が多いことにも、改めて気づかされた。

次に親戚でなくても、付き合いが深く親しい家には、特別に「見立て」の案内をすることが、行われていた地域がある。該当する家には、講中が「回書《かいしょ》（回状）」と呼ばれるものを届ける習慣があった。

「亡くなったら講中は親戚に対しては『音をする』。そのほか親戚でなくても、その家と親しい付き合いをしている家（見立てに行き来している家）に対しては『回書』を回していました。見立てに来てくれる家は、代々決まっていたようで、その家の香典帳に記録されています。誰かが亡くなると、すぐに昔の香典帳を見て、その家に『回書』を回していたのです」（聴94）と、今ではまったく廃れた回書のしきたりを住田秋子（九十二歳―二〇〇六年）さんは語った。「回書」が届いたら、親しい関係にあればあるほど、すぐにとんでいくのが礼儀なのである。

「父親がやかましく言っていたことで思い出すのは、誰かが亡くなったという知らせが入ったら、すぐに悔やみに行くのが慣わしで、もし遅れて行くようなことを続けていると、その家は『悔やみの遅い家』ということで評判になり、もし、その家に不幸があっても、誰も早く来てくれなくなるので、お互いに人が亡くなったと聞いたら（訃報を聞いたら）とんで行っていました。だから、悔やみに行くときは、着の身着のままで、とんで行くのが常識でした。今ごろのように、着替えてから行くのは、昔の考え方からしたら、はずれています」（聴94）とも住田秋子さんは語った。備後地方では、親戚以外でも親しく付き合いをしている間柄のことを「公界《くがい》」と呼んで（備後弁では「公界」を「クギャー」と発音する）、付き合っている現実が今日でもある。内容的には「回書」を回す関係と似かよっている。

5 「斎」

角田サダ子（九十一歳―二〇〇三年）さんは「振り返ってみると、昭和五十年頃からは、病院で死ぬるものが身内でも増えてきました。それまでは、ほとんどが家で死んでいました。ですから、ほとんどの人の死に目に会ってきました。あの頃から何かにつけて変わってきました。たとえば、昔は御器《ごき》を並べて本当にお斎《とき》（故人との最後の食事）をしていました。今では略式で、お茶と菓子になってしまいました。また葬式が済んだら『仕上げの膳』といって、当家が講中の人に精進料理と酒を振る舞って、礼を尽くしていましたが、今では菓子を届けるだけになってしまいました」と言う。

この語りは、昭和五十年頃が時代の節目になっているという話である。その後、時代は急激なスピードをともなって変わった。さらに角田サダ子さんは「葬式が儀礼的になるにつれて、子どもの姿も見なくなりました。昔は子どもが大勢葬式の場にいました。今はさびしいことです」（聴43）とも語った。

しかし、地域によっては、今なお、昔に近いやり方を存続している所もある。例えば広島県央の町の或る講中の例がある。

「講中には漆塗りの八重物《はちじゅうもの》と呼ばれる食器があります。八重物とは器と蓋を合わせて八重ねになるところから、そう呼んでいます。昭和五十二年に亡くなった私の父の時には、火葬場は町営のものになったので、そこで焼きましたが、斎《とき》は昔ながらにやりました。その後も、斎は昔ながらにやっています」（聴56）と川原克彦（八十歳―二〇〇五年）さんは語った。

そして、八重物とは具体的には次の八重ねだと説明した（八六頁写真）。

八重物と箸の配置

一　親碗（ご飯）
二　親碗の蓋
三　汁椀（基本的には味噌汁）
四　お平（基本的には五品目の煮物。例えば大根・ジャガイモ・アゲ・こんにゃく・豆腐など。季節によって内容は変わる）
五　お平の蓋
六　壺（茶碗蒸しの器のように深みがある）（手作りの団子を入れていた。今では菓子などを入れる。一時パンを入れていたがその場で食べられないので、人気が悪くパンは使わなくなった）
七　壺の蓋
八　中皿　ほうれん草・こんにゃくの白和え（場合によっては酢の物）

器とその蓋を合わせた八つの器を、八重物と呼んでいる。すべて漆塗りで、使った後の手入れに手間がかかる。

この地域では今でも、講中で使うものを、地域の集会所に保管しているという。

左の写真の表のように、保管している食器の数も確認して記録されている。省力化され簡略化されつつある今でも、この地域では昔ながらのお斎を出していることに感服した。

「ここの講中は一五軒がまとまっていますが、今でも各家とも二人ずつ、講中務には出ています。わしは長い間、炊事場の担当で料理長を務めていましたが、二万円以内で支度ができていたので、わりに負担は少なかったと思います」（聴56）と川原克彦（八十歳―二〇〇五年）さんはつけ加えた。

その場に居合わせていた黒川（七十八歳―二〇〇五年）さんも、講中で斎を作るのは、ごく当たり前のことだと思っている感じであった。平口で飯を炊く技術は二世代前（昭和十年代頃）までは伝わっていたようである。平口で飯を炊くには、相当の熟練と経験が必要であったようだ。

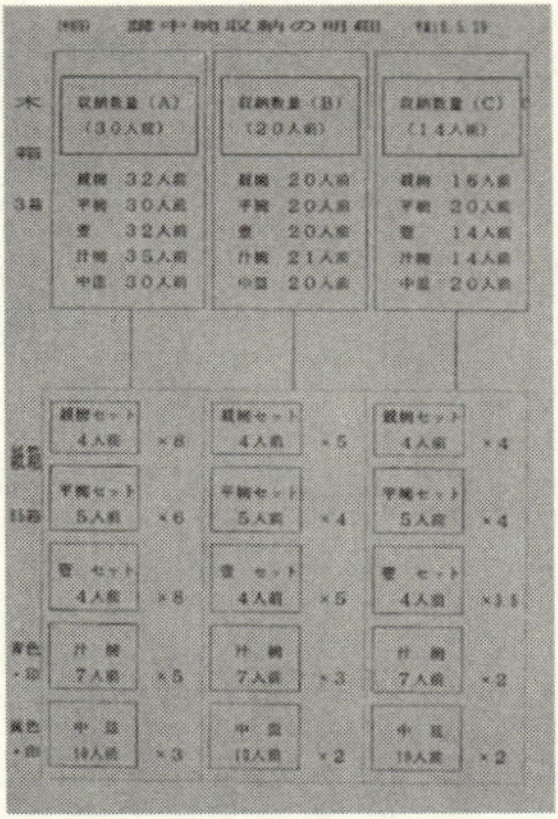

講中椀の覚書

前掲の写真（八六頁）のように、漆塗りの膳に八重物を並べた。住田秋子（九十二歳―二〇〇六年）さんも語った。

「八重物は五つの器があり、そのうち蓋つきが三つあるので計八個になるのですが、それ

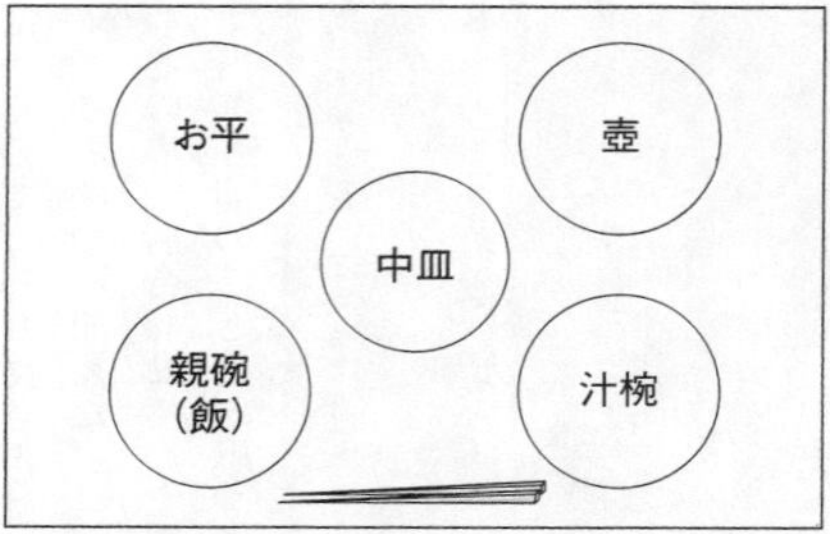

八重物と箸の配置

を故人との別れの食事として振る舞ったのです。それに引き換え、昔は香典も少なかったです。例えば私の祖母（クマ）は天保十一年生まれで大正二年頃に亡くなっていますが、その時の香典は、米三合から五合です。だいぶ後になってから、米一升になったようです。ですから葬式の出費は大変でした」（聴94）と、昔の香典がどれくらいであったかを語った。米三合から五合程度で、大変少額であった。

　新谷尚紀氏も香典は米で出していたことを述べている。「もともと米で出すものであった。近畿地方などでは一俵香奠《こうでん》とか一升香奠、二升香奠などというい方があり、親戚からはとくにたくさんの米を出したという[33]」と。

　筆者の聴き取りでも、親戚の香典の額は桁違いに多いが、一般の者は、せいぜい一升か二升程度である。その集め方について、井之口章次氏は次のように述べている。

「一定の米や銭を出し合って持ってくるのをツナギと言い、広島県でツナギ香奠、宮崎県でツナゲ、土地によってはツラヌキなどというのは、銭を通すことから来ており、金銭経済の発達してからの呼び名である[34]」と述べ、金銭経済からツナギということばが使われるようになったとしているが、筆者の聴き取り（聴69）でも、香典をつなぐといって、お金ではなく米一升を、今でも集めているところがある。

四国の祖谷地方では次のようなしきたりがある。

「位牌や花を持つ人や、お棺を担ぐ者、形見分けをもらう者など（要するに親戚や、関係の深い者）は、最後の別れの食事の膳（お斎に当たるもの）につきました。その膳は『空膳《からぜん》』です。つまり器を並べただけで、箸で食べるまねをするのです。どうして『空膳』なのか、そのわけは知りません。この『空膳』のやり方は、今でも続いております」（聴101）と松下昭夫（七十五歳―二〇〇七年）さんは語った。祖谷地方は以前から「空膳」で斎を行っているという点は、今日も昔どおりだということになる。しかし、一般的には多くの地域で、簡素化され省力化されている。ただ、お斎そのものの儀式を取り止めている事例は聴き取った範囲ではない。いつかは、それさえも省略される時が来るのであろうか。

6　「葬儀」と「野辺送り」

葬式や野辺送りは子どもにとって、興味関心が深いものであると同時に、恐る恐る見に行くものでもあった。その中で、子どもたちが見聞きして、印象に残っていることの一つが、普段と違う衣装であった。

昭和18年河戸地区の葬儀
可部カラスの会（新沢孝重事務局長）提供

「小学生の頃（昭和十四〜十五年頃）女性は、白い絹の布で縫った三角巾をかぶっていました。男性は、袴を着けていました」（聴12）、「その頃葬式は、素足に白の鼻緒（和紙を巻いていた）の草履姿で、親類縁者は、頭に絹の白い布の頭巾をかぶっていました。男の人は、裃を着けていました」（聴2・20・33）、「野辺送りは素足で草履姿でした。草履の緒には白い紙を巻いてありました。大正十二年頃のことです」（聴57）と、それぞれが語った。そのことを語った最高齢者は、百一歳（二〇〇五年）の小坂シマコさんである。これらの事例と、「広島市可部町姫瀬の葬儀の写真」（二五頁参照）と総合してみると、親類縁者の男性の衣装は羽織袴である。会葬者は普段着で、中には裃を着ける者もいた。親類縁者の女性は、喪服に羽織姿である。会葬者は、普通の和服姿である。女性は、白い布（絹）でできた三角巾を、親族も一般会葬者も共にかぶっていた。履物は男女のいずれも、鼻緒に白い布または和紙を巻いた草履を素足に履いていた。たとえ寒くとも素足であった。座布団などを使用する慣わしは、戦前にはなかった。そのことを新谷尚紀氏も、広島県の事例から「はだしになって、ぞうりをはくのがしきたりであった」[35]と述べている。

それらの風俗は、前述した大正時代の姫瀬での葬儀の写真では確認できるが、昭和十八年河戸地区の葬儀の写真では三角巾はつけていない（九〇頁写真参照）。しかし「昭和四十二年に白い三角巾をつけていた」（聴19）という事例もある。したがって、県内でも地域差があったものと思える。また、戦時中は中断されていたとも思える。今でこそ葬儀の衣装はすべて黒であるが、かつては白であったことを多くの高齢者が語った。

このことについて、新谷尚紀氏も、次のように述べている。

「血縁の人たちが三角布や白装束をつけるのは、同じ白装束を身にまとった死者と同じ状態にあること、つまり死者と一緒に死出の旅路へ、生死の境界へと一歩わけ入っているということを象徴的に表現しているものとみることができる」[36]。

さらに新谷尚紀氏は、喪服がしだいに黒に変わった経緯を、次のようにのべている。

「葬式に行くとき、私たちは黒い服を着る。しかし、この黒い喪服の歴史は実はまだ新しいことをご存じだろうか。

国立歴史民俗博物館では、死の看取りや葬儀や墓のあり方の変化について、全国60地域で調査を試みた。60年代には白装束が男性で四割、女性では五割を超えていたが、90年代には男女とも黒い喪服へと変わっていた。（中略）第2次大戦をはさんで、喪服が白から黒へ、男性の和装が洋装へと変化した。そして、戦後の高度経済成長期が最終的な画期となった。

こうした喪服の変化は実は単に色の変化にとどまるものではなかった。喪服とは元来、身内から死者を出して死穢《しえ》に包まれている遺族がその死穢をほかの人に伝染させないための忌み籠もりの状態を表す衣装であった。

白い喪服が徐々に廃れて黒へと変わっていく中にあっても、女性がカツギ（被衣）やカブリモノやイロなどといって白い布を被る風習が各地に根強く残っていたのも、それが忌みの衣装であることをよく示していた[37]」と、社会的変遷にともない、葬儀の衣装が白から黒へ変わった経緯を述べている。

井之口章次氏も「葬列の主要人物が額に三角形のものをつける風は広く、（中略）長野県諏訪地方で、男は紋服の上に白木綿の袖なし羽織のようなものを左前に羽織るなどは、すべて元来の喪服が、いわば喪章のような役割を果しながら残留しているのであろう[38]」と述べている。いずれも今日の黒の喪服とは違って白であった。白装束を身にまとった死者と、同じ状態にあることを示すものとしての白であったと言う。

何時頃から変わったのかについて、その経緯を小泉和子氏は次のように述べている。

「婚礼衣裳と喪服が黒地になったのは明治に入ってからで、それ以前は白地が主流だった。（中略）喪服は、男性が白裃に忌中笠《きちゅうがさ》、女性は婚礼時の白無垢を着るなど、男女とも白を着る習わしが全国に広く見られた。（中略）現代は喪主も一般参列者も同じような黒を着るが、この時代にははっきりと区別され、喪服は死者の出た家族だけが着る特別な衣類であった。一般参列者は地味な衣類、喪家の家族はイロというように着分けたのである。そのため葬礼の後も、婚礼同様、イロから日常着へ着替える〈色直し〉をした」、「このような白の風習は昭和に入ってもまだ各地に残っていた。たとえば、岡山県新成羽川ダム水没地域（旧・川上郡備中町、現・高梁市）では、女性は婚葬とも白無垢に被衣《かずき》を被り、被衣は袖も襟も衽《おくみ》もくけずに縫った。

広島県高田地方（旧・高田郡六町、現・安芸高田市）では白無垢に白綸子《りんず》の帽子だった」[39]と述べ、広島県では現在の安芸高田市だけを取り上げているが、筆者の聴き取りでは、広島市をはじめ広く安芸の国全域で、昭和になっても残っていた。

聴き取った事実は、井之口章次氏や新谷尚紀氏の論考、さらには小泉和子氏の調査と概略で一致する。

次に、子どもたちの印象に残っていることの二つ目は、焼場への道中のことである。地域ごとに焼場があるように、焼場に行く前の野辺送り場も地域ごとにあった。そこまで棺を担いで行くが、子どもも死花花《しかばな》や蓮の花などを一本ずつ持たせてもらい、行列の一員としての役割と、それにともなう誇りをもたされていたことである。所によっては菊餅や菓子を貰って食べていた。野辺送りの風景の中に子どもの姿が一体となっていた。

「子どもの頃に野辺送りの行列について焼場まで行ったことが、度々あります。当時は講中の役割が大きく、葬儀に必要な物はみな講中で用意していました。葬儀用の造花も全部講中で用意していました。死花花をはじめ諸々のものを、講中の者で手作りしていたのです。その中の杉盛りと呼ばれる花（杉の枝を束ねた物）の外側には、竹ひごを十文字にさし、その竹ひごに赤白青の菊餅をはりつけてありました。子どもたちも、その中の死花花や菊・蓮の花などを一本ずつもらって、行列に加わり野辺まで送ったのです。野辺で子どもたちは菊餅をもらって食べました。菓子がもらえるのが嬉しかったものです。その風習は私の地域では、少なくとも私の父が亡くなった昭和三十八（一九六三）年ごろまでは続いていました。子どものころ、人が死んだと聞けば怖がっていましたが、怖いもの見たさで、子どもたちも地域の中で、人の死に確実に出会っていました。

焼場の煙は、焼きはじめは黄色でもくもくと昇っていました。焼場から最初に立ち昇る煙がどの方向に向かうかは、子どもたちにとっても、大変に気になることでした。どうしてかと言うと、その煙が向かう方向に、次の死者が出ると言われており、子どもたちは子どもなりに心配していました。特に焼けはじめの、もくもくと出る黄色の煙は不気味でした」（聴10）と言う。同じような体験を比較的若い世代の山口玲代（五十五歳―二〇〇一年）さんも語った。「火葬については子どもの頃の記憶として残っています。火葬場に行ったことはありませんが、薪や藁で焼く様子を大人から聞いて、子どももみな知っていました。焼き始めると空に煙が立ち昇り、人を焼く怖さが心の奥に、寂しい思いと一緒に残っています」（聴14）と言う。

境太郎（八十五歳―二〇〇四年）さんは「人を焼く臭いは結構くさいので、焼場は煙が来ないような山の上にありました。そのため、その焼場までは急な坂道を登っていかねばなりませんでした。それで、大人たちは子どもに『背中を押せ』と言って、加勢を求めていました。子どもたちは、後ろから大人の尻を押して登ったものです。葬式といっても、子どもには遊びのようなものだったのです。しかし、大人は子どもにも役割を与えて、一人前にしようとしていたのです。かついで登ったら、子どもはみな帰っていました」（聴52）と語った。

このように、子どもたちにも役割をもたせ、存在感と誇りを実感させていたのである。同時に、たとえ葬儀の列に加わらなくても、人を焼き始めたときの不気味な煙の様子は、多くの子どもたちが一様に体験していた。

地域や日常生活が、インフォーマルな教育(40)の場として有効に作用していたのである。死の場面に臨む体験を通して、子どもたちに地域社会の一員としての自覚が育ち、大人などとの、位置関係や距離のとり方を学んでいった。暗黙のうちにこれらの体験が、子どもたちを成長させていた。

7　「焼場」と「骨拾い」

焼場に関して、事例の中からいくつか取り上げてみる。桑田節江（八十四歳―二〇〇二

焼場跡

焼場

年）さんが「焼場は山の頂上にあって、そこまで棺桶をかついで登るのは大変でした」（聴27）と語るように、焼場は山の頂上近くにあった。そうでない場合は、「だいたい民家からほど遠い、しかも山の頂上に近い所にありました。しかも、焼場とはいっても古くは屋根もない一定の場所というだけの所でした。そこまで子どももついて行っていました」（聴31）と言うように、基本的には人里はなれたところが多かった。しかし、焼場は所によって違いがある。

例えば一例として、上の写真「焼場跡」の手前の山際の平地が、筆者の地域のかつての焼場である（昭和五十年頃までは使っていた）。

この地域では例外的に、比較的低い所の平地（写真右）に、「焼場」写真のように船形に掘り込み石を並べて焼場があった。

（実際に「焼場」は「焼場跡」写真の場所にあった、昔の焼場である。写真は昭和三十年代のものである）。

左の地図の「山58－31」が写真「焼場跡」の焼場を地図に示したものである。「山58－31」は地域の共同所有になっていた。

なんでもないように思える焼場であるが、どこに設置するかは、そう簡単にはいかなかった。焼場の所有権に関して杉居貴志（七十六歳―二〇〇六年）さんの話は傾聴に値する。四十年前に、広島県の林野行政に携わっていたころに、その当時の高齢者から聴いた古い話である。

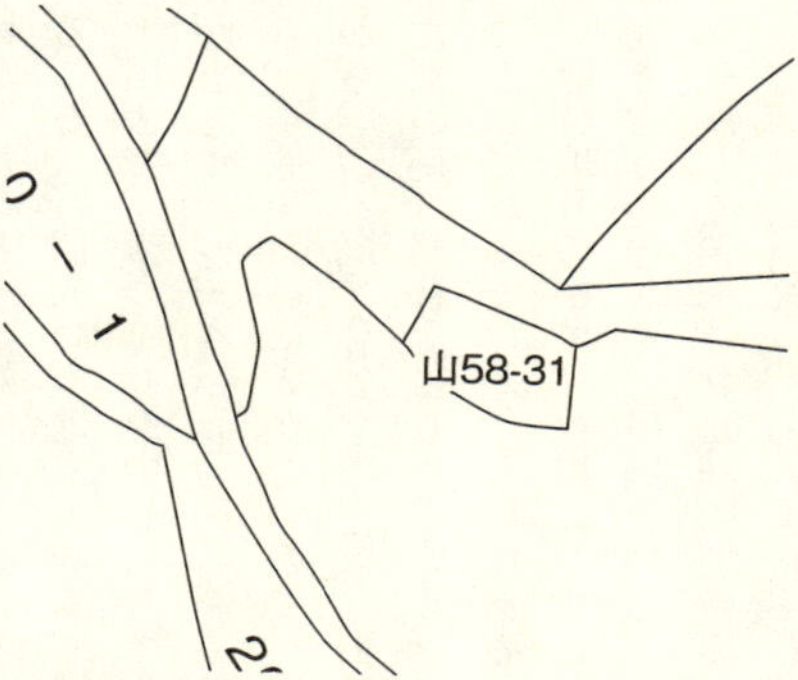

図　焼場の地図

「焼場は、ほとんどは入会地《いりあいち》（つまりは共有林）でした。なぜかというと、個人の土地だと、その所有者が、焼場として使用している山を、他人に売る場合があるのです。そういう事態になった時に困るからです。そんなことは、地域共同体でありえないと思うでしょうが、それが起こりうるのです。なぜかと言うと、昔は金銭の貸し借りなどで、その抵当に入っていたり、その代償に当てられたりして、山の所有権が、しょっちゅう動いていたのです。元の所有者は、その一部を焼場に使ってもかまわないと良心的に言っていても、次の所有者は、自分の山に焼場があることを絶対に許さないと言えば、焼場を移動せざるをえないのです。だから、出来ることなら個人の土地ではなく、共有林に焼場は設けていたのです」（聴76）と語った。

田舎で、米つくりを中心にして生計を立てていた昔の農家の生活は、今日とは違って、何かまとまったお金が必要になると、財産を手放して現金に換えるが、田地は生産手段だから、手放すわけにいかないので、現金に換わる山を売ったのである。手放す山もなくなったから、「娘の嫁入りのために、納屋の瓦を売った」という話を聞いたことがある。剝ぎ取った瓦の後は藁葺きにしたという話であった。そんな時勢だから、個人の所有地を焼場にすることはできるだけ避けたのである。

聴き取りの中で、焼場に関する話がずいぶん多いことに驚いた。重複する部分もあるが、聴き取りの中から、事例をいくつか拾って記録する。

「死産した弟を、父が一人で焼場に抱えて行き、茶毘《だび》に伏してお地蔵さんを建てました。勿論、葬式も出さなかったと語る父の話を、子どもの頃に聞いて怖かったことがあります」（聴17）――蔵信久雄（八十六歳――二〇〇七年）さん談。同様に「昭和三十年代、妹は生まれて間なしに亡くなりました。生まれて間なしということもあったのか、河原（中ノ口《なかのくち》川）が信濃川に合流する地点、旧黒埼村（現新潟市）（新潟県）で、薪を井桁に組んで、その上に遺体を載せ、地域の人によって焼かれました。河原で焼いた様子が、なんともむなしく心に残っています。その前後のことは何も覚えていません。生まれて間もない妹が、焼かれたその情景だけが、言いようもなく心にしみついています。子どもの頃の体験といえば、この場面を即座に思い出すのです」（聴46）と、年齢的には若い山木鈴子（五十六歳—二〇〇三年）さんが語った。

それぞれが、それぞれの情景を昨日のことのように思い出している。生まれて間なしの場合は、上記のように簡単に葬っていた。しかし一般的には、可能な限り懇《ねんご》ろに葬っている。焼番は、そのやり方を年寄りから代々受けついでいた。

図　焼場のイメージ図

「荼毘に付せるやり方については、若い頃から見聞きし何回も経験しています。長い間、経験を積んだ長老について習いました。なかなか、棺の焼き方は難しいものです。掘り込んだくぼみの中に薪を先ず縦に並べます。その次に、十字を組むように横に並べるのです。穴は縦一五〇cm横一〇〇cmくらいあり、深さはおおよそ五〇cmくらいあります（九六頁写真「焼場」参照）。それに目いっぱい薪を敷きつめます。その上に藁を載せ棺桶を置くのです。棺桶は、はぶせます。内臓が焼け易いように、内臓を下向きに伏せるのです。そのまわりに枝木を、四方から寄せかけます。さらに燃えつき易いように、周りへ藁を立てかけます。その上を濡れ筵で密閉します（九九頁図参照）。炎が外へ燃え出たら、薪と棺桶だけが燃えて、遺体は焼けずにそのまま残ってしまうからです。そうならないために、濡れ筵で炎を外に出さないようにして、中を蒸し焼きの状態にするのです。これには、かなりの経験がいります。地域の長老が指揮して、翌日の朝までに無事に焼きあげるのが、講中の務めでした。

その日の風向きも見ながら、東西南北のどちらから火をつけるかも、経験と勘が大事でした。風の状態によっては、死体を焼く煙が立ちこめて臭います。うまく焼ければいいのですが失敗したら、まわりに立てかけた藁の灰汁《あく》が遺体の表面につきます。いったん灰汁が遺体の表面に付いたら、そのあとは、少々のことでは、その部分は焼けません。その時は熾《おき》を集めて、その上に焼け残った遺体を載せ、魚や肉を焼くような調子でもう一度焼かねばなりません。そうなったらしんどい思いをするのです」（聴53）と杉田五蔵（七十九歳―二〇〇七年）さんは語った。

隣村でも同じようなやり方をしている。次の例がそれである。

「結核以外の場合は、講中で四人が一組になって焼番を務めていました。その中には、年寄りの経験者がいて、若い者に手ほどきをしていました。昔は葬式が、だいたい午後二時頃から始まり三時過ぎに終わるのが普通でした。それから、地域ごとの焼場まで、かついで行ったのです。焼場といっても、この地域の焼場は屋根もなく（所によっては屋根がある）、土地を掘り下げ、周りに石を積んだ程度のものでした。焼く場所は、大体畳一帖程度の所でした。一番底へ割木を三並び（三段重ね）程度敷き詰め、その上に、内臓を下にして棺桶をはぶせるように置いていました。その周りに割木や藁を立てかけます。棺桶の上にも割木や藁などを敷き詰めて、最後にその上に濡れ筵を掛けるのです。三〜四枚程度掛けていたように思います」（聴56）―川原克彦（八十歳―二〇〇五年）さん談。

中を蒸し焼き状態にするために、濡れ筵で炎を外に出さないようにするやり方は、聴く限りにおいて、ほとんどの地域で共通している。

井之口章次氏は火葬の様子を概略で次のように述べている。

「火葬の方法は、一定の場所を少々掘りくぼめ、たきぎや藁をおき、棺の上にも積み上げて火をつける。よく焼けるように、時々棒でつついたりする」(41)と述べている。穴を掘り薪や藁を棺の上下に置くことは筆者の聴き取りと共通であるが、このままでは藁や薪だけが燃えさらには棺桶が燃え、遺体だけが焼け残る。筆者の聴き取りでは、そのため上に濡れた筵を掛けて、炎が燃え出さないようにし、蒸し焼き状態にする。従って「時々棒でつついたりする」というやり方は筆者の聴き取りではなかった。

松前昭雄（八十歳―二〇〇二年）さんも、次のように言っている。

「だいたい火葬の始まるのは午後三時頃からになります。うまく火がついて焼け始めると、焼番は当家に帰って行きましたが、すでに暗くなっていました。戻っても安心なように、炎が燃え上がらないように濡れ筵をかぶせていました。当家では講中の者が焼番の帰りを待っておりました。焼番が帰ると仕上げの膳（講中に対する当家のお礼の意味をこめたもてなし）が始まり、しばらくの間、お酒をいただいて、退散しておりました」（聴31）と語った。

場合によっては、「香典と当日の葬儀の支出の会計がうまく合わないために、帳場が混乱していると、なかなか仕上げの膳にならず、他の者は、しばらく待っているという状態でした」（聴56）ということを川原克彦（八十歳―二〇〇五年）さんは語った。

また次のような話も聞いた。

「焼場で焼番を何回か務めたことがあるので、焼き方もよく知っています。最近では、山火事がよくありますが、不思議なことにその当時は、焼場から火が出て火事になったということは、先ずありませんでした。それは一つには、上に濡れ筵を掛け、蒸し焼きのようにして、炎を外に出さないようにする知恵があったからです。もう一つは、昔は山の落ち葉や古木などを持ち帰って燃料にしていたので、山がきれいで、火が燃え付きやすい状況ではなかったということです。今ごろのように手入れのしてない山でしたら、必ずと言ってよいほど、周りの山に火が燃え移り山火事になります。昔の山はきれいでした。ですから安心でした。火が燃えついたら一旦家に帰り、夜中に一度見に行く程度で安全でした」（聴76）と杉居貴志（七十六歳―二〇〇六年）さんは語った。

「焼場の当番は三〜四人で務めていました。葬儀の当日は棺桶を装飾した棺桶（棺台）の中に入れ、焼場までかついで行きます。焼場に着くと棺台は講中の格納所に返します。当時、焼番は四人で行っていましたが、そのうちの二人が棺台を返しに行きました。その間、焼番は二人になります。残った二人で棺桶に火をつけるのですが、その日の風向きによって、どの方向から火をつけるかを、見極めなければなりませんでした。これも大変なことです。ともかく二人で火をつけるのです。火をつけてからしばらくは二人です。この間の寂しいことといったら、言いようがありません。棺台を返しに行った二人が帰ってくると四人になり、何とか元気を取りもどしました。うまく火がついて焼け始めると、当番はしばらくお酒（普通一升）を頂いて様子を見守るのです。大丈夫だと思ったら、当家に帰って行きました。すでに暗くなっていました。当家では、まだかまだかと焼番が帰るのを待っていて、焼番が帰ると仕上げの膳になるのでした。

ところで、何年も焼番をしている間には、肝を冷やすような出来事に出会ったこともありました。松橋さんのおばあさんを焼いた時のことです。あまりにも風が強かったために、棺桶の頭の部分だけに異常に火が回り、棺桶から頭がのぞきました。見ると頭の皮が、小芋の皮をむくように、ツルッと剝けて頭蓋骨が見えました。なんともいたましかったのが未だに忘れられません」（聴31）。酒でも飲んで元気を出さないと大変だったと、松前昭雄（八十歳―二〇〇二年）さんは、心細かった体験を語った。

新谷尚紀氏も、穴掘り役や焼場の当番に、酒が届けられたことを記述している。「穴掘り酒というのはそんな穴掘り役の当番の人たちにふるまわれる酒で握り飯やその他のおかずとともに墓地へとどけられる。（中略）火葬の場合にも、焼き場の当番に酒がとどけられそれを飲みながら夜どおし焼くという例が少ない[42]」と述べている。筆者の聴き取りでは、夜どおし焼くという例には出会わなかった。夜中に一度様子を見に行くことはあった。

今日我々は、一人はもとより、二人でも心細い体験をしたことが、どれだけあるだろうか。一人の心細さ、隣に誰かいてくれることの頼もしさを、今の私たちは、地域の日常生活では、あまり体験することがなくなっている。

「途中で風の向きが変わったり、きつい風が吹いたりすると、下側だけが焼けて棺桶が丸いので、ひっくり返って焼け残ったりして、次の日に大慌てをすることもあったのです」（聴52）と境太郎（八十五歳―二〇〇四年）さんも語った。

「夜になって講中の当番が焼場で焼いていると、棺桶だけは焼け落ちたが、遺体が焼けずに火の海の中に見えました。合掌したおばあさんの姿が、当番のみんなの目にくっきりと映ったのです。その時の異様な情景はみんなの脳裏に焼きつき、その日の当番は我先にと先を競って下山したというのです。その光景を講中の人びとは恐怖の中で語っていました。当時、子ども心に、その話を聞いて怖かったです」（聴25）と福宗淑子（八十歳―二〇〇七年）さんも語った。

郵便はがき

112-8731

料金受取人払郵便

小石川局承認

1177

差出有効期間
2027年4月9
日まで
（切手不要）

東京都文京区音羽二丁目
十二番二十一号

講談社
学芸部
学術図書編集
行

ご購読ありがとうございました。今後の出版企画の参考にさせていただきますので、
ご意見、ご感想をお聞かせください。

（フリガナ）
ご住所

〒□□□-□□□□

（フリガナ）
お名前

生年（年齢）
（　　　歳）

電話番号

性別　1 男性　2 女性

ご職業

小社発行の以下のものをご希望の方は、お名前・ご住所をご記入ください。

・学術文庫出版目録　　希望する・しない
・選書メチエ出版目録　　希望する・しない

TY 000045-2502

この本の タイトル	

本書をどこでお知りになりましたか。

1 新聞広告で　2 雑誌広告で　3 書評で　4 実物を見て　5 人にすすめられて
6 目録で　7 車内広告で　8 ネット検索で　9 その他（　　　　　　　　　）
＊お買い上げ書店名（　　　　　　　　　　　　　　　　　　　　　　　　）

1．本書についてのご意見、ご感想をお聞かせください。

2．今後、出版を希望されるテーマ、著者、ジャンルなどがありましたらお教えください。

3．最近お読みになった本で、面白かったものをお教えください。

ご記入いただいた個人情報は上記目的以外には使用せず、適切に取り扱いいたします。

薪や棺桶だけが燃え落ちないように、所によっては「講中の者が生木を切って割木にして混ぜていました」（聴65）と言う。さらに「冠地域（東広島市）には自分の山を持っていない人もあり、割木の手配が大変でした。自分の家に割木がある人はそれを持って来ますが、割木のない家の人は、いざ葬式という時には急遽割木を作らねばなりません。そんな場合は、講中山と呼んでいた山から切り出したのです。共有林ではなく、確か講中頭の私有地であったように思うのですが、その山から切り出していました。たとえ、家に割木を用意していても、それは時間が経って枯れ、燃えやすくなっているので、火力の強い生木の割木がどうしても必要になります。ですから結果的には、その家に割木があるなしにかかわらず、生木の割木を葬式ごとに作らねばならなかったのです」（聴65）と田崎稔正（九十四歳―二〇〇六年）さんは語った。確かに、「割木は枯れたものだけでは、いっきに燃え尽きるので、講中の者が生木を切って割木にして混ぜていました。そうするとうまく焼けるのです」（聴56）と川原克彦（八十歳―二〇〇五年）さんも言った。さらに、「どういうわけか、柿の木で餅を蒸してはいけないが、火葬には使っていました。なぜかは分かりません」（聴45）という話も、行田サカエ（八十三歳―二〇〇七年）さんから聞いた。

青木新門氏も「それはある秋の夕暮れに、私が風呂を焚いていて、柿木の枝を焚口へ入れようとした時だった。

『新太郎、柿木の枝は火に入れるな』

と祖父が突然、風呂の覗き窓から言った。

『どうして？』

私が枝を持ったまま怪訝そうに聞くと、

『柿木の枝は火葬の薪にするものだ』

と祖父は、強い口調で言うと急に笑顔になって

『祖父ちゃんが死んだら、柿木で燃やしてくれ』

と言って、覗き窓から消えた」[43]と祖父から聞いた話を載せている。たしかに、「柿の木は、薪木としてはならぬ、登ってはならぬなどと、禁忌が非常に多いのは、火葬用に柿の木を使うなど、この木を神聖視していたからであろう」[44]と『日本民俗事典』にも記されている。

「私が娘の頃から見聞きしたことですが、一番大変なのは焼当番でした。私の家では父が早く亡くなったので、講中務めに弟が出ていましたが、若いので必ず焼当番にまわされていました。弟からよく話を聞かされました。三人で当番をするのですが、火がうまく燃えつくまでは、番をしていなければなりません。夜になるから、重箱料理を用意し清酒一本が届けられます。それをいただきながら当番をしていると、次第に死体が焼けだし、死体の臭いがしてくるのだそうです。時には死体が急に起き上がることもあり、びっくりしたという話をしていました」（聴41）と源光寺（三次市）の日曜学校に通っている児童の祖母の幾田ヨシ

（七十七歳―二〇〇三年）さんも話していた。

さらに、内臓や頭が焼け残った話は数々ある。「私の母は昭和十二年に六十一歳で亡くなりました。次の日に焼場へ行ってみたら、胃癌だったので胃の部分だけが焼け残っていました。仕方がないので親類の者で焼きました」（聴43）と角田サダ子（九十一歳―二〇〇三年）さんは語った。同じように「焼場から当番の人が帰ってこられ、調子よく焼けているということで安心していました。しかし、次の朝、早めに親戚の者が焼場に行って様子を見ると、夫は肝臓を患っていたので、やっぱり、そこだけ焼け残っていました。大急ぎで燠を集めて、もう一回焼きました（このことを所によっては「二番焼き」とも言っている）。この時のことは、いまだに心に残っています。その時、わしは三十三歳でしたが、早々と後家になりました。余分な話ですが、昭和十九年以来、わしが講中の務めを全部やりました。この時ばかりは女の子四人を抱えて、どうしようかと悩みました」（聴50）と岸本コヨシ（九十一歳―二〇〇三年）さんは当時をしみじみと語った。

「わしは、十七～十八歳頃から講中の務めに出ていましたが、今でいう癌にかかった人は患った所が、どうしても焼け残って困ったという話を、子どもの頃からよく聞きました。焼け残った内臓を鍬で引きちぎってこもうに（細かく）して、もう一回焼いたという話も聞きました。その頃『大人というものは思いきって、勇ましいことをするの―』と思っていました。しかし、今考えれば次の朝までに焼くためには、そうでもせにゃー責任が果たせんかったじゃろーと思います。人が死ぬることのむごさで、一番わしの心に残っていることです」（聴29）と寺町進（九十二歳―二〇〇二年）さんからも、同じように聴き取った。「火は普通喪主がつけます。あとは焼番が残って焼きます。おおよそ大丈夫と思ったら係も帰ります。次の日は、その家の者が行って骨を拾います。うまく焼けていないと、改めて焼かねばなりませんが、一旦焼け残ったら〔なかなか〕焼けるものではないので苦労します。内臓を鍬で千切って焼くことになります。焼け残ったくらい情けないことはありません」（聴88）と里村卓雄（八十六歳―二〇〇六年）さんも言った。

「次の朝当家（所によっては隣の家）が早朝に焼場に行き、焼け具合を確認します。うまく焼けていない場合は、大急ぎで焼かねばなりません。いったん焼け残ったものは、煤にまみれて、なかなか焼けないので大変苦労するのです。次の日、焼けた後は家族親類縁者だけで骨拾いをするのです」（聴31）と語った、松前昭雄（八十歳―二〇〇二年）さんの話も同様である。

いずれの場合も焼け残ったら、改めて焼くのに苦労したと、皆が異口同音に語っている。また焼け残ってやりようがないので、穴を掘って山に埋めたという話も聞いた。所によっては土葬も行われているわけだから、ありうることである。

「しばらく葬式がないと、作り置きの棺桶の木が枯れて燃えやすくなって、棺桶だけが早く燃え落ち遺体が丸出しになります。時には収縮していた手足が、自由に伸びて死体が動くことがあります。焼場の当番は何度かそんな体験をしています。子どもの頃に大人からそんな話を聞いて、怖くなったことが度々ありました。焼場の近くの田んぼの手伝いに行くのがいやでした」（聴45）と行田サカエ（八十三歳―二〇〇七年）さんは語った。

もっと、はなはだしい場合は「抱えるようにしていた膝の筋肉の収縮に異変が起こり、足を伸ばすことがありました。その時に棺桶を蹴って棺桶から足がはみ出ることがあり、まるで生きているようでした。時によっては足を伸ばす弾みで、掛けていた濡れ筵の一部がめくれて、そこから煙突のように炎がいっきに噴出し、その炎で焼場の小屋の天井屋根を焼いたこともあります。また足を伸ばした弾みに、棺桶が向きを変えることもありました。このように予想しないことが起こるので、焼場当番は遺体に火がつき、うまく焼け始めたのを確かめないと引き上げられなかったのです」（聴2）と野原義夫（七十八歳―二〇〇七年）さんは教えてくれた。

火葬した次の日は、原則的には講中は関わらない。葬式を出した家の者と、親戚の者で骨拾いをするのが通例であった。その中でも様ざまな事例がある。

「葬儀が済んで、講中の人に火葬してもらい、次の日は、自分の家の者で、死体が焼け落ちているかどうかを、朝早く見に行くのが慣わしでした。母を火葬した時には、父が焼け具合を見に行きました。連れ添いの遺体の焼け具合を見に行った、父の気持ちはどんなものであったのだろうかと、その時の父の年頃になって、わが身に引き換えて思うのです」（聴17）

と、蔵信初子（八十五歳—二〇〇七年）さんは当時を思い出して語った。また西勇夫（九十一歳—二〇〇三年）さんは「父の葬式の次の日は骨拾いをし、その日のうちに出征兵士の弟を徳島まで送っていきました」（聴48）と若くして一家の大黒柱になり、責任が重くのしかかり、重苦しかった戦時中のことを思い出し、平和な今の世の中がありがたいと語った。

「父の葬式の時には、次の朝焼場へ行ってみると、焼け残っていたので、二番焼きをしました。家から枝木や割木を持って行って、改めて焼くのです。どうしても焼け残ったので、やりようがなくて、焼け残った部分を山に穴を掘って埋めました。父のときに焼け残ったので、その後の母の時には、講中が気をつけて焼いてくださいました。もちろん講中は精一杯やっていても、焼け残ることが時にはあったのです」（聴74）と、吉原有男（九十六歳—二〇〇六年）さんは、長年の経験から語った。また、一応は焼けているが「骨壺に入れて実家に持って帰り、納骨までのあいだ、骨壺は実家にありましたが、きれいに焼けなかったために、しばらく匂いが立ち込めていたのを思い出します」（聴70）というケースもあったことを、中谷美香（八十九歳—二〇〇六年）さんは語った。

「その家の者が、骨拾いに来た時には完全に、焼けているようにするのが講中の務めです。ここらでは、大迫紀夫さんがいつも早朝に、いち早く焼場に行って確認して下さっていたので、みんな助かっていました」（聴38）と沢光昇（八十九歳—二〇〇三年）さんは語った。不備が起こらないように講中は努力してはいるが、どうしても起こり得ることであった。

地域のあちこちにあった、これらの焼場のことを、一般的には野焼場という言い方をしている。文字通り穴を掘り込んだだけの焼場である。所によっては、その上に雨よけ程度の屋根をつけた所もある。こうした風景は、昭和四十五年頃までは見受けられた。それを裏付ける話を、青年が語った。

「小学生頃（昭和四十五年頃）、母の里（三原市本郷町）で親戚の子どもたちと山遊びをしていました。山を走りまわっているうちに気がつくと、当時の焼場に行き当たりました。たまたま、その日の前夜から遺体が荼毘に付してありました。それに出くわしたのです。頭部、手足は焼けていましたが、内臓が焼け残っていたのです。それを見た時のショックは、今でも鮮やかに記憶に残っています。怖くなって、一目散にそこを抜け出しました」（聴4）と小林清三（三十八歳―二〇〇一年）さんは体験を語ってくれた。彼は高齢者という立場ではなく、ひと昔前からの風習を心に留めている最も若い世代ということで、彼の体験を収録した。

こうした場面は、子ども心に、見たくないものを見てしまったという思いであったであろう。そして、死者に意識があれば、見られたくない場面でもあろう。そうした現実が、昭和四十年代の中頃までは、あちこちの焼場の生々しい情景として見られた。その頃を境にして、町が管理する斎場へと次第に移管され、日常の中で死が見えなくなっていった。

人の一生の終わりや儀式は、今日のように医学や商業ベースでコントロールされたものではなかった。それぞれの死に個々のドラマがあり、それぞれが他者を、とりわけ子どもたちを、いのちと向き合わせた。それは「死の教育」であり、言い換えれば「いのちの教育」であった。焼場に関する話は、生々しい現実として多くの人々の心に残っている。

焼場当番は、表には出ないが重要な役割である。遺体によって、個々に患部の違いがあるが、患部はどうしてもうまく焼けない。また、当日の気象条件によっても焼け具合は異なり、薪や棺桶の木の乾燥具合によっても焼け方が異なる。諸々の条件によって焼け具合は個別的であり、今日の斎場のように、骨が砕けボロボロになるまで焼いてしまうやり方ではない。患部が焼け残ってもともとだと納得しなければならない当時に、それでも朝までに、見事に骨にして遺族に届けるという、講中の役割は重要であった。当時の人々は、ちゃんと骨にして届けることを当たり前のこととしてやってきた。

近代文明の中で合理的な焼き方を知った、言い換えれば横着を知った、現代の我々は、ついひと昔前まで先人がやってきたことを、やりきることができるであろうか。とてもその知恵は受け継がれていない。学ぶべきは、つい先ごろまで受け継がれていた、先人の知恵である。単なる知識ではなく、現実の課題を解決する力である。しかも、これら葬儀にかかわる一連の取り組みを目の当たりにする中で、子どもや若者は、いのちの尊厳を日常の中で自覚していったのであろう。

当時の、個別的で具体的な「死に逝く姿」は、今日とは全く違う死の臨場感を伴っていた。当時の死には、それぞれが背負っていた個人史が見える。一緒に生きてきた、愛する家族や親しい近所の人と、最後まで直接に向き合った後に、老いや病のために死に逝く、その姿が見えた。そうした個人史を伴った個別的な死に、大人はもとより、若者も子どもたちも、出会っていたのである。

「火葬がすむと次の日にトウシ（農作業の用具）を持って、焼場の灰の中から金歯、銀歯を探す者がいました」（聴45）と杉本禎子（八十二歳―二〇〇七年）さんが語り、伊籐タマヨ（九十一歳―二〇〇三年）さんもまた、同じ体験を語っている。

「人を焼いた次の日には、どこからか知らない者がトウシを持って来て焼場の灰をトウシに入れて川でおろして、金歯をもって帰っていました。かれこれ昭和三十年代までは来ていたように思います。昭和四十年代に町の斎場で焼くようになってからは地域の焼場は使わなくなりました。それでも今まで通り地域の焼場で焼いてほしいという故人の遺言で、最後に焼いたのが昭和四十九（一九七四）年のことだったと思います」（聴47）と語った。死者の歯の金銀を生活の糧にしようとする、生きるためのシビアな現実が、昭和三十年代頃まで続いていたことも事実として聴き取った。

その発想は、くしくも今日に生かされている。「二〇〇六年にＮＰＯ法人の日本入れ歯リサイクル協会が立ち上げられ、不要になった入れ歯を社会福祉に役立てようとする活動が始まった。高齢社会になって、入れ替えられる入れ歯も多くなった。そこで不要になった入れ歯を集め、金・銀・パラジウム・プラチナを取り出せば、年間五〇億円の資金が捻出できる」[45]と言う。それを社会福祉に活用しようというのである。まさに前記と同じ着想である。

いま一つ、焼場の近くにはシメジがよく生えていたという事実を聴き取った。シメジの成長には藁の灰が有効である。焼場では必ず焚きつけに藁をふんだんに使った。焼場の後片づけの際、その灰を近辺に捨てるので、焼場の近辺にはシメジがたくさん生えていた。その頃の人びとは、焼場を目印にして、シメジを採って歩いていたと言う。このことも複数の高齢者から聴き取った。

数々の事例を通して見えてくるものは、一口でいえば人の死の生々しさである。その頃の子どもたちに見えていた「人の死」は、それぞれにリアルで個別性を帯びた、具象的な死であった。それぞれの普段の生活の続きに、死に逝く人びとの姿があった。

後藤仁（八十八歳―二〇〇六年）さんは、地元での体験以上に、戦地での経験が強烈だったと、次のように語った。

「私は戦地に長くいました。特に中国、そしてジャカルタにも長く滞在しました。中国戦地を行軍している途中で、戦友が亡くなった時には、戸板に乗せて野営地まで運び、そこで夜間火葬しました。その遺骨を彼の飯盒に入れ、日本へ何らかの便で郵送しました。その遺骨が、うまく実家に届いたかどうかは、確認できませんでした。未だにどうなったか分かりません。この年になっても、気がかりなことなのです」（聴81）と。多くは語られなかったが、戦地での体験は、おそらく、心にしまいこんだままの人生だったように感じ取れた。青年期における戦地での死の体験は、まだまだ黙したままのように感じられた。

積み上げられた薪

8　「木飯米」

「焼場」のところでも触れたように、葬式を出すと必ず薪が必要であった。一般的に一～二坪（一尺五寸〔約四五㎝〕の長さの薪を積み重ねた側面の面積が一～二坪）は必要である。ゆとりのある家では、日常の生活用とは別に火葬用に用意していた（写真参照）。しかし、日々の生活に追われて、その余裕のない家では葬式を出さねばならなくなってから、急いで薪を用意しなければならなかった。例えば、お母さんが、こっそり裏山へ薪を作りに行っていると、お母さんはわしの葬式の割木を作りに行っているんじゃろー」（聴45）と、お父さんが気づいて、聞くとはなしにつぶやいたという、気の毒だった同級生の話を、杉本禎子（八十二歳―二〇〇七年）さんは語った。死が目の前に迫っている、やりようのない現実を生きてきた子どもたちがいた。そしてお互いを思いやり、支えあう家族の温かさも、身にしみて感じ取っていた。

今日では廃屋になった藁葺きの木小屋

いつ葬儀を出さねばならなくなるか分からないので、日ごろから、薪を非常時のために蓄えることを心がけていた。しかし、そのゆとりがないと、木小屋は空になっていた。木小屋が空になると、小屋を支えている柱だけがくっきりと見える。「○○の家の木小屋は柱だけよ」と言っていた。逆に、木小屋に割木などの薪が十分にある家には、それに相応して、飯米にもゆとりがあった。そこから、木小屋に薪があればその家には飯米もある。薪がなければ、ほぼ間違いなく飯米も不足しているということから「木飯《きはん》米《まい》」という言葉が生活状態を推し量る言葉として生まれた。そして暮らし向きの尺度になっていった。

聴き取りの中から関連する事例を拾ってみる。「火葬する時にはずいぶんの薪が必要ですが、家によっては薪のない家もあり、その時は近所の家が何とかしました。私の家にも薪がないことがありました。ある年に、木小屋のそばに、聳《そび》え立っていた大きなモロウギ（ネズの木）に、雷が落ちて、そばに置いていた茅に燃え移り、木小屋が焼けました。しかし、近所の人は『元屋（私の家の屋号）の木小屋が焼けたんならいいわい。あの家の木小屋なら、割木が積んでないから』と言いました。その頃は、近所の家の木小屋に薪が有るか無いかを、みんなよく知っていたのです」（聴70）と中谷美香（八十九歳―二〇〇六年）さんは、当時の自分の家の暮らし向きを語った。

川原克彦（八十歳―二〇〇五年）さんの話では、葬式用の薪を共同の山から切り出しているような所では、「木飯米」という言葉は聞かなかったと言う（聴56）。また、周りに山のない広い盆地の中でも「木飯米」という言葉を聞かなかったと言う。次の地域がその例である。

「火葬にするのに、豊かな家は割木をたくさん持っているので、十分に焼くことが出来ましたが、豊かでない家の時はうまく焼けず、棺桶がひっくり返ることが度々ありました。この地方より少し東の比較的広い郷のある所（福山市芦田町）では、近くに私有の山がないので、地域の共有林に、みんなで入って薪を作っていました。この共有林をこの地域の人は野《の》山《やま》と呼んでいます」（聴64）と、草井寛（八十一歳―二〇〇六年）さんは語った。確かに、その地域は、広い田畑があり、その中に民家が点在している。そこは、広い平地が盆地のように囲まれた地形になっている。言われてみれば、周りの山は「野山」である。従って一般名詞である「野山」を固有名詞のように使っているのである。この地域には、他の地域で聞いた「木飯米」という言葉はないと言う。薪を戸別均等に分けるのであるから、生活の豊かなものが割木を多く蓄えているという現象は、ここでは起こらない。そのため「木飯米」という言葉が、この地方にはないことが納得できる。また裏山のない家が多い地域では、「木飯米」という言葉を使っていないと言う。

ところで、地主と小作人の間で歴然とした貧富の格差があった所では、あえて「木飯米」という言葉は使っていなかったのだろうか。以前は二年分の薪を蓄えていたという山林近くの農家が「木飯米」という言葉を知らないと言った。つぎが、その例である。

「その言葉はこの地域で聞いたことがありません。しかし、言われることは分かります。確かに、裕福な家には、木小屋に薪がいっぱい積んでありました。私の父親の本家には、大きな木小屋があり、山持ちだったので、毎年近くの者が、一年分の割木を作って積んでおいてくれていました。木小屋の中に、東と西に二流れ積んでありました。毎年、その一流れずつ使って、交互に補給していました」（聴95）と門田晃三（八十九歳―二〇〇六年）さんは語った。

これらの聴き取りから、「木飯米」という言葉は平地と里山が入り組んでいる地域での生活実態のバロメーターであったように思える。

さらに「木飯米」が暮らし向きの尺度になっていた地域では、次のようなこともあった。

「地域の焼場で、講中が焼くやり方は、昭和四十五年ごろまで続いたように思います。ほとんどの家が、なんどき葬式を出さねばならなくなるか分からないので、日ごろから葬式の時の割木を、ある程度用意しておきます。しかし生活に余裕がないと、そこまで手が回らないのです。薪が積んであるかないかは、その家の生活状態を示していました。私は今年結婚五十年目を迎えたので、先年金婚式を子どもらが祝ってくれました。五十年前に家内の家に見合いに行った時、気づかれんように、さりげなく木小屋を見ました。それと、もう一つ、その頃は、家に飼っている牛を見れば、その家の経済状態が分かると言っていました。木小屋に薪がしっかり積んであり、牛が丸々と肥えていれば、その家の経済状態は良いと言われていたのです。生活にゆとりがないと、牛もやせこけてしまいます。見合いの時、牛小屋もそれとなく、気づかれないように見ました。これなら良いと思うて連れ添い、五十年が過ぎました」（聴56）と川原克彦（八十歳―二〇〇五年）さんは語った。

「木飯米」という言葉が暮らし向きの尺度であったように、牛もまた、その家の暮らし向きの尺度であった。経済的にゆとりのある家の牛は、よく肥えていた。ゆとりのない者は、自分の牛を持つことさえ出来なかった。牛を持つことのできない農家は鞍下《くらした》という民間の制度を利用していた。鞍下とは、農耕時だけ牛を借りて使うという制度のことであるが、その鞍下の起源について、聴き取ることができた。

　郷土史研究家の正田利昭（八十六歳―二〇〇六年）さんは、鞍下の起源を次のように語った。その歴史的根拠になる資料として、赤屋（世羅郡世羅町）には『赤屋村家牛馬御改帳』

（享保五―一七二〇年）と『宗門改帳』（文化二―一八〇五年）が、今日も保管されている。『赤屋村家牛馬御改帳』によると、赤屋村の状況は次のようであった。

総人口……………五二〇人　戸数……九七軒
男女別　男子二六〇人　女子二六〇人
内　八十歳以上…………四人　…………一人
六十歳から七十九歳……二六人　………二五人
十五歳から五十九歳…一五六人　………一六七人
十五歳未満…………七四人　…………六七人

この資料によると、高齢者は少なく生産労働人口は、かなり多いと言える。さらに、これによると、農家戸数九七戸で、牛四三頭・馬一四頭、牛馬計五七頭を所有していることになっている。一戸が牛馬の何れか一頭を所有しているものと仮定すると四〇軒の農家は牛馬の何《いず》れも所有していない計算になる（九七軒－五七＝四〇軒）。約四割の農家が農耕用の牛馬を持たない農家ということになる。

そこで幕府は年貢の増産のために、百姓に牛を貸し出している。牛を貸し出すといっても幕府が牛を飼っているわけではないので、牛を借りるための資金を貸し出すのである。例えばその年には、金三百貫目を郡中へ放出している。この放出金で、牛を民間の牛馬の業者から調達するのである。その牛のことを御仕向牛《おしむけうし》と呼んでいた。正田利昭さんは続けて次のように語った。

「この赤屋の村で、いま言ったように全部の家が、牛馬を持つゆとりはなかったのです。これは明治に入り、さらに昭和になっても同じことで、依然として牛馬を持てない百姓がかなりいましたが、江戸時代に幕府の仕向けたような公的な制度は、明治に入ってからはなくなりましたが、江戸時代の御仕向牛の制度を模して、民間で預《あず》け牛《うし》というやり方が博労《ばくろう》〔牛馬の売買・仲介業者〕と百姓との間で起こりました。具体的には、博労が、どんどん牛を仕入れて、牛馬を持っていない百姓を相手に、牛馬（中心的には牛）を貸すのです。百姓はその牛を農耕に使い、同時に子牛を生ませるのです。一年に一頭生ませて、それを博労に返せば、子牛一頭につき『親牛の足が一本分自分のものになった』と、言っていました。四頭生ませると、一頭がまるまる自分の牛になる計算なのです。具体的には、四頭目の子牛が生まれた時に、親牛を博労に返して、四頭目の子牛を自分のものとして貰いうけ、その子牛に、はじめから仕事を教えて、仕付けるのです。しかし、現実には四頭生ませて一頭を自分のものにすることは、容易なことではなく、途中で親牛を返さねばならないことが、多かったように思います。極端な例を言うと三頭子牛を納めて、四頭目が生まれなければ、やむなく親牛を手放さねばならない百姓がずいぶんいたのです。全く、もとの木阿弥です。この近辺では府中市の野乃部さんという博労さんが一手に引き受け、その地域の納税番付第二位であったように記憶しております（第一位は発電所だったように記憶しています）。

預け牛も借りられない貧しい百姓は、鞍下といって、農繁期だけ牛を博労から借りて、その代金を払うという制度です。しかし、鞍下に出す牛はあまり仕付けも出来ていない、条件の悪い牛が多くて、借りた百姓は、農耕に使えるように仕付けるのが大変でありました。やっと仕事を覚えさせたと思ったら、博労に返す頃になるのでした。ですから貧しい農家は悪循環の中にはまるのです。鞍下は春と秋に借りていましたが、そのつど米一俵を払っていました」（聴75）と正田利昭さんは語った。

話を元に戻すと、このことから分かるように、当時見合いに行った時に、そっと牛舎を見て牛の状態から、その家の経済状態を推測したというのも、当時としては、ありうることであった。いきおい、「木飯米」と牛舎の様子が、農家の暮らし向きの、尺度になったのである。

同じように、当時の小作農の厳しい実態を語った話がある。

「小作で借り受ける田にも二通りありました。その一つが『麦地』と呼ばれる田んぼです。これは裏作に麦を作ることが出来る田んぼのことなのです。と言うのは、この地域は、以前は排水が悪く、ほとんどが裏作に向いていなかったのです。そこで、排水の良い水田だけを『麦地』と呼んでいたのです。『麦地』は裏作が出来るということで小作料が高くなり、いきおい米は全部小作料として、巻き上げられたのです。『麦地』でない田んぼを借りた者も、まともな米はほとんど小作料にまわさねばならず、後に残るのは『シイナ』（しいら—実入りの悪い発育不良の青いくず米）だけです。小作人は、『シイナ』に麦を入れて食べるのです。麦は、家に入ったところにある唐臼《からうす》で搗いて炊くのですが、麦は搗いただけではなかなか炊けないのです。しばらく水にかして〔浸して〕炊いていたのです」（聴65）—田崎稔正（九十四歳—二〇〇六年）さん談。

もはや新しい世代は、これらのことを語り継ぐこともないであろう。せめて、その事実を書き留めておきたい。柳田國男氏の民俗学への入り口は「何故に農民は貧なりや」の問いであったように、数多くの百姓たちは貧困な時代を智恵と努力で切り抜けてきた。「木飯米」の背後に厳しい農民の生活があった。

明治十八年頃のことであるが、宮本常一氏の聴き取りによると「その頃はどの百姓家でもたいてい二年分ずつ食うもののたくわえを持つようにした。だから米でもモミでかこうておいて、新米がでると、去年の分を食いはじめる。それまでは一昨年《おとどし》のを食うている。たまに新米でも食うと、うまいもんじゃのうと舌鼓をうったもんであります。まァ百姓というもんはヒネからヒネへくいつなぐのがよい百姓とされた。それだから、一生うまい米を食うことはなかった。そうしないと飢饉《ききん》年がしのげなかった。また村の中ではそういう家をよく見定めておいて、自分に娘があれば嫁にやるようにした。目のまえで食うものがなうて苦しんでいるのを見るのが一ばんつらいもんです[46]」と記録している。ここでは「木飯米」に代わって、昨年の食糧を食べているかどうかが、貧富の尺度である。今年の作物に手をつけるようでは、娘を嫁にやれないというのである。筆者の地域でも、戦後間もない頃は、次の年の春過ぎまで昨年の米を食べている家庭は、それが自慢であった。次の年の八月頃になって古米を食べていることは最高の誇りであり、「うちでは、まだ古米を食べている」（聴69）と誇らしく語っていた。余裕のある農家は一年中古米を食べていたと言う。年寄りが、早く新米に手をつけるようではダメだと言っていたことを、別府龍太郎（九十三歳―二〇〇六年）さんは覚えていると語った。逆に戦中戦後食糧不足の頃には、早々と稲刈り稲扱《いねこ》きをし、ひそかに母屋の裏で、人に知られないようにして、土の臼で、もみすりをして食べていた苦労話も聞いた。野原義夫（七十八歳―二〇〇七年）さんの話によると「食べる米がなくなったら、早々と今年できた稲を刈り、そのまま田の中に拡げて干していました。それを『刈り干し』と言っていました。もし束ねたら短期間に乾かないので、束にせず拡げて乾かしたのです。年によっては、秋雨前線が近づき、せっかく刈った稲が乾かないことがありました。こんな年のことを『鍋割れ』と言っていました。つまり炊く米がないので、鍋だけを火に掛けることになり、鍋が割れるというのです。貧乏農家には苦労があり、できるだけ食いつないでいこうとしたのです。古米は美味くない、などとは言っていられませんでした」（聴2）ということである。

今日では古米はあっても、できるだけ早く新米を食べようとしている。贅沢でもったいない話である。

以上、死の儀礼である「湯灌」と奥納戸・「角寄せ」・「棺作り」や「納棺」と結核患者・「親戚へ音をする」「悔やみを言う」・「斎」・「葬儀」と「野辺送り」・「焼場」と「骨拾い」・「木飯米」について聴き取りをまとめた。

一つ一つの死の儀礼の背後に、百姓のなまなましい生活の現実が見え隠れしていた。死の儀礼は、身近な人が徐々に生から死へと「死に逝く」過程を自覚的にとらえさせる節目であったのである。子どもたちにとっては、前記のような「死に目」「角寄せ」「湯灌」など、人が「死に逝く」節目ふしめに出会うことが、広義の通過儀礼であった。

高齢者の話から言えることは、昔「人の死」は地域共同体の日常生活の一部であり、生活の延長線上のことであったということである。つまり明治・大正期の子どもたちが出会った「人の死」は日常の続きであり、「生」の中の一部としての「死」であった。「死」だけを切りとった形の「死」との出会いではなく「生の中の死」に出会っていたというべきであろう。生と死が一続きになっており、生が徐々に死に変わっていく。その様を子どもたちはじっと見てきた。これらの体験が暗黙のうちに、いのちを身近に感じる地域での教育作用になり、子どもの成長を支えていたと思える。

生と死は一続きであることを立川昭二氏も次のように述べている。

「日本人が生死というとき、それは生と死とをはっきり切り離すのではなく、さきの濃淡とおなじように、生から死へ、死から生への連続的なつながりを考えている。生と死との間にはっきりとした断絶を考えない。すくなくとも、こんにち風にいえば、生から死はデジタルに一変するものではなく、アナログに移っていくもの、と考える。

日本人はしたがって、良寛の臨終まぎわに貞心尼が、『生き死にの境ひはなれて住む身にも……』と歌った心情を、わりあい自然に受け入れてきた。この貞心尼の歌に良寛が、『うらを見せおもてを見せて散るもみぢ』と、まさに表裏ということばを使ってかへしているが、生死・表裏は一体という心性《メンタリティ》である」[47]。

かつて子どもたちは立川昭二氏の言うアナログの世界で「生と死」を見てきた。今日では、「カブトムシが死んだ。電池を買ってきて」と真顔で言う。小学生の中に、人は一度死んでも、スイッチの切り替えで、再び生き返ると思い込んでいる者がいる時代である。明治・大正期の子どもの体験を何がしか復元することが望まれる。

三　子どもの頃に「人の死」に出会った契機

1　葬式や野辺送りの場面に出かけた契機

(1)子どもにとってのハレの日

昔子どもたちは、どういうきっかけで人の死に出会ったのか、そして、子どもたちにとって死は何を意味していたのか、などをさらに具体的な事例で追ってみたい。

田舎の子どもたちにとって、珍しかったことを、地頭和人（九十四歳―二〇〇六年）さんは、次のように語った。

「田舎にはあまり変わったことはなかったのですが、それでも甲山（世羅郡世羅町）には珍しいことがありました。というのは、甲山は三次から尾道への米の輸送などの主要街道の途中であったからです。里程的にどうしても宿泊しなければならない地点が甲山でした。それで昭和十年頃には、大原屋をはじめ一〇軒くらいの旅館がありました。糸崎・松永あたりから、干し魚や塩物を商ってやって来る商人もかなりおり、田舎にしては、人がにぎわっておりました。思い出してみると、例えば、大きな店などは節分には豆まきをしました。今のように、どの家庭でも豆まきをしていたわけではないので、子どもは、豆まきをする大きな店に集まって拾ったのです。着ている羽織を脱いで、それで受けたのです。そのほか、例えばデコ芝居が来ていました。学校の行き帰りの途中に見ていました。影絵も見たことがあります。もう一つ珍しいことで、すずめさしといわれていた旅人が、毎年やって来ていました。これは珍しくて、尋常小学校の子どもが、皆ついて歩いていました。すずめさしをする人は、釣竿のようなものを持って来て、その先に糯《もち》（粘り気のあるもの）をつけて、屋根口など、すずめのいそうなところに、糯をつけた竿を伸ばすと、すずめがうまくその糯にくっついていました。すずめ取りは、すずめを寄せる笛を吹いていました。笛を吹くと、不思議にすずめが近寄って来たのです。その頃は、今以上に沢山のすずめがいたように思います。この風景を、私は昭和十二年に戦地に赴くまでは、毎年見かけていました。このすずめさしに、子どもはぞろぞろとくっついて歩いていました。一〇人以上はいたと思います。そのうち、すずめさしはどこへともなく去って行きました」（聴71）と、七十〜八十年前の様子を語った。着物姿で草履履きの少年の姿が想像できる。宿場町であったということで、甲山には賑わいがあった。しかし、一般的に田舎では子どもにとって、さほど珍しいことはなかった。明治・大正期の子どもたちにとっての日常は、あまり変わったことのない平穏な日常であった。そうした日常の中にあって、葬式は普段と違う出来ごとであり、日常とは違った日であった。ものめずらしさも手伝って、子どもたちも葬式の場に集まっていた。

そこへ行けば、普段食べている麦飯とは違って、米の飯のお焦げ結びが食べられる。地域によっては、塩と砂糖までまぶして子どもにふるまっていた。このことは、広島県内で広く共通している。お焦げ結びが、子どもたちを葬式や野辺送りの場へ出かけさせた主要な動機になっていた。お焦げ結びにまつわる事例をいくつかあげてみる。

「子どもの頃には、何じゃし（何も）変わったこともなかったので、近所で誰かが死んだといえば、子どもも集まっていました。周りで遊んでいて、斎のご飯のお焦げで結びを作ってもらって食べました。塩と砂糖でもんでありました。子どもの頃は、どの家も麦飯を食べていましたから、白いご飯の結びはおいしかったです。そのあとで野辺送りの行列について、焼場まで行きました。そこから引き返しました」（聴28）―安田アヤ（七十八歳―二〇〇二年）さん談。

「近くの葬式にはついて行っていました。焼場にもついて行きました。そのわけは、葬式の日には、米の飯が食べられるのが何よりだったからです。私が子どものころには、どこの家でも、米の飯を食べている者はいなかったのです。大体は米に麦を混ぜて麦飯を食べていました。その麦飯さえ食べられない家もあったのです。麦だけの飯でもありがたかったのです」（聴65）と田崎稔正（九十四歳―二〇〇六年）さんも体験を語った。類似した事例をいたるところで聞いた。広島市郊外の可部町（現広島市安佐北区可部）でも聞いた。重複する

昔使っていた平釜

部分もあるが、聴き取ったことを、さらに記載してみたい。

「ご飯は、平釜（写真参照）で炊いてお櫃にとりますが、その時、平釜の底にご飯を残しておいて、それをさらに炊くとお焦げができるのです。これをお結びにします。これがなんともいえずおいしいのです。実は子どもたちは、そのお焦げ結びにありつこうとして待っているのです。炊事をしている講中の大人たちも、子どもに『もうすぐお結びができるけー、待っていなさい』と声をかけていました。狐色で塩味の結びがなんともいえずおいしかったのです。そんなわけもあって子どもたちが葬式の場にたくさんいたのです」（聴20）―古沢佳子（六十七歳―二〇〇一年）さん談。子どもが地域で大事に育てられている情景が、ほほえましく伝わってくる。そして、子どもも大人が自分たちに、愛情を注いでくれていることを肌身に感じている。

「子ども心に大人が、お焦げをなるべくたくさん、しかも黒焦げにならないように作る工夫をしているのを見て覚えています。私の父は炊事が上手で炊事場を仕切っていました。一斗炊きの平釜（今でも私の家にあります）でご飯を炊きますが、最後は薪では火力が強くて黒焦げになるので、頃あいを見はからって勢いよく燃えている薪は出してしまい、薪の火の代わりに藁を釜の下に入れるのです。すると火力が弱くなって、こんがりと狐色のお焦げができるのです。それを結びにすると何とも言えないおいしさでした。葬式には出るつもりはないので葬式の間は、そのあたりで時間を過ごし、野辺送りになると、大人は割木を背負い、子どもは花をもたせてもらって、焼場まで行きました。葬式はほとんど午後から始まっていましたから、尋常小学校の子どもたちは、学校から帰るとすぐに葬式のある家に行っていました。時には学校に閑をもらって（早退して）かけつけたりもしました。大人たちが平釜でご飯を炊いて、そのお焦げで結びを作ってくれました。学校からの帰りが遅くなっても、子どもが来ることを予測して、結びを入れ子（葬式の用具）に入れてとっておいてくれたのです。それが嬉しくて尋常小学校の頃は葬式のある家に、子どもは皆集まって来てにぎやかでした。今頃とは違って葬式の場には、子どもが入り交じっていました。親は必ず『葬式の場へ行ってもいいが、大人に迷惑だけはかけるな』と注意をしていました」（聴43）―角田サダ子（九十一歳―二〇〇三年）さん談。昔子どもたちは葬式の場に臨んで、お焦げ結びをもらって食べていた。子どもに対する大人の気配りで、大人の温もりが子どもに伝わっている。聴き取りを進めるうちで、百歳を越えた高齢者の話には、もっと古い話があった。

　小坂シマコ（百一歳―二〇〇五年）さんによると「葬式へ行くと大人がどんぶりに、お焦げを入れて子どもたちの所に持って来て、千切って渡してくれました。塩をぱらぱらとふってあったかもしれません。結びではなく、その場でお焦げを千切って渡してくれていました」（聴57）と言う。お焦げ結びよりも前の時代のやり方である。お焦げを結びにする以前は、千切って子どもに与えていた時代があったということである。しかし、千切って渡していた時代の話は、次第に消えていき聞けなくなった。それだけに、小坂シマコさんの話は貴重である。焦げ結びのほかに野辺送りの行列のあとで、菊餅や菊菓子を配っていた地域（山県郡安芸太田町加計・東広島市豊栄町）もある。例えば磯田清二（八十五歳―二〇〇七年）さんは次のように語った。

「子どもたちも死花花《しかばな》や蓮の花などを一本ずつもらって、行列に加わり野辺まで送りました。野辺で子どもたちは菊餅をもらって食べました。その風習は少なくとも私の父が亡くなった昭和三十八（一九六三）年ごろまでは続いていました」（聴10）と言う。

また「祖父が死んだ時なぜか子どもたちは、私の家の離れの部屋に集まっていました。そこへ大人の誰かが菓子や果物を運んでくれました」（聴23）と、佐世保市での子どもの頃の経験を、比較的若い世代の植原有男（五十二歳―二〇〇一年）さんも語った。またごく一部では写真に写るのが嬉しいから、葬式の場に子どもが集まっていたという地域もある。

いってみれば、葬式は子どもにとって、ケ（日常）に対するハレの日であった。つまり人の死を契機とする、黒のハレの日であったので、そこに集まっていたということが最大の理由である。

子どもたちが「人の死」に出会った契機の二つ目は、大人たちが「子どもにも役割をもたせた」ことである。一般的に焼場までは急な坂道であったので、大人は割木を背負った背中を子どもに押させたり、花を持たせたりした。こうして、大人たちは子どもにも意図的に役割を与えていた。例えば前に収録したが「焼場までの道は急な坂道だったので、大人たちは子どもに背中を押せと言って加勢を求めていました。子どもたちは後から、大人の尻を押して登っていました。葬式といっても、子どもには遊びのようなものでした。かついで登ったら子どもはみなほっとして帰っていました」（聴52）と豊平（山県郡北広島町）の境太郎（八十五歳―二〇〇四年）さんは語った。

花を持たせてもらうと、なんだか役割を務めているような気分になり、嬉しくて誇らしかったと、子どものころを語った者もいた。事例に見るように、大人が子どもに何らかの役割と居場所を与え、子どもにも地域社会の一員としての存在感と自覚をもたせていた。それらがあって、子どもたちは葬儀を取り巻いていたのである。

「葬式の間はそのあたりで時間を過ごし」（聴43）と角田サダ子（九十一歳―二〇〇三年）さんが語っているように、子どもたちは葬式そのものに参列することを意識して、そこに集まっていたのではない。どこまでも地域や自然の中で、ケの時もハレの時も大人と「共にいる」という、日常生活の一部であったように受けとめられる。

子どもたちが「人の死」に出会った契機の三つ目は、昭和二十年以前の村葬（二六頁写真参照）である。この場合は国家の政策として、子どもたちをその場に臨ませている。戦場に赴いた物故者を弔うために、子どもたちも国民として、儀礼に参列させるという意図によるものであり、子どもたちの自発的意志に基づく参加ではなかった。しかし、当時の子どもたちは、そのことによって人の死に出会うという体験を広げていた。

以上のようないくつかの契機で子どもたちは「人の死」に出会った。子どもたちにとって葬式は、日常生活の延長線上の出来ごとであった。

(2) 大人にとってもハレの日

葬式は、子どもだけではなく、大人にとってもハレの日であった。

「この地方では、子どもにお焦げ結びを振る舞う風習はありませんが、講中の手伝いに来た大人がお焦げ結びを食べていました。平釜で炊いたご飯を熱いあいだに釜から取り出すと、底の部分がうまく取れずお焦げが沢山つくので、わざわざ早く取って、お焦げの部分を多く残したりもしていました。釜が冷えると自然にお焦げが釜からめくれて取れるのです。それを、手伝いに来ていた大人が食べていたのです。死を悼みながらも、一方では確かに大人にとっても『ハレの日』で、この日は米の飯にありつけたのです。出来るだけたくさんのお焦げを作って、それを講中の手伝い人が、当然のこととして食べていたのです」（聴63）と高岡進（八十五歳―二〇〇五年）さんは語った。

さらに深刻な話も聞いた。「葬式の時はこのあたりの家々では、足元《あしもと》と呼ばれる米を炊いて、振る舞っていました。足元と呼ばれる米は、文字通り脱穀の時の足元の米です。当時のことですから、足元の米には砂が少々交じっていました。つまり砂交じりの米を足元と呼んだのです。それを炊いて振る舞うのです。すると、その地域の人々が茶碗を持って、それを貰いに来るのです。茶碗に山盛りにして振る舞うと、たとえ足元と呼ばれる砂交じりのご飯であっても、米のご飯にありつけるのですから、貰った方はその場でお礼を言っていました」（聴64）と草井寛（八十一歳―二〇〇六年）さんは語った。砂交じりのご飯を貰って食べることは、今で言えば大変に侮辱的なことであるが、それが当時の偽らざる事実であったことを、歴史の一断面として記録する。しかも、この地域だけのことではなかった。

広島県内の各地で、葬儀は大人にとっても地域のハレの日であったことが、広く語り伝えられている。広島県南部の坂井収（八十九歳―二〇〇六年）さんは、次のように語った。「私の家は商売をしており人の出入りが多く、親戚も多かったので、この近辺では葬式の規模が大きくなりました。講中は上組（約一〇軒）と下組（約一五軒）に分かれています。普段は、それぞれでやっていますが、私の家の葬式は親戚をはじめ人が多いので、上組と下組が一緒にやろうということになっていたようです。それだけに、派手に振る舞ってもいたようです。葬式の前後は三日間、大釜で炊き出しをしていました。私の記憶では、祖父の葬式の時には、朝と晩に炊き出しをしていました。すると近くの子どもたちは、母親に連れられて来ていました。普段はどこの家でも、米の飯など食べていなかったのですが、葬式に行けば米の飯が食べられるのですから、子どもたちも喜んで集まっていたのを覚えています。米のご飯を食べ、合間には、お焦げ結びをおやつに貰って食べていました。葬式の日には米の飯にありつけるということから、葬式のことを『今日は米の飯じゃ』と言うようになりました。この地域には、いまだに『葬式』のことを『米の飯じゃ』という言い方が残っています。現に、つい先般も六十代の三宅さんの口からも『米の飯じゃ』という言葉を聞きました」（聴87）。

所によっては葬式のことを「豆腐汁」と言う所もあった。住田秋子（九十二歳—二〇〇六年）さんによると「葬式の次の日に、近所の忠雄さんが『昨日は堀（家の名前）の豆腐汁でしたのー』と言われて、はじめて亡くなったことを知って、あわてて悔やみを言いに行きました。豆腐汁は、日常的には食べていないご馳走だったのです。そのため、葬式のことを『豆腐汁』と言うようになったのです」と言う。葬式には八重物を出して斎をする。そのお膳の一品に、当時では日ごろは食べない「豆腐汁」がある。それにありつけるので、講中のものにとっては確かに、日ごろとはちがって、ハレの日であった。そんなわけで「下田地域のある家の葬式の日に講中の一人が、大飯を食って、次の日に腹下しをして一日中寝ていたという話が、みんなに知れ渡ったことがあったのを、父が度々話していました。私が生まれる前のことですから、明治時代の話です」（聴94）と住田秋子さんは語った。

このように、近所の者にとっては、弔いではあるが同時にハレの日であった。その意味で葬儀に集まるものの気持ちを表す言葉として「親戚の泣き寄り、講中の食い寄り」（聴100）という言い方が、昔から伝わっている地方があることを、安井智行（七十六歳―二〇〇七年）さんから聞いた。言うまでもないが、葬儀があると親戚は、逝去を悔やんで集まって泣いているが、講中にとっては、死を悲しみながらも、米の飯を食べることのできるハレの日だと言うのである。瀬戸内海の島の一つである豊島（呉市）の昭和四十三年頃の葬儀の様子にも、文字通り葬式はハレの日としての色彩が濃厚に残っていた。「葬式ともなると、祭りさながらでした。魚を振る舞い、寿司を作って葬式に関係のない人々にまで振る舞っていました」という話を聴き取った。

新谷尚紀氏も「葬式には米俵が垣根をこして飛んでいくほどだ、などといい、ふだんは食べられないごちそうの米を葬式のときだけは腹いっぱい食べられるといって不謹慎にも喜んだという話ものこっている」[48]と述べている。無礼講が許される世界があった。

2　聴聞や法事の場面に出くわした契機

聴き取った事例によると、祖父母や親たちは、子どもたちを大人と一緒に聴聞《ちょうもん》（説法をきくこと）に臨ませた。それは、大人が教育を広義にとらえていたからであろう。今日のように教育を学校や塾などに押し込める発想ではなく、家庭や地域の生活を含めて、人間の教育が成り立っていることを、理屈ではなく体得させていた。時に子どもたちは、お寺参りとか家の法事や、地域の報恩講などの行事には、学校を休んだり、あるいは早引きをして臨んでいた。このようにして子どもたちは、人の死に関する様ざまな場面に臨むことができた。

言うまでもなく、社会そのものも今とは違っていて、誠にのどかで、ゆったりとしていた。

報恩講は今でも農村部ではつとめているが、車社会になってからは簡素化され、スピード化され様変わりしたが、のどかだった昭和のはじめ頃の報恩講の様子を聴き取ることができた。現代社会が失ったものの一断面を照らし出す事例として記述してみたい。

昭和の初期ごろの報恩講は、本当にのどかで牧歌的である。当時、お寺さんは門徒の一軒一軒を歩いて回り報恩講をつとめていた。門徒は集落としてまとまっているのではなく、あちこちに点在している。そのため、途中、どこかの門徒の家に宿泊しながらの門徒回りであった。地理的に宿泊を受けもっていた門徒の話を聴き取ることができた。別府（東広島市豊栄町）での、当時の様子を仔細に聞いた。

この家の師匠寺は竹原の長善寺で、石山合戦の時の黄旗（一三九頁写真）が残っている寺である。

「竹原市から、はるばる報恩講のお参りに来てくださっていました。昔は報恩講のお参りの

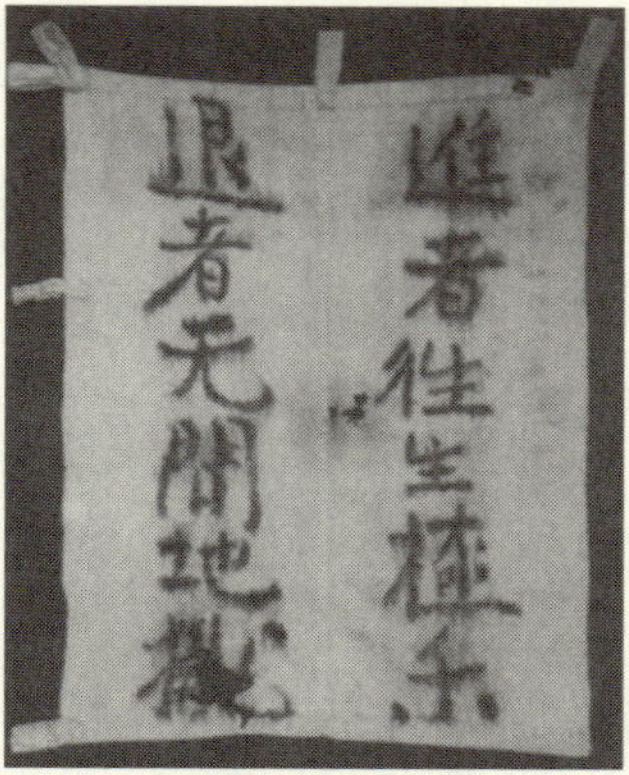

石山合戦時の黄旗　長善寺提供

時は大変でした。何月何日に『報恩講のお経をあげに行く』という知らせが入ると、ありがたいことですが、その支度が大変でした。だいたい三月頃です。

戦前までは、御使僧さんと人足さんの二人が来られていました。その頃、御使僧さんは渡辺さんという方でした。雨が降ろうが降るまいが、必ず傘をさしてこられていました。それに高下駄を履いてカランコロンと音を立てて、おいでになるものですから、近所の者は、ものめずらしそうに見ていました。来られる日には、お風呂を沸かし、お膳を作って待ったのです。お膳は酢の物（なます）・白和え・お平（にんじん・ごぼう・大根・油揚げ・豆腐・こんにゃくなどを別々に炊いてお平に盛り付ける）・大汁（味噌汁）・ご飯を、法事用の膳に並べて用意をして待っていました。お風呂も三日に一回くらい沸かしていたのですが、お寺さんが来られる日は必ず沸かしました。

お寺さんが来られると先ず挨拶が始まります。『ご遠方をようお出でくださいました。ご難儀にございましたでしょう』『まあお上がりください』と勧めます。すると、御使僧さんは、上の間の縁側の所にある靴脱石から、出居《でい》（客間）に上がられます。上がられると続けて

『長善寺の皆さんはお元気でいらっしゃいますか』と聞きます。すると、御使僧さんが『はい、長善寺の皆さんお元気です。よろしゅうおっしゃいました』と受け答えをされます。いっとき会話を続け、しばらくしてから『お疲れでしょうから、お風呂をお召しください』と勧めます。そして風呂に入ってもらいます。昔の風呂は五右衛門風呂でしたが、御使僧さんは湯船に入る前に、洗い場の盥に先ず湯を入れて、その盥に入り体を洗った後に、湯船に入られました。その御使僧さんは大変大きな体の方でした。ある年のことでしたが、毎年のように盥に入って洗っておられたら、体重がかなりあるものですから、盥の底が抜けて、盥がだめになったことがありました。御使僧さんが悪い顔をされたのを覚えております。風呂から上がられてから、仏壇に向かって、お経をあげ、その後で夕食をとられました。そのお相伴は、おじいさんがされていました。子どもは台所の方にいました。

人足さんは、御使僧さんの法衣や身の回りのものを持って、ついて回っておられました。当時人足さんは、読み書きはされませんでしたが、お経はよく覚えていて、一緒に唱えられていました。

夕食が済んだら、その晩は泊まってもらいました。次の朝お布施をことづけました。御本坊さんは、多忙ですから門徒を回られませんが、当然お布施はことづけました。ですからお布施は、御本坊様・御使僧様・御人足様宛に、三つ用意して届けました。お寺さんは次に向原の門徒に向かわれました。

竹原を朝出て、上戸野の上山でお昼をいただかれ、その足で別府まで来られて、私の家の分家でお経をあげ、夕方にかけて私の家に入られたのです。その次の日に、向原の門徒を回って、その晩に竹原に帰られたのです。報恩講は戦後も続いていましたが、戦後は人足なしで来られていました。戦後どれくらい続いたか覚えていませんが、自家用車が普及してからは、それまでのやり方が消えていきました」（聴69）と別府龍太郎（九十三歳―二〇〇六年）さんは、子どもの頃から青年時代の、体験の一部始終を語った。すべての家に泊まったわけではないが、何軒かのうちで、どこかが宿を引き受けていたのである。その家の子どもたちは報恩講を身近に感じとり、仏縁を結ぶ機会に恵まれていた。のどかな光景であると同時に過去世と現世を結ぶ時間であり、その中に暗黙のいのちの教育があったと思える。この語りの中で「……夕食をとられました。そのお相伴は、おじいさんがされていました。子どもは台所の方にいました」とあるように、その家の長老であるおじいさんが、お相伴役に当たる。子どもは、「お平」にある油揚げが食べたくて、親にねだるのであるが、当時ごちそうである「油揚げ」は子どもの口には入らない。そこで母は「待っていなさい、お寺さんは、あちこちで食べてきておられるから、油揚げを絶対に残されるから」となだめて待たせた。子どもは、じっと様子を見ていた。するとお母さんの推測とは違って、お寺さんが「油揚げ」を口にされた。子どもはがっかりして「あっ、お寺さんが油揚げを食べちゃった!!」と大声を出した。そんな場面もあったと言う。

「私は子どもの頃に祖父母に育てられたためか、よく連れられて寺参りをした覚えがあります。爺さん婆さんに連れられて広徳寺に参っていました。その頃は、どこの家でも子どもを寺に連れて行っていました。賽銭箱が回ると爺さんが、一厘銭を手に渡してくれました。私はそれを賽銭箱に入れました。寺に行くと、みんながお爺さんに『孫が大きくなったの—』と言っていました。おじいさんは嬉しそうでした」（聴19）と、畝上数男（九十八歳—二〇〇一年）さんは語った。その他にも子どもの頃に聴聞に出会った体験は、多くの高齢者から聴き取った。今日とは違って、祖父母が連れて聴聞に行っていた。その機会に、祖父母から孫への、暗黙の教育や伝承がなされた。

宮田登氏は宮本常一氏が『家郷の訓』で書いていることを紹介している。「おじいさんは寝るときに昔話を聞かせてくれたほか、興味深いのは、法事で村中の老人が集まるとき、そうした場所にひんぱんに孫を連れてゆき、村内の家と家の関係や家の歴史をその場で具体的に教えた」と。そのことの意味を「伝統社会の人間らしい教育システムといえるものには、村の老人から孫（子供）へという自然の流れがあった」(49)と評している。こうしたインフォーマルな教育が影を潜め(50)、近代社会になって、フォーマルな学校教育が主流をなすようになった。

前記の事例に見るように、地域や家庭の中に無言のいのちの教育があった。学校教育と地域・家庭の教育を、教育の両側面として共に大切にしていた。子ども自身もゆったりとした日常を重ねていたから、ゆとりと、ものめずらしさの中で抵抗なく、聴聞の場に臨んでいたのであろう。こうして地域や家庭の日常生活の中で、子どもたちは成長していった。

また人知を超えた、見えないものへの畏敬の念や、生かされて生きている現実を家族が日常の中で学ばせていた。和田修二氏も自分の人生体験を語り、見えないものへの畏敬の念の中に、暗示的教育があったことを述べている。

「大きな蛇は神の使いだから殺してはならぬとか、祟りがあるからどこどこの木の枝は切ってはならないというような数々の伝説と禁忌を聞かされたものである」[51]と祖父から孫へ、暗示的な教育があったことを述べている。それらの中に自ら悟っていく教育があった。

今日のように学校教育にほとんどの時間を費やすのではなく、ゆとりをもって、地域や家庭の法事なども含めた、諸々の行事へ参加することを当たり前のこととしていた。そのなかで、学校教育と地域や家庭での生活体験が相まって、総合的に子どもたちを育成する知恵を地域が備えていた。

四　「人の死」は子どもにとって何であったか

前記のように子どもたちは、様ざまな人の死に出会ってきたが、子どもたちが出会った「人の死」は一体何を意味していたのかについて、さらに言及してみる。

それぞれの事例から、葬式がその地域に住む人々の日常に繋がっていることを見てきた。今までの事例で述べた「弟がたんぽつ（湧き水の出る小さな水溜まり）にはまり気づいたら死んでいた。その時、お巡りさんに『あんたがしっかり守をしょうらんけーよ』とひどく怒られたのがいまだに忘れられない。今でも、その弟の墓に参ると『すまんことをしたのー』と手を合わせ弟の分まで生きねばならんと頑張っている」（聴6）と今も「すまんことをしたのー」と言う内田早美（八十九歳―二〇〇七年）さんの思いの中には、人の死を無駄にせず、相手のいのちを、自分のいのちに取り込んで生きようとする姿が見られた。そうした心に残る死の体験が根底にあって、内田早美さんは、小さい頃からお寺参りを欠かさなかった。その後、何度も逆縁に出会いながら、現在も元気でお寺参りを続けている。こうした幾重にも重なる死との出会いのために、ますます聴聞の場に自分を置くようになったと言っている。死と出会うという自らの体験を通して、仏教僧の説教を身にしみて味わうことができると言うのである。また聴聞を通して、人の死をいとおしく思い、自分のいのちをありがたく思っていると、今年も老人車（手押し車）で報恩講に出かけている（左上写真）。

さらに、「一日一日祖母は弱っていき、徐々に死が近づいた感じがしていました」（聴46）と山木鈴子（五十六歳―二〇〇三年）さんが言うように「人の死」が、そこに生活する人々の日常生活と密接につながっていた。そして、死の前に、ゆっくりと流れていく日常がすけて見える。子どもにとっては、生と死は繋がっているものであった。生と死は、対比的に両極として受け止めるものではなく、移り行くものであった。

報恩講へ向かう内田早美さん（左）

聴き取りで出会った多くの高齢者が、今日では考えられない多様な死因による死に出会っている。しかも若年で父母の死や兄弟の死に出会っている。死は自分の生活の中のすぐ隣にあるものとして、当時の子どもたちはつかんでいた。個別の日常の中に、個別の非日常として死が生々しく生起していた。死は生々しさをともなって、子どもたちの日常生活の一部を占めていた。

死の多くが家の中での死であったから、ある者は次第に衰えていく姿に接し、ある者は激しい咳を聞く中で、死が間近であることを悟っていた。そして「死に目」に出会い、「角寄せ」られた異様な光景を目のあたりにし、「湯灌」を通して死者の体に触れ、葬儀や野辺送りに臨み、焼場から立ち上る黄色い煙に恐怖を覚え、さらには焼場の話を聞くことで、人の「死に逝く」節目ふしめに、昔の子どもたちは出会って来たのである。死は決して日常生活から隔離されていなかった。その生々しさが、子どもたちに生きる意味を考えさせ、一連の日々が、いのちの尊厳を無言のうちに教えていた。家の中や身の回りで生活を共にし、可愛がってくれた肉親や縁者などの「人の死」を教訓にして、自分のいのちを精一杯生きようとしていた。

『いのちを教える』の中で花山勝友氏も述べている。「今の日本人が命の尊さをわからないのは、人の死ぬ姿が見せてもらえないからだと思うのです。(中略)死ぬころになりますとみんな病院に入れられて、まわり真っ白の壁に囲まれて、口からへんなものをぶらさげて、手から足から注射針のようなものがいっぱい打たれまして、まわりには(中略)医者と看護婦ゾロゾロでしょう。そうして脈を取りながら、『ハイ、ご臨終』。(中略)その姿が見れないから、子供に命の尊さがわかるわけないんです。(中略)『もう危ない。早く家へ持って帰れ。孫に見せなければならない』と、なぜそのくらいの医者がいないのであろうかと、私はつくづく思うんです[52]」と言う。

子どもたちにとって、人の死に接する場がなくなったことが、いのちについて考えなくなった根本的理由だと言えよう。聴き取りの中でも「最近葬儀で人が泣かなくなった」と、ある僧侶が言った。人の臨終に会わなくなったせいであろうと。人が死んだ時、その遺体に取りすがって泣いている近親者の姿を見せることが大切である。しかし、その死骸を子どもに見せることとさえ、はばかって隠してしまう。湯灌の経験や、火葬場について行く経験をした子どもは、ちゃんと手を合わせて拝む。死の機会を捉えて、そういう場面に臨ませることが非常に大切な体験である。

一人の人間を丸ごと見せる。つまり生も死も共に包み隠すことなく、できることなら日常生活の中で子どもたちに、病む者の姿にも出会わせることが望まれる。しかし、どうしても病む者を隔離してしまう。機会があるなら幼い子どもを病人の見舞いや、通夜や葬儀に連れて行き、元気な姿だけでなく、衰えていく姿、死に直面している姿などにも出会わせる、意図的な営みを創出しなければならないことを、明治・大正期の子どもたちは教えているように思う。

マーク・ジュリーとダン・ジュリーの著書『おじいちゃん』[53]も、認知症になったおじいちゃんを最後まで見守り自然死させる過程で、人間の恥部や醜さ弱さもろさの全部をさらけ出して、いのちを考えさせようとする作品である。若さや美しさや強さに憧れ、あえてその反面を見まいとする今日の若者に対して語りかけている。

同じ思いで、五木寛之氏は「私はやっぱり、あの生きていたおじいさんが、あんなふうに焼かれて、それで灰になるのかと、子供のころから接したほうがいいと思うんです」と表現している。「やっぱりそういう場所（火葬場）に子供を連れていくべきではない、死なんていうものに接しさせないようにしようというのが今の雰囲気なんですね」[54]とも言っている。いろいろの場面に、子どもや若者を直接出会わせて、事実を明らかに見せることがすべての出発点である。裏も表もまるごと知り尽くすことで、人は成長していくことを、長い人生経験と仕事を通して日野原重明氏も次のように語っている。

「最も有効な、感性の教育があるとすれば、それは自らが苦しみ、涙する思いを味わうことに尽きます。（中略）機会があるなら幼い子どもを病人の見舞いや、通夜や葬儀に連れて行きなさい、と私が申し上げるのも、それが感性を育てる学習になりうるからです」[55]と述べ、今日の子どもの現実を危惧している。日野原重明氏も、かつて明治・大正期の子どもたちが体験した、地域社会での生き方をひとつのモデルにして、何がしかを取り戻すことが、いのちを守り育てるために火急の課題だと言うのであろう。

第二部

明治末期から大正期の「生の民俗」

一　大人への道・自立の旅

「長男は、農作業用の納屋の二階に一部屋作ってもらい、夜はそこで寝ていました。時どき二番目の兄さんも、そこへ行って寝ていました。どこの家でも長男は、別棟の一室に寝ていました。私の兄は、ひと回りも年が違っていたので、子どもの頃に父親代わりのように、よく連れて遊んでくれました。馬に乗せてくれて、小川の辺まで連れて行ってくれたりしました」（聴43）と角田サダ子（九十一歳―二〇〇三年）さんが語った。筆者の祖父の弟も、納屋の一角に部屋を作り、寝泊まりしていた。そこへ、近くの若者が夜な夜な集まって来ていた、という明治時代の話を聞いている。

成長して十五歳くらいになると、親たちは、その子を母屋の隣にある納屋の一角の部屋に、寝泊まりをさせていた。その事実が大正時代までは続いていたということである。その他の聴き取りでも牛小屋の隣に、一部屋造ってもらったが、床板はなく、藁を敷き詰めただけの寝部屋だったと言う。そこへ、同じ年頃の者が遊びに来ていたという話も聴き取った。

瀬川清子氏も「息子が年ごろになれば室をつくってやる、息子が他家の室をかりてでも、独り居のヘヤを持つ、という地域も案外ひろい」、「婚姻適齢期の娘をひとりの室にやすませる風は古い物語にもみられ、近世の村の民俗にもあるが、息子がひとりの室をもつところもある」[56]と言及している。

石上堅氏も同じように、福島県相馬地方の事例をもとに「成年戒を終った男は、親とは同居せず、その別棟か物置・船小屋の上などを部屋にして独りで住むか、気の合う家に、ネヤドを頼んで泊りに行きます」[57]と述べている。一部屋もらうことが、子どもの自立の第一歩であった。いわば若衆宿の名残である。

一昔前の若衆宿について桜井徳太郎氏は「未婚の若者たちは、一日の労働を終え夕食は各自の家ですますと、この若衆宿に集まってきて、そこで一夜を明かす。朝になると再び生家に帰って朝食をとり、再び生産の業に従事する」[58]と一九六〇年代に述べている。さらに、瀬川清子氏も一九七〇年代に「褌祝いまたは元服をすませた若者・娘が、婚姻生活に入るまでの期間を、宿に集まって、ヨナベをしたり、泊ったりする宿の生活がある」[59]と、若衆宿について報告している。

筆者の聴き取りでは、地域によって、昔「若衆宿」であったといわれる場所が、語り伝えられている。その体験者に出会うことは、現在では無理である。しかし、そこへ何人かの若者が泊まっていたという話は聴き取ることができた。野原義夫（七十八歳―二〇〇七年）さんが、その父（忠雄―明治二十四年生まれ）から聞いた話がある。忠雄さんが青年の頃のことだから、明治四十年前後のことである。次がその話である。

「食事は各自の家で食べては来ていたが、若いもん（者）のことだから、昼間にめぼしを付けておいた、近くの家の小芋を掘ってきて炊いて食べたとか、池の鯉を料理して食べたとか話しておりました。その話の中で、三村の尚志さんが『たいがいのものは食べたが猫だけは食ったことがない』と言ったので、若者が悪ふざけをして、猫を料理して食べさせた話をしていました」（聴2）と言うのである。そして朝になると、皆さりげなく自宅に帰り真面目に農事に励んでいたのである。

今日の感覚からすれば、不謹慎に思えなくもないが、当時としてはありうることであったし、そこに自立の過程があったように受けとめたい。

これらのように、一世代前の民俗文化であっても、記録に留めない限り忘れ去られてゆく。かろうじて聴き取れたこととして、記録に留める。

子どもの自立にとって、若衆宿の名残をとどめる納屋での一人住まいが、大きな役割を果たしていた。

もともと、日本には、古くからの育児法や、大人への自立のさせ方があった。その中に「児《こ》やらひ」と呼ばれる育児法、言い換えれば、自立のさせ方があった。それが明治以来、次第に軽視されるようになったのである。

「児やらひ」の「やらひ」について、柳田國男氏は次のように述べている。

「ヤラヒは少なくとも後から追ひ立て又突き出すことでありまして、ちやうど今日の教育といふものゝ、前に立つて引張つて行かうとするのとは、まるで正反対の方法であつたと思はれるからであります。（中略）ヤラフといふのは何か苛酷のやうにも聞えますが、どこかに区切りをつけぬと、いつまでも一人立ちが出来ぬのみならず、親より倍優りな者を作り上げることも出来なかつたのであります」[60]と述べている。

柳田國男氏の言うところは、動物の親離れ子離れのように、親が子どもを後から追いやり、おし出し、現実のものごと（社会）と対面させる行為の持続が、日本における、かつての子育てであったというのである。

「やらひ」という語義は「子どもを人なみにして自立させることである」という。今日の教育が前に立って、引っ張って行こうとするのとは正反対に、日本古来の子育ては後から追いたて突き出すものであったと、いうのである。

明治以来、日本古来の「児やらひ」に見るような育児法が、徐々に姿を消していったものの、今回の聴き取りによると、明治・大正期に育った高齢者は、まだまだ「児やらひ」の民俗文化の中で育っていた。しかし、徐々に顧みられなくなり、戦後とくに日本古来のものに対する価値を否定するようになった。自立の契機も失われてしまった。

自立にかかわって、話を元にもどすが、いま一つ、昔子どもたちの自立で、長男の立場は格別であった。

明治・大正期には子沢山で、兄弟のうち長子と末子の年齢差があったという話にも出会った。それだけに長子は兄弟の中でも、大人への自覚が早かった。末子の成人を待たずに両親が亡くなるケースが多々あったので、長男への親の期待は絶大であったからでもある。

冒頭で述べたように、五歳の時（大正十年）に母と別れ、十歳で父と死別した前田静江（八十五歳―二〇〇一年）さんの家では、その後「二十歳違いの兄夫婦が家を切り盛りしていました。五人の兄弟の世話はみな兄夫婦の肩にかかっていました」（聴18）と言う。椋田花枝（九十三歳―二〇〇六年）さんも、同じような体験を語った。「わしは大正八年に母に別れました。わしが七歳の時でした。母は流行性感冒で亡くなりました。父はわしが小学校五年生の時に亡くなりました。父は何回か再婚しましたから、その間、何人もの母に仕えて難儀をしました。両親が亡くなってからは、兄が広島から引き上げて兄弟七人の面倒を見てくれました」（聴91）と語った。ここに見るように、親が、すべての子どもたちの自立を見届けて終わる、とは限らなかった。第二子以下の子どもたちの自立を長男に託し、未練を残して終わっていた人生が様ざまにあった。

二十年以上も前のことになるが「空《から》の巣症候群」という言葉が流行語のように使われていた時期がある。子育てに全力を尽くし、子どもの自立を見届けてなお有り余る人生で、自分自身の目標を失い、空っぽになった自分の人生をどう生きようかと、呆然としている母たちの姿を「空の巣症候群」と呼び、取りざたされたのだが、贅沢というかもったいない人生である。

少子高齢化の現代社会とは異なり、当時は早く両親と離別し、長男は己の自立と同時に、兄弟たちの独り立ちの手助けの任務が重くのしかかっていた。「兄弟を片付ける」という使命感とか「兄弟を片付けてくつろいだ」という安堵感を、高齢者からしばしば聞いた。それほど長男は重責を背負わされていた。反対に長男以外の兄弟も「おまえには分けてやる物はない。おまえはおまえで生きて行け」と自活の道を迫られた。次男三男は、それぞれに自活の道をさぐった。

女姉妹も、家を出る道を選ばねばならなかった。女子も町場へ子守奉公に出たとか、女中見習いをしたとかの話を数多く聴き取った。年ごろになると、親元に帰り、勢い親や仲人の薦める結婚話に従順に従って結婚の道を選んでいた。

女子の場合の一例を挙げてみる。大川阿ヤ免（九十三歳―二〇〇七年）さんは語った。「わしは勉強が好きじゃったから、高等科を出たら、女学校に行かせてほしいと、親に何度も頼んだが、銭が無いけー、だめじゃと言われた。それでも勉強がしたいと思うとったら、そのころ、姫路の東洋紡績（現東洋紡）で仕事をする女工を集めて（募集して）いることを、入野の信号所へよそから働きに来ていた人に聞きました。その人の口利きで、船木や宇山の人と一緒に、姫路へ行ったのです。そこに住み込んで、夜間の女学校へ真面目に三年間通いました。一日も休まず通うた。自分でも感心するぐらい勉強をしました。その後は伊勢の山田で、三ヵ月間、看護婦見習いをして、満州の従軍看護婦になるつもりでした。ところが、女学校の校長先生が、わしらより先に従軍看護婦として満州に渡って行った、卒業生の様子を心配して見に行かれたところ、既にソ連軍が満州に侵入していたそうです。そしたら、わしらより先に送り出された従軍看護婦が、七人並んで首を吊っていたというのです。『生きて恥をさらすよりは……』と思って、自殺したのです。校長先生は『それでこそ日本の女性だ』と言いながら、可愛くて可愛くて、泣けて泣けてどうしようもなかった、と言って日本に帰られました。そして自分を責められたそうです。校長先生は、その足で、今から従軍看護婦になろうとしている者の家を、一軒一軒訪ねて、『どうぞ行かせるのは止めてくれ。子どもを引き受けに来てくれ』と言われたのです。

本人のわしらは、そのことを聞かされていなかったので、ある日父が、セルの一重の着物を着て東洋紡績に現れた時には、何のことか分からなかったのです。しかし、親が『ともかく帰れ』ということで、家に帰ったのです。そして、そのわけを聞いたのです」（聴106）と語った。そのまま、もし満州に渡ることになっていたら、今日はなかったであろう。一足先にお国のためにと思って渡った少女たちを思うと、いたたまれない思いで聴いた。戦争の生々しさがしだいに忘れられつつある現実をも直視させられた。

聴き取りの中で、長男以外の若者の自立への道も語られた。そのいくつかを拾ってみる。

高齢であった畝上数男（九十八歳―二〇〇一年）さんの場合は「私は十三歳で小学校を終えるとすぐに、その頃『口入れ屋』と呼ばれる口利きの世話で、三原へ奉公に出ました」

（聴19）と語った。当時「口入れ屋」と呼ばれる、いわば仕事の斡旋を口利きする者がいて、田舎の多くの少年を都会へ送り出した。畝上数男さんは、それを機に故郷とは縁がきれた。老後になって、久しぶりに故郷の地を踏んだと言う。

家庭の経済を助けようとして町に出た者もいる。里村卓雄（八十六歳―二〇〇六年）さんの場合がそれである。

「私はここに生まれて高等科二年を終えると、大阪の金物屋に弟子入りをして、そこで修業をしました。父が早く亡くなっていたので、母を助けるために十四歳で出て行って二十八歳まで、はとめ職人として働きました。昭和十八年から二十年までは軍隊にいましたが、二十年終戦の直前に戦場へ出ることになっていましたが、紙一重で助かりました。大阪ではB29が五〇機も飛んで来て大空襲になりましたが、その時まで大阪にいました。戦後引き上げてからは、ここで呉服の商売を始めました」（聴88）と言う。故郷に帰ってからは、一切本家の援助なしに戦後の混乱期を乗り越えて、現在を築いたということである。

一定にゆとりのある農家では、次男に財産分けをしない代わりに、いくらかの学資を出したという事例がある。本人の並々ならぬ決意と努力もあった。そうした事例のいくつかを述べる。

川上哲郎（百歳―二〇〇六年）さんは、病床で次のように語った。

「私が少年時代の農家の生活は貧しかったです。その後少しは楽になりましたが（その後とは大正時代の後半から昭和初期）、当時、少し勉強が好きな者には、何としてでも学問を身につけさせようとして、親は教育費を工面しました（教育費を捻出することの出来ない家庭も随分あり、諦めねばならない家庭も多々あった）。世羅郡に教員が多かったのは、農業一本では生活が厳しかったからだと思います。

幸い私は、広島師範学校に行かせてもらいました。大したことはしませんでした。しかし、私はたった一つ、『親を大切にせー』と言われたことは守ったつもりです。これは学校の先生が、常々言っておられたからです。決して親には逆らいませんでした。

それと、皆がよくないということには、決して手を出しませんでした。例えば、タバコに手を出すとか、酒におぼれるとかいうことはしませんでした。

その頃の若者が、みな志を立てて勉強したのは、今言ったように、一つには貧しさから逃れて、親孝行をしようということだったと思います。もう一つのきっかけは、当時満蒙開拓団として、若い者が志を立てて出かけて行ったことが、青年を大いに駆り立てることに、影響していると思います」（聴67）と青年のころの思い出を、懐かしく語った。当時の青年たちが、大いに志を立てて勉学に励むために都会の学校へ遊学したという、次男三男の自立への貴重な体験談である。

明治国家の「学問のすすめ」による富国強兵策の、具体的な事実の証言でもあるように受けとめた。

川上哲郎さんに「師範学校に行かれる前の少年時代に、農作業や講中のことなどで覚えておられることがありますか」と聞いたところ、「その頃は、田を鋤くことや講中のこと、葬儀のことなどは、長男が教えてもらい、私は一切教えてもらったことがないのです」ということである。

長男以外は、出て行く者だからということで、家のことは、長男に教え込むというのが風習であった。長男とそれ以外に対する教える内容が別であったことを、興味深く聞かせてもらった。

後日礼状を出したところ、それに対して、百歳で病床にありながら義理堅く、わざわざ返書をいただいた。筆者にとって、上のはがき（写真）は最高齢者からの贈り物であり、宝物である。

同じように、農家の次男で教職を選んだ大平三郎（九十五歳―二〇〇六年）さんの場合は次のようである。

聴き取り内容をまとめて送ったところ、大平三郎さんは九十五歳という高齢でありながら、読み返し校正加筆までしてもらった。その上、自分の主観的

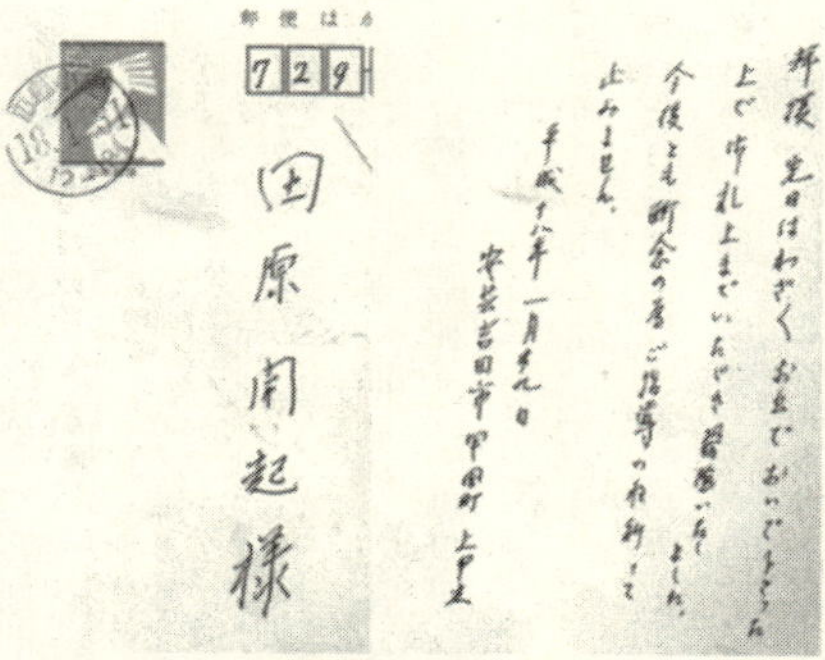

100歳の川上さんからのはがき

な思いもあるので、決して客観的な史実でないかもしれないと、何度も繰り返された。決して公にすべきものではないと虚心に言われた。しかし、山間の田舎から、志を抱いて向学の途を黙々と歩んだ、先人（かつての一人の青年）の生き方を無にしたくないとの思いで許可をえた。仮名で記載させていただく。

「年をとると動きにくくなりました」と言いながら聴き取りに応じてもらった。

「私は小学校から旧制の世羅中学校に通いました。卒業の年の旧制中学校五年生の十一月に、台湾から師範学校の募集がありました。私は四人兄弟で（正確には五人兄弟でしたが長男が亡くなった）、長男ではなかったので、出て行かねばならない身でした。年が明けたら広島師範学校に行こうと思っていましたが、前の年の十一月早々に台湾の師範学校の募集があったので、試しに受けてみました。昭和初年頃は、海外に出て行こうという国策があり、そうした機運の中で、当時は広く海外へ羽ばたくことを、青年に呼びかけている時代でもありました。私も海外への夢を抱いていました。台湾からすれば、日本の内地への募集ははじめてのことでした。昭和三年のことでした。私はそれに応じて受験したのです。もしだめなら次の年の春に、広島師範を受けるつもりでした。たまたま私は台湾総督府開設の、台北一師・台北二師・台中師・台南師四校の中の、台南師範学校演習科（一年間）に合格を認められたので、台湾に行くことにしました。

まったくの新天地でした。保証人が必要だということで、面識もないのに世羅郡から台湾に渡っておられた方にお願いしました。その方一人だけがご縁のある方で、一人で全くの新天地に足を踏み入れたのです。昭和四年三月三十一日、満十八歳になったばかりの時でした。この年の四月に台南師範学校を目指して船に乗り込みました。当時台湾へは、神戸港⇕門司港⇕台湾基隆港の間に、日本郵船・大阪商船両会社の定期船が往復しておりました。日本郵船の吉野丸（八九九〇トン級）に昭和四年四月二日に門司港で乗り込みました。その船には全国各地から合格した同期生が乗り込んでいました。確か台湾から、先生が迎えに来てくださっていました。

船賃は自分持ちで、片道二〇円以内だったと思います。客室は三等室の広間でしたから、全国各地から来た、はじめて会う者同士がごろ寝をしました。私はこの時、生まれてはじめて船というものに乗りました。船に酔って、起きられない者もいました。門司港を出港して、あとは一路台湾の基隆港（台湾北端の良港）にまる二昼夜かかって四月四日の正午に到着上陸し、その夜、夜行列車にのり、翌五日午前八時頃台南駅に下車し、台南師範学校に到着しました。

入学して分かったことは、台南師範学校は普通科五年、演習科一年の六年間、講習科が三年間の課程があって、これに台湾出身や台湾在住の日本本土より移り住んでいる者の子弟が就学しておりました。それに日本本土から、はじめて入学した我々が演習科生として加わり、その全員で学寮生活をするという全寮制でした。しかも、寮棟はすべて五室になっており、これに各科学年の者が少人数宛分かれて入室し、いってみれば家族的雰囲気の中で、寮生活を送る仕組みでした。私たち二一名の者は、こうした雰囲気の中で、一年間寮生活を送りました。

私達は中学校に五年間通っていましたから、師範学校は一年間で修了できました。授業料は免除されていましたから、学費はいりませんでした。その代わり、五年間台湾で教師を勤めるという約束がありました。二一人が合格し、全員無事卒業しました。そして全員が五年間台湾で、台湾の子どもたちの教育に従事する義務がありました。五年間の任務を果たして日本に帰った者は二人で、残りの者は全員敗戦まで台湾の子弟の教育に携わりました。

卒業してから私が赴任した学校は、台南市の北にあるサトウキビの農業地帯でした。貧しい家が多かったし、義務教育でない時代でしたから、なかなか子どもたちが学校に来ませんでした。

そこで台湾出身の先生と一緒に、学校へ来るように勧誘して歩きました。昭和五年のことでした。教育の必要性を説くのですが、『貧しいから』と言われたら終わりです。授業料はただですから、学校へ通わせればよいのですが、授業料が問題ではなく、子どもが学校へ行けば、家の労働力が少なくなり、親が困るので家の仕事のために学校へ行かせないのです。市街地の住民は教育の必要性をかなり分かっていましたが、地方の農村では必要性を感じていながら、家の労働力が少なくなるので学校に行かせない傾向がありました。

こうした状況の中で教育行政当局は日本語普及の施策として国語講習所という施設を設けて、夜間日本語で指導を行いました。これは一般的家庭に非常に受け入れられ、熱心に日本語の勉強が行われました。それがきっかけで、次第に公学校にも目を向けるようになり、学校へ行くようになりました。その結果、就学率が高くなっていきました。

そのころ、学校へ来る子どもの大部分がふだんは裸足でした。もちろん靴類がないわけではありません。大事な行事、式の日などにはきちっとした姿で来るのですが、普通の日は裸足でした。土質が沖積土で全く小石がなく、暑い土地柄であることもあり、日常は裸足だったのです。

昭和十年ごろの農家の状況がどうであったかと言いますと、米の栽培が進んでおらず、サツマイモが主食でした。サツマイモをスライスして乾燥し、これに台湾の在来米を加えて主食としていたようです。しかし、副食はかなり考慮されており肉類、魚類、野菜類を用いていました。

そのうち灌漑施設の整備が進み、また米の栽培が研究されるようになりました。内地の苗を台湾でそのまま植えると、なんと三〇㎝くらいに茎が伸びた時点でもう穂がついてしまいます。その穂の長さはおおよそ五㎝くらいなのです。そこで総督府の農政局は、なんとかして内地のような米を作ろうとして、研究を始めました。その結果、ついに研究が成功しました。

そのやり方は籾種を先ず蒔きます。苗が五㎝余りに伸びた時、苗代の水を落とし、蒔き代の土が乾き固まった時、金属製のヘラ（お好み焼きのヘラ型）で土を一㎝の厚さにつけて苗をへぎ取り、これを、底をなめらかに作った木製の浅い盥《たらい》（直径五〇㎝位）に入れて水田の水に浮かべ、植手二人に一個を配置して後ろに下がりながら、へぎ取った土つき苗を片手に持ち、小さくこき取って植えるのです。この方法は深植えにならず活着が非常に良いのです。暖かな気候なので株張りも良く、四月はじめに植えた水稲（日本本土産品種）が一m近い丈に成長して二五㎝位の立派な穂を出し実った籾になります。このお米を蓬莱米と呼びました。七月初旬に稲刈りをします。水利の良い水田では刈り取ったあと、二期作目の準備をして、七月中には再び田植をする運びになります。この耕法を研究完成した人は農学博士になったと聞いています。

米作り以外では、主にはサトウキビを栽培して、サトウキビ会社へ売って収入を得ていました。しかし、このサトウキビ作りは、植え付けから収穫までの期間が十三〜十四ヵ月かかり、かなりの重労働でした。

私は台南平野の西海岸に近い番子寮公学校に、はじめて赴任して七年間勤めました。大変に広い平野ですが、それを潤す灌漑施設が昔はなかったのです。台湾総督府は台南平野東部の山地に、地形を利用して日月潭と名づけた大貯水湖を建設し、雨季の雨水を蓄え年間の灌漑用水としました。この灌漑用水のお陰で、これまで水不足で稲作ができなかった地帯でも稲作が盛んになり、反面では、現在サツマイモの栽培が少なくなったため、サツマイモが貴重品になっていると聞きました。

人々は平野の中に集落をなし、あちこちに固まって生活していました。集落の周りは棘竹《しちく》と呼ばれる竹やぶによって囲っていました。これは防風林の役割と同時に、外敵から身を守るためのものでもありました。私はこの台南平野で何校かの公学校に勤めました。

台湾にいても、二十歳になると兵役の義務がありました。子どもの教育のためにも、教師は当然、軍人としての訓練を受けておく必要があるということで、五ヵ月の短期兵役に従事しました。四月から八月の間でした。台北に第一連隊、台南に第二連隊がありました。私は第一連隊に入りました。厳しく教育されました。二等兵で入り、二ヵ月で一等兵に、さらに二ヵ月で上等兵に、除隊前には伍長勤務になっていました。その後昭和十二年に、二十七歳で内地から妻を迎えました。三人の子どもはみな台湾で生まれました。

台湾では一〇軒を一甲と呼び、一〇甲を一保と呼びました。そしてその保長が、昭和二十年敗戦の時に、民衆に話したことがあります。『私たちの台湾が現在のようになったのは、日本政府があったからだ』と。その想いが民衆に伝わって、一時不穏な空気があったのが、すぐに鎮まったのをいまだに忘れません。大体において台湾は非常に親日的でした。ですから、終戦後台湾では難儀をすることはありませんでした。

蔣介石は台湾に進駐して来るに当たり、率いる軍隊にも台湾の民衆にも『うらみを以てうらみに報いることなかれ』という布告を発しました。このことで進駐軍隊も民衆もおちつき全島平穏な状態でありました。

われわれ学校教師も二十年の十一月ごろまでは勤めていました。終戦後台湾では日本軍隊はもちろんのこと、一般日本人は、すべて日本本土に引き揚げることになりました。しかし、台湾にとって是非必要な人材（技術者）は居残ることを要請されて、各分野の技術者として居残る人があったようです。

帰るにあたっては、台湾の警察が北の基隆港・南の高雄港に向かう、引揚者の列車の前後の昇降口に武装姿で立ち、到着駅まで警護してくれ、列車から降りる我々に『またこちらに来られるようになったら是非来てください』と温かい言葉をかけてくれたことは、今も私の耳底から消え去りません。日本に帰る時には、持ち物は制限されました。一人が夏服三着、冬服三着までが許されました。しかも背負って帰ることが条件でした。私の家族は五人でしたから、五人分は許されたのですが、妻は小さいほうの子どもを背負って、大きい子どもの手を引いて帰るのですから、実際は荷物を持つことは困難でした。私が持てるだけ持って帰りましたが、実情は無一文と言ってもよい状態でした。

台湾の人は親日性が強かったので、今でも昭和八〜九年頃の教え子（現在七十五歳前後）との交流があります。つい先般も、昔勤めていた学校の最近の写真を送ってくれました。時代が進んだためでもありますが、台湾の政府の教育に対する、熱の入れようには目を引かれます。昔はトラックコースだけが草のない状態でした。他の面は暑さをやわらげるという思いもあって、芝が生えた状態でありました。ところが最近の写真を見ますと、日本の公認の競技場のグラウンドを思わせるようなトラックコースが、小学校のグラウンドに出来ていて全く驚きです。これを見ても、台湾が教育を重んじていることがうかがわれます。

今でも、時々電話をしてくれる教え子の中に、三番目に勤めた学校の子どもがいます。私は三番目の学校の時には校長でしたが、担任教師が応召のため欠員になり、その後任が配置されないため、私が担任を兼務したことがあります。その時に教えた童謡唱歌を今も正確に記憶しており、電話口で歌ってくれます。

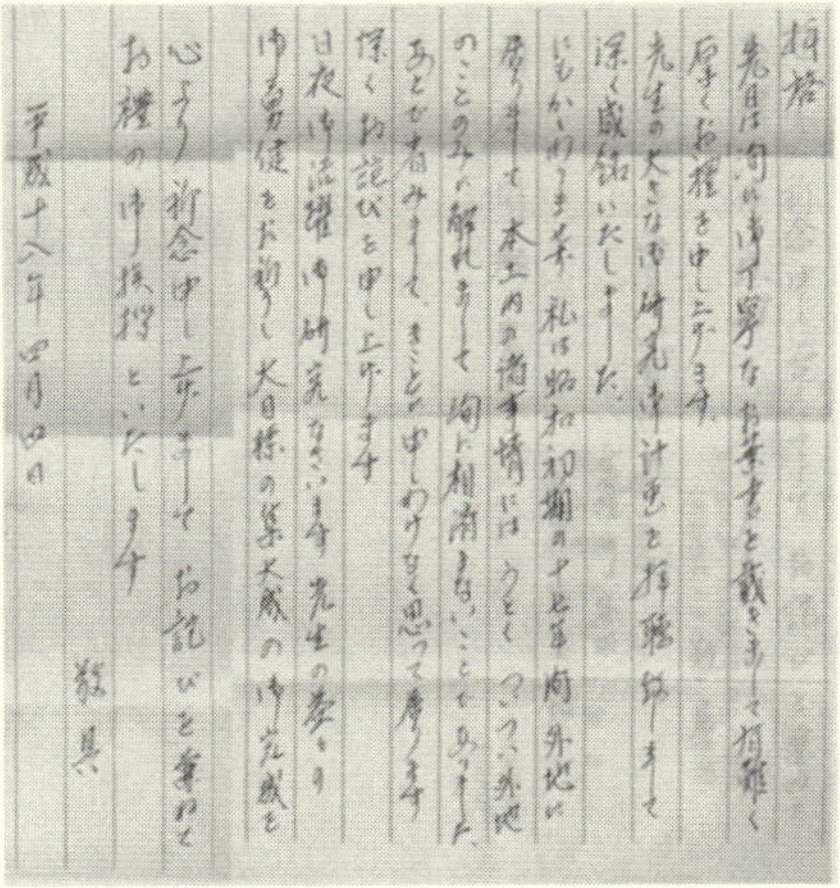
大平さんからの手紙

先年日本を訪ねた教え子の話によりますと、台湾の発展は素晴らしいものがあります。こんにち日本で出来るもの（野菜・果物）はほとんど台湾でも出来るとのことです。一つだけ出来ないものが、サクランボだと話していました。その他、玉ねぎ、馬鈴薯、梨、リンゴなど、何でも出来るようになったと言っていました。それは山地の開発のお陰だと言っていました。山地は昔タカサゴ族が居住していましたが、この地域も同じように教育が行われ、その子弟は幾人も台南師範に入学しており、私どもと寮生活を共にしました。タカサゴ族の人々は誠実で、いさかいを好まない民族でした」（聴77）。

大平三郎さんは九十五歳という高齢でありながら、確かな記憶で、これほどに回顧できることに敬服した。同時に、教科書では学べない、台湾と日本の歴史にまつわる生き証人が足元にありながら、その人生を学び取ることをしないままでいた。当人は「私の個人的で主観的な思いなど、記録に留めないでほしい」と謙虚に言われた。しかし、先人の生きて来た証を無に帰してはならないと改めて感じ、同時に励まされた。

足元を掘ることを忘れてはならない。「足元を掘れ、そこに泉が湧く」とは、古くて新しい言葉である。足元を掘る中で、先人の多様な人生の教訓に出会えるのである。

次に記す、岩谷正明（九十三歳—二〇〇六年）さんの体験もその一つである。

「親父の代に酒屋を始めたのですが、私は次男坊でしたから、家から出て行かねばならない立場でした。それで父は私に勉強を勧めてくれました。地元の旧制中学校を卒業すると広島高等工業に進みました。そこの電気科で学びました。卒業後に、わけあって朝鮮に渡りました。朝鮮電話公社に入りました。それが昭和八年のことです。就職した私は、その後に日本に帰り研修を受け、搬送式電話（一本の線で四通話はなせる新しい電話）の技術を習い、朝鮮全土に普及する仕事に従事したのです。その頃、その技術を取得していたのは私だけでしたから、大変重宝がられました。最後には現在の北朝鮮の清津《せいしん》にまで進みました。清津にいた頃には、仕事にもなれ、休みの日には雉・鴨などを鉄砲で狩りをして楽しいこともありました。

その後、昭和二十年四月に兄が亡くなったので、次男である私が家業を急遽継がねばならなくなったので、すぐに帰れという連絡が父から入りました。私は日本に帰っても、すぐに召集がかかるのだから、このまま韓国に留まる意思を示しましたが、父は召集があってもかまわない、『ともかく帰れ』と言うのです。もし帰らなければ、家業の後継者がいなくなり、成り立たないと言うのです。やむなく引き揚げました。それが昭和二十年の七月のことでした。しかし、港という港が寄航させてくれないのです。その訳は、港々に魚雷があると言うのです。下関港・仙崎港・浜田港でことごとく拒否され、やっと敦賀の港で下船できました。敦賀の町は焼け野原になっていました。列車を乗り継ぎながら、荷物を持って次第に郷里に近づいて来ました。途中津山の知り合いを訪ねた時には、着物はぼろぼろ、靴も裏はすりへっていました。知り合いに履物などいろいろと買っていただいて、やっと吉舎にたどり着きました。それが二十年七月三十一日のことでした。原爆投下の一週間前のことでした。

終戦後は、兄弟一族が次々と帰って来ましたので、大人数で大変な時期もありました。しかし、もしもう少しずれていたら、帰れなかったかもしれません。その意味では、運に支えられた人生であったと思っています。そのうえ子どもにも恵まれ、今では、私は九十三歳、妻は八十九歳になり、二人で何とか生活しているのはありがたいことです。隣近所の温かい人びとに恵まれた良い地域です。長く続けてきた烏城彫を今も続けています」（聴82）と岩谷正明さんは語った。多くの高齢者の語りには、必ず戦争がベースにあり、平和な時代への感謝がある。

岩谷正明さんの烏城彫《うじょうぼり》の作品の一つに煙草盆があった。その側面に「夏炉冬扇」と刻まれていた。夏炉冬扇とは「時に合わぬ無用の物事のたとえ」で「六日の菖蒲《あやめ》十日の菊」の類である。我々は、知恵ある多くの人生の先輩を、現代という時代の「夏炉冬扇」にしているのではなかろうかという思いが走った。

次男三男であっても、長男が欠けた時には呼び戻されるという家中心主義は過去においては、当たり前のこととして定着していた。次男三男として自活の道を求めて、やっと展望が開けたところで呼び戻されるという事例にも出会った。次はその例である。

「実はわしは、次男坊で継ぐものがないので、はよーお（早く）外へ出たんですわい。そのころ次男三男はほとんどが都会へ丁稚奉公に出て行っていたんです。わしは小学校を出ると大阪の方（脳梗塞をわずらってからは、とんと町の名が出てきませんよ）の夜学へ通わせてもろうたんです」と立原克巳（八十八歳―二〇〇七年）さんは言う。そこへ行かれたのには、何らかの伝《つて》があったからでしょうと聞くと、「わしの親父の弟（わしの叔父）が大阪の方で郵政局へ勤めていたので、その伝でわしは預かってもろうて、学校へ通わせてもろうたんですてー。その頃、そこの子（わしの従弟）の子守をしてやったんですてー。そういう縁でその従弟から、今でも年賀はがきが来ます。それがまえに帝大の学長だったんです」と語った。すぐには地名が出て来なかったが、某大学のことである。「来い来いと言うてくれるんですが、行かれもせず、馬鹿になっちゃー（脳梗塞をわずらって）会われもせず、年賀はがきの返事も出さんのですてー」ということである。従弟が某大学の学長であったことを、ひけらかしてみせるという態度ではない。そういう邪心は微塵もないから聞いていてさわやかである。逆に、その昔、この田舎と田園風景に親しみ愛着を感じていた若者が、次男三男であるために「分けてやるものはないぞ」と言われて、故郷を去った。その子孫の誇りある話である。次男三男の選んだ道として、貴重な話であると感じさせられた。田舎の大地に根を張り、街に咲いた一輪の花のように思えた。

訪ねたのは一月中旬の寒い日であった。突然に訪ねて、しかも家族は留守で、そのうえ戸外での会話である。もし風邪でも引いてもらっては申し訳ないと思い、「改めてゆっくりと話を聞かせてください」と、ひとまず話を切り上げようとした。ところが「わしは、はあー間がなあ。先のことは分からん」、今をおいて先に延ばせば嘘になると言って、話を切らせてもらえなかった。

彼の話は続いた。「その叔父の世話で夜学を卒業後、逓信局に勤めておったところが、後をとった、真面目な兄貴が兵隊に取られて、戦場へ出るまでに死んでしもうたんです。兄貴が戦死したということで、ことが狂いました。わしには財産も何にもないので、街で暮らそうと思うておりましたし、百姓はこの体には向いておりませんでした。背のコマイ（低い）男ですけー。兄が戦死したということで、まあーしょうがなーので、帰って来て兄嫁さんと、こぶり合わせたんですてー。その女房は、わしより大きゅうて力もあったし、はじめごろは、わしが、とんと百姓をせんもんですけー、苦労をかけました。働いて働いて、とうとう無理がたたったんでしょう、六十九歳で死にましたわい。二十年も前になります」と言って、頭に手をやって頭をかかれた。そこからまた話は別な方向に展開した。

「よんよ、外へ出もんですけー、不精なことですてー。前のバス通りまででも出りゃあ、髭でも剃ろうか思うんですが、外へ出んとそれもせず、こぎゃぁーなことですてー。（話は息子さんのことに移った）息子の後ろ頭を見ちゃりゃー、なんと薄茶色になって年ぅ取っとりますよ。テレビに出るような人は、年をとっとっても、後ろから見ても格好ないと（なりとも）いいですが、息子はなんと年をとって、あれじゃ長《な》ごう生きませんぞ。わしが先に行っちゃらにゃーいけません」（聴99）と語る。その明るさの中に、息子の健康を気遣う親心が見える。決して息子をぼろくそに言っているのでないことは読み取れた。これらの事例のように次男三男、女子は自立を求めて都市に出かけて行った。その後に、家のために呼び戻された者、またはそのまま都市で人生を送り、晩年故郷を懐かしんでいる者など、様ざまである。都市が次男三男を受け入れた時代背景を宮本常一氏は次のように述べている。「世が徳川の武家政治より明治・大正と展開してきて、子供はたしかにその以前よりはよく育つようになってきた。第一には都市が二、三男を吸収するようになって土地を持たざる百姓も、自らの住む村で分家をさせるための苦心をすることが少くなったし、生産の技術が進むにつれて村の擁する人口の増加も許されてきた。今日われわれが村をあるいてなお人家の殖えることを制限している地を時折見かけることがあるが、これがかつては一般の状況であった[61]」と、半世紀前の農村を描写している。「人家の殖えることを制限している地を時折見かける」と述べているが、今日の過疎状況、集落の崩壊状況を当時予測できたであろうか。

今後十年間で中国地方の集落が約七〇集落、いずれは五〇〇集落が消滅するだろうといわれている状況は考えもしなかったであろう。今では長男まで農業で生きていくことが厳しく、都会に吸収されていき、軒並み高齢者のみの家庭か、一人暮らし世帯になってしまった。

聴き取りの中で昭和十二年に、年寄り夫婦だけの家があったのが珍しくて、そのことを覚えていると語った者がいた。今日ではとうてい考えられないことである。

長男は、一家の大黒柱として自立し、長男としての道を歩んだ。次男三男は家を出て自活の道を求めた。それぞれに自立への旅を続け、大人へと自立して行った姿を聴き取りの中から読み取ることができた。

二　結婚

「死と生の民俗」にまつわる悲喜こもごものエピソードが結婚にまつわる話には特に多い。そして昔の結婚には必ずといってよいほど、仲人が仲介しており、その役割は非常に大きかった。それらにまつわるエピソードを収録してみる。

1　仲人

「昭和五年、十九歳の時に同じ安田地区の池田からここへ嫁いで来ました。岸本武夫さんと山田宗一さんが世話人で、いい話だと言われるので、十歳年上の主人のもとへ嫁いで来ました。そのころは夜の祝言で親戚を呼び、次の日は近所の婦人衆を呼んだものです」（聴50）と岸本コヨシ（九十一歳―二〇〇三年）さんが語るように、世話人の判断で十歳も年の離れていた相手と結婚したと言う。時によっては仲人の強引さに根負けして結婚した例もある。次がそれである。

「高等科を終えた頃、小学校の頃にお世話になった乃美先生が三次市に嫁いで行かれました。その先生が面倒を見てやるから三次技芸学校に来ないかと誘ってくださいました。親も同意してくれたので、そこで三年間学んで家に帰りました。子どものころに日曜学校でお寺さんに、いろいろ教えてもらったことが心に残り、自分も人に教える仕事をしてみたいと思うようになりました。ただ、俗家だったのでお寺さんにはなれるはずがないと思っていたので、是非とも女教師になりたいと思って、広島に出るつもりでいました。

ところが、いよいよ明日は広島へ出発するという日になって、この山川家の親戚の山原さんが、私に結婚話をもって来られたのです。それが山川へ嫁ぐきっかけになったのです。私はその時、広島に出て勉強をして女教師になることが夢でしたから、結婚話に乗る気はさらさらなかったのです。しかし、縁談をもって来られた山原さんは、良い返事をもらうまで帰らないと言って、その晩泊まり込んでしまったのです。そうまでされると、私の両親も断るわけにいかなくなり、私に『良子、そこまで言われるのだから嫁に行け』ということになりました。その時私は十九歳でした」（聴60）と山川良子（九十一歳―二〇〇五年）さんは、自分の人生に大きな影響を与えた仲人の存在を語った。仲人の言を真に受けて結婚したのであるが、俗に嘘も混ざっているのが「仲人口」と言われていた。

「結婚の前に、仲人が言われたのは、相手は十歳年上だということでした。来てみたら実際は十二歳年上でした。その頃は釣書（身上書）というものもなく、仲人が言われることを真に受けるしかなかったのです」（聴69）と別府瑠璃（八十一歳―二〇〇六年）さんも語った。

明治以前の若衆宿が民俗文化として根づいていた頃には、親や仲人の言いなりの結婚は少なかった。そのことを桜井徳太郎氏は伊豆河津郷下河津村〔現賀茂郡河津町〕の例から述べている。

「(宿子にたいする)監督権や訓育権は、すべて実の親に代ってこの宿親に委任されていた。かれらは旧家であり、旦那衆でもあり、かつ教養豊かな村有数の知識人でもあった。したがって親たちはこれらの宿親を全面的に信用し、息子の一切の面倒をみてもらうように頼みこんだ[62]」。

さらに結婚に対し、親が反対すると若衆組が説得した。若衆組の意向を無視しては、村内での生活は不可能だというわけであろう。若衆組の村内での権力は強大であり、絶大であったと述べている。したがって明治に入る前までの結婚は、意外に当人同士の意向を周りが守っていた。若衆宿の民俗文化が姿を消すとともに、親の意志での結婚が主流になった。宮本常一氏も明治の終わり頃から、親の薦める結婚が増えたことを、名倉(愛知県)で聴き取っている。

「親におしつけられた嫁というものが七十年まえにありましたろうか。この村にはありません。よい仲をさかれたというのはあります。知らん娘を嫁にもらうようになったのは明治の終頃からでありましょう。その頃になると遠い村と嫁のやりとりをするようになります。おのずと、家の格式とか財産とかをやかましく言うようになりました[63]」と述べている。明治の終わり頃からは通婚圏が広がり、それにともない本人同士の出会いよりも、周りの様ざまな縁によって結ばれる夫婦が多くなってきた。そのため当人同士の意志や感情は度外視される結婚の形態が定着していった。

そうした時代背景の中で、自分も親や仲人の薦めるままの結婚をした体験から、「若いものにはそうさせまい」と自分が仲人を買って出たという高齢者に出会った。自分は顔も見たことがない相手と親の薦める結婚をしたという吉原有男（九十六歳―二〇〇六年）さんは、そのことがきっかけになってたくさんの仲人をしたと言う。

「わしは相手の顔も知らずに結婚したんですが、わしが見合いをさせた一〇〇組は全部引き合わせて、よう（良く）納得した上で結婚させせました。仲人をはじめたわけは、私の父が死ぬる前に『人の喜ぶことをせー』と口癖のように言っていたのがきっかけです。

まだわしが若かったころに、ある家の娘さんに縁談をもって行ったところ、その娘さんは、わしが薦めた息子さんより、縁談を持って行ったわしのほうがいい。『あんたにならく』と言いました。わしはもちろん結婚して二人の子どもがおりましたから、『わしは二人も女房をよう養わん。おまけに子どもが二人もいるでのー』と言って帰りました。嬉しかったが、引き上げて帰りました。その頃のことですけー、笑い話ではあっても、女房にも言いませんでした」（聴74）と、ユーモラスな話も聞いた。未だに女房には言っていないと話した。当人同士の意向を無視した親の薦める結婚、強引な仲人のやり方よりも、当人同士の納得の上の結婚が「人に喜ばれること」だと思って積み上げて来たと言う。自分達がお互いに顔も見ないで結婚したので、せめて後進のためということだったのか、誠実に相手のことを考えて縁を向けたというのである。

2　結婚

明治時代になって、男女が出会う機会は、そうざらにはなかった。地頭和人（九十四歳―二〇〇六年）さんは、その機会について語った。

「甲山（世羅郡世羅町）は宿場町で、しかも経木帽子《けいぎ》の生産で活気づいていて、昭和十年前後には、野芝居が東大田から甲山にかけて、あちこちで行われていました。この近くでは浄土院の場所に芝居小屋を建てました。その頃の青年（十七～十八歳）にとっては、芝居はどうでもよかったのですが、芝居の場所は男女の社交の場でした。いつも心に留めている女性のそばに席を取り、機会をみて男が女に接近するのです。日ごろから、東大田から甲山にかけて、どんな娘がいるかは知っていて、芝居の晩にはその娘のそばに席を取るのです。娘のほうは一人では出してもらえないので、母親と一緒に来ています。母親の目を盗んで娘の手を握ります。つれなく振り払われたらおしまいです。娘のほうも期待して芝居に行っていたのです。

もしうまく手が握れたら、そののち様ざまな方策で出会いをつくり、その結果夫婦になった者もいます。もちろん実らなかった者も沢山います」（聴71）と地頭和人さんは、青年のように生きいきと語った。

地頭さんの話のように芝居とか、盆踊り、祭りで出会って、一緒になるという例は全体的にはごくわずかであった。大多数は仲人と親の薦めによるものであった。しかも、今とは比べ物にならないほど婚期が早かった。その事例のいくつかを紹介する。

今田アキノ（九十八歳—二〇〇六年）さんは「まだ十七歳になったばかりでしたから、行きたくなかったのですが、親の言いつけですから、従わないわけにはいきませんでした。連れ添いの姉夫婦が仲人として、仲に入ってくれました。大正十四年か昭和の初めだったと思います。嫁いで来たのがこの家です。私の実家の兄の嫁に、この家から来ていたので、やったり取ったり（両家の兄弟姉妹同士の結婚）です。ですから、この家には結婚の前に来たことがありました。連れ添いは尋常小学校の頃にはいつも級長か副級長になるような人で、立派な人でした。連れ添いに不足はなかったのですが、何せ十七歳くらいでは嫁ぎたくなかったのです」（聴92）と語った。若年での結婚である。明治の頃の言葉で結婚しないで家にいることを「そばの種」と言っていたと、語ってくれた高齢者の話によると、「そばが畑にいる期間は盆過ぎから十月頃までで、畑にいるより家にいるほうが長い」ので、家に長くいることを「そばの種」と言っていたということである。親たちは「そばの種」になるぞ、と言って結婚をせかしたのである。

山川良子（九十一歳―二〇〇五年）さんの場合は、前に述べたように、小さい時からの夢があって、是非とも女教師になりたいと思い、明日の朝は、勉学のために広島に出るつもりでいたところ、丁度その晩に仲人が来て縁談を薦め、「よい返事がもらえなければ帰らない」と言って泊まり込んで薦めるので、親もその強引さにおされてしまった。両親が一晩のうちに態度を決めて娘を説得したという。親に逆らえずに嫁ぐ気になったと次のように語った。

「その時私は十九歳でした。嫁いで行く所がどんなところかもちろん知らないし、相手を見たこともないのに縁談が決まりました。分かっていたことは、相手の人は、私とは八歳違いだということでした。

女教師になる予定はだめになり、嫁いで来たのが昭和八年のことです。私の実家からこの婚家先までは五里（約二〇㎞）から七里（約二八㎞）位かと思いますが、見たことのない全然知らない所に嫁ぐことになったのです。

嫁いで来た当時、この地域には電灯も点《つ》いていませんでした。結婚式の日、仲人夫妻と新郎がハイヤーに乗って迎えに来ました。その時はじめて結婚相手を見ました。えらい年寄りだなあと思いました。これが自分の結婚相手かと思いました。

私は長女で第一子だったので、両親から大事にされてきたために、恥ずかしいことですがご飯の炊き方も知らないし、田植も経験したことがなかったのです。それで、姑はご飯の炊き方、水加減など労をいとわずに教えてくれました。良い人でした。結婚後しばらくしてから、何かのきっかけで、自分の夫が実は八歳ではなく十二歳ちがいだということを知りました。仲人は十二歳も違うと、本当のことを言ったら破談になるだろうと考え、四歳ほど若く年をごまかしたのです。嫁いで来た頃には、何回か里に帰ろうと思いましたが、帰る道が分からないので帰るに帰れませんでした。婚家先の舅も姑も夫の本当の年をあかしませんでした。

結婚後しばらく経ってから、家の裏のおばあさんが、私の家の者が留守の時をねらって来ては、いろいろの話をしてくれました。その話の中で夫が再婚だということを、はじめて知ったのです。年のことや再婚だということを、舅も姑も一切言いませんでした。もちろん仲人も口をつぐんでいました。実家の両親もそのことを知りませんでした。私も里帰りしても、親を困らせたり、悲しませたりしたくないので、そのことは最後まで言いませんでした。後日両親が、そのことを誰かから、聞き知ったかどうかについても分かりません。最後まで、そのことを親子の間で会話することはありませんでした」（聴60）と山川良子さんは語った。しかし、幸せな人生だったとも語った。

親の薦めに従って結婚したのは、必ずしも娘だけではない。息子の場合も親が結婚を薦めていた。次はその例である。

「わしは昭和十年ごろに結婚しましたが、そのころは親戚同士で結婚を決めていました。わしの場合も、お袋が親戚の娘を貰うように薦めました。母親が『もしお前が気に入らなければ、元に戻してもよいから、わしの言うことを聞け』と言うので、それに従って、顔も知らずに結婚しました。それからこの年まで連れ添いました。結婚して、はじめて家内の家に行くために、和智の駅に降りた時のことです。わしの女房は、わしをおいて、さっさと自分一人で歩きました。『わしの背が低いので、ちろうて（一緒に）歩くのが嫌だったけーそうするんだろう』と、わしは思いました。誰にも言ったことはありませんが、七十年も過ぎたので、今はじめて、あんたに言いました」（聴74）と、言うのである。――吉原有男（九十六歳――二〇〇六年）さん談。

親が薦める結婚に従うのが一般的であったことを、吉原さんの妻の美代（九十二歳――二〇〇六年）さんも語った。

「昔の結婚は親が薦めるものに従うことが多かったのです。この家の妹は、薦められた相手の頭髪がうすかったので本人が渋ったのですが、親がそんなことは問題ないと強引に薦めたのです。絶対に行かないと言うものを、親は一晩だけでよいから行ってくれと頼みました。『気にいらなければ次の日に帰ってもよいから』と言うことで、仕方なく行きました。次の日に帰ろうと思っても、相手の男や家族が大事にしてくれるので帰りづらくなったというのです。また、相手の男は真面目で、しっかりした役場の職員だったこともあり、だんだん髪の毛など気にならなくなったのです。姿格好ではなしに相手の人の真面目さや誠実さにほれてしまったのです。その後幸せに一生涯を送りました」（聴74）と語った。

外見とか条件とかに迷わされず、しっかりとした考え方で将来を見据えた結婚を薦める親だった。当時、親が薦めることが必ずしも、本人を無視していたとばかりは言えない側面もあったと思われる。

他にも相手に会ったこともなく、相手の写真も見ないままで嫁いで来た人がいる。それでいて幸せに終生そいとげているから人生は面白い。次がその例である。

「私がこの家に嫁いで来たのは、この近くに嫁いで来ていた叔母が、『わしが親代わりをしてやるので来い』と言うので、相手と見合いもせずに、この家に嫁いで来ました。この家の舅は私を見に来て、私の写真を持って帰り、夫には見せたようです。ですから、連れ添いは私の顔を知っていましたが、私はまったく知りませんでした。連れ添いは大正二年九月八日生まれでしたから、二歳違いでした。姑はいなかったので舅と三人で生活しました。姑がおられないので、子育てには困りました。姑のおられる家がうらやましかったです。姑がおられれば、子守をしてもらったり、家のことをしてもらったり出来るので、『安心して野良仕事に出られるのに』と思いました」（聴79）―荒田キヨミ（九十歳―二〇〇六年）さん談。

「わしの名前は初子ですが、一人子でしたから、婿養子を迎えました。と言っても、わしが知らん間に、じいさん（実父）が気にいって決めて帰ったんです。わしが二十四歳、連れ添い（夫）が二十六歳でした。連れ添いは無口な人で、ただの一回もわしを叩いたことはなかったです。もっとも、わしの父親が厳しい人だったから、それに対する遠慮もあったのだと思います。昔、父親が夫に『女子をぶっさぐる（叩く）者はろくなものじゃあない』と言ったことがあります。そんなこともあって、一生涯の中でただの一回も叩かれたことはありません」（聴80）と言う、本田初子（九十歳―二〇〇六年）さんもまた、親が一方的に決めた婿養子を迎えた。それでいて、一生幸せに人生を送った。

さらに、出征していて戦地から夫が日本に見合いに帰ったケースで、結果的には夫の顔を見ないまま結婚したという次のような話もある。

「私は見合いに来られた方の接待のため、奥で次々と抹茶を点《た》てていました。ですから夫になる人の顔は、全然見ていなかったのです。夫も私の顔を見てはいないのです。当事者同士が、顔も見ないという、奇妙な見合いでした。その当時の見合いは、どこでも似たり寄ったりでした。今では考えられもしないことです。私がしたことは、抹茶を点てることと、見合い相手の靴を磨くことでした。なんとすごい靴でした。北朝鮮から、土ぼこりの中を履いて帰ったという、ひびだらけのおそまつなものでした。後で夫も、『あの時の自分の靴は余りにもみすぼらしかった』と、言っていました。当人同士は、顔を合わすことのない見合いが済みました。私はそんなに遠くへ行くのは嫌だったので、反対しました。しかし、そのころのことです。両親をはじめ、周りが決めてしまったので、仕方なく行くはめになりました。

およそ一ヵ月くらい後の四月に、夫が迎えに帰り、下関から釜山に渡り汽車で京城《けいじょう》〔現ソウル〕に行き、そこで一泊して、さらに十時間くらいかかって、清津に着きました」（聴82）と岩谷律子（八十九歳―二〇〇六年）さんは語った。

また戦地からではないが、昭和十二年に台湾から見合いに帰り、親の薦める相手と共に、再び渡った話も既に収録した。

多くの人びとが、仲人や親の薦めに従って結婚し、ほとんどの場合、一生をそいとげている。そのことを瀬川清子氏も次のように論述している。

「時代が進行し、社会情勢が変化するに従って、村の若者・娘の婚姻が親の意見と意志によってとりきめられる傾向が強くなり、やがて武家のように親がきめた結婚を正しいとするかたちの道徳意識が、庶民の間にも浸透し一般化するようになった。

明治以後、宿の習俗が、文明開化の社会にふさわしからぬ卑俗として、徹底的に弾圧されたこともそのあらわれであるが、江戸末期から村落の婚姻が、当人の自由な恋愛から成立することがなんとなく困難になって、仲人や親の力が加わるようになった。（中略）一人一人の人間のはたらきの力がものをいった低生産性時代が遠ざかるに従って、家族の平等よりも家督・家産の相続の秩序が優先するようになった(64)」と、近代産業社会の発展とあいまって論じている。

今日とは違って、周りの薦めに従い、縁を大切にしながら、結婚は、しょせん自らの知恵と努力で築いていくものだと、人びとは観念していたようにも感じ取れる。この当時は、このように多くが、周りの者によって薦められた結婚であった。

しかし、中にはどうしても決断できず結婚式の前日の晩になって断った娘がいた。先方は明日の祝言に備えて準備を着々と進めている。他方では娘は断ってきた。娘の両親は恐縮するし、仲人は困り果てた。仲人は窮余の策として、替え玉をしつらえた。隣の家の娘に頼み込んだ。「すまんが、明日の結婚式に替え玉として行ってくれんか。祝言が済んだら、明日の晩にでも帰って来てよいから」と、三拝九拝して頼み込んだ。そういわれたら断れず、隣の娘はしぶしぶ請け合い、お役目と思い当日を迎えた。替え玉のつもりが、ひかれるものがあって、そのまま居座る羽目になって、一生めでたく終わったという実話も語り継がれている。

聴き取りの中にも、自分の意思で決断した結婚話を語った例もある。例えば中谷美香（八十九歳―二〇〇六年）さんの場合がそれである。聴き取りに行った日、達者な中谷美香さんは、わざわざ門口まで出迎えて待っておられた（一八七頁写真）。今日は天気もよくて暖かいので、縁側で話しましょうと言って、座布団を敷いて腰を下ろした。「昔ならお茶と漬物（「おくもじ」と言っていた）をよばれながら、こうして話したもんじゃ」と言って、昔からの知己のような感じで会話が始まった。

そういえば、最近は田舎を訪ねても、ちょっと腰を掛けて気楽に話せる所がなくなった。

第一、ほとんど電話などの通信手段で、用事を済ませるようになった。回覧板なども持って行っても、だまってポストに置いて帰るのが普通になった。家が、私的な空間になってしまったことを、色川大吉氏も指摘している。

「日本人にとって『家』はすべて私的な空間であって公共の場ではない。わずかに応接間をつくって『社交』をそこに閉じこめているだけである[65]」と述べている。かつて田舎の縁側は公的な空間であった。その延長線上にバンコ〔縁台〕があった。近所の者が、三々五々集まって夕涼みをする場面もあった。今では、そうした光景は見当たらないだけに、中谷美香さんの応対は懐かしくて新鮮であった。縁側で聞いた話が次である。

中谷さんの出迎え風景

「私は甲山の川尻（世羅郡世羅町）の葛原家の二人兄妹の第二子で、兄が学校の先生だったので、両親は私も教員になるように薦めました。しかし、私は父の希望に添わなかったのです。その頃私は、朝鮮に行くことに憧れていたのです。私の夫になる人は、その頃朝鮮へ出兵していたのです。私は夫の顔を見たこともなかったのですが、先方が是非とも嫁に来てくれと言われたのと、朝鮮に行きたいばかりに、夫になる人の写真を見ただけで、妻になる決心をして朝鮮に渡ったのです。その時、私は二十四歳でした。昭和十五年のことです。その頃、多くの新妻が朝鮮に渡りましたが、その多くが私のように写真を見ただけで、実物には釜山ではじめて会った、という人が多かったのです。結婚しはじめの頃は、京《けい》城《じょう》の近くに住んでいましたが、その後、東京城《トンキンジョウ》という飛行場の近くに移りました。次々飛行機が頭の上を飛ぶので、立って歩けないように感じたものです。一年足らずで、荷物を内地に送り日本に帰って来ました。長男をはらんで日本に帰り、次の年の昭和十六年にこの地で長男を生みました。その後、夫は菊池で少年兵の教育に携わっていました。昭和二十年には帰って来ました。二十三年に次男を生みました。この地域に一四軒ありますが、昭和二十三年には軒並み子どもが生まれ、威勢がよかったです。その息子が今では五十七歳になりました」(聴70)と語る。その当時生まれたものが、今日、団塊の世代と呼ばれ、大量に退職を迎える世代である。聴き取りの対象になっている高齢者の結婚の時期が、ちょうど、太平洋戦争の敗戦をはさんで、その前後である。そのため結婚式もろくろく出来なかった、という話を多くの人が語った。

「私がこの家に嫁に来たのは、昭和十九年八月二十日でした。二十歳の時でした。戦争の終わる前でしたから、モンペ姿で国民服を着て結婚式をしました。それからすぐに主人は戦地へ出て行きました。長袖の着物など着ていたら、非国民ということで、袖を切られてしまいました」(聴69)と、当時を別府瑠璃(八十一歳—二〇〇六年)さんは語る。「広島県の中央部では昭和十二年から十三年頃にモンペが流行しはじめた」と、当時を語った高齢者がいた。はじめの頃はモンペは新しいファッションであったため、当時それを身に着けていると、「今流行《はやり》のものを着て」と言って、当時の年寄りがけなしていたそうだ。ところが、間なしにモンペを着用していないものは、非国民扱いをするようになったと言う。たとえ和服を着ていても、必ず上にモンペを着用した。うっかり着物のままで外出すると、その姿を「着流し」と言って、非国民呼ばわりをされた。着物姿の「着流し」は、非国民の代名詞であったと言う。モンペ姿で結婚式を挙げた、という時代背景がそこにある。

また、戦時中は人手不足だったので、労働力として嫁に期待がかけられていた話もある。「私は徴兵で補充兵として、十一連隊本科陸軍病院衛生兵になりました。その後（昭和十三年十二月）上海の医務室に勤務しました。昭和十四年十一月には南方（兵站司令部）に勤務しました。昭和十五年七月に日本に帰り農協（東広島市河内町）に勤めました。その後巡査になり朝鮮に渡りました。十八年四月十四日キヨ美と結婚しました。見合いをしたわけでもなかったのです。写真を見たこともなかったのです」と夫が言うと、妻が口を挿《はさ》んだ。「うそ、あんた私の写真の手のあかぎれを見て『これなら百姓もできる』と言ったじゃあないですか」と妻が言うと「そうか、送られた写真を見たら、手にずいぶんのあかぎれがあったのー。このあかぎれなら百姓もできると思って妻に迎える気になったんじゃったのー」と、夫は思い出して前言を翻した。妻は「私は、兄弟が一〇人もいるところへ嫁に行くのは二の足を踏んで、色よい返事をしなかったんです。そしたら、私の母が『子どもは宝だ。兄弟が多いのはためになる』と言って薦めました。その頃は、親が言うとおりに結婚していたし、仲人が薦めると断れなくなる場合もありました。この家とは、昔からの縁はなかったのですが、仲人の薦めでこの家に来ることになったのです。昭和十八年四月十四日に嫁いで来ました。夫は朝鮮から三日間かかって帰って来ました。その時私は二十一歳、夫は二十六歳でした。この家に一週間ほどいて、朝鮮（富寧《ふねい》）へ渡りました」（聴90）と語った。―松川充志（八十八歳―二〇〇六年）・松川キヨ美（八十三歳―二〇〇六年）さん談。

このやり取り中には嫁は大事な労働力とみなされていた節がうかがえる。「あかぎれが切れている」ということは、ずいぶんと水仕事もしている証であり、働き者の勲章である。求める妻や夫の条件は様ざまであるはずだが、当時の農家にとっては「働き者」であることが大きな要件であった。それは、この夫妻に限ったことではない。年寄りの言葉に「手間が増えましたのー」という言葉が「挨拶ことば」のように昔は使われていた。そして、嫁をもらうなら「四月にもらえ」とも言われていた。それは田植仕度の始まる時期だからである。「嫁をもらう」という言い方も、一人の人格としてではなく、まるで物あつかいである。

こうした時代の背景を、野原義夫（七十八歳―二〇〇七年）さんは次のように語った。

「明治から大正にかけての農家は大変に貧困でした。また、労働は基本的には、すべて手仕事でした。労働力には限りがあります。その上、隣同士が競争になりました。その競争は時によっては陰湿なものになったのです。隣が寝静まったのを見計らって、夜中に起きだし、夜のうちに農作業をして、知らん顔で朝方少し休んで、相手の度肝を抜かす、ということもやっていました。

例えば、田起こしの作業で言うと、最初の『荒起こし』という作業の次に、『返し』（すき返す）を行い、その後で畦を付け、続いて水を入れます。水が入った段階で『水会わせ』という作業を行います。つまり水を土になじませるのです。畝になっているところを荒く通って全体を平らにするのです。この『水会わせ』という作業を夜中にやってしまうのです。次の朝、隣の家の者が起きて外を見ると、夜のうちに作業が進んでいるので、驚いたというのです。努力に努力を重ねて一代で恣放《しほう》した付けを取りもどしたのです」（聴2）。

聴き取りによると、こうした時代性から、昭和十年代前後に結婚して、嫁いで来たお嫁さんは、その集落中の注目の的であった。働き者であるかどうかが注目された。働き者であるかどうかをはかる尺度は、その家の雨戸がいつ開けられるかである。朝一番の仕事は雨戸を開けることであった。早起きをして真っ先に雨戸を開けることが、働き者の嫁さんの尺度であった。何時まで経っても、雨戸の開かない家のお嫁さんは失格なのである。

「夜明けと共に、まず雨戸を開けるのです。早く開けないと『あそこの嫁さんは朝寝坊をする』と言われるので、みな競争で雨戸を開けたのです。そのあとで牛のひご（食料としての藁）を切るのです。それから朝食です」（聴83）と中原美代子（九十三歳―二〇〇六年）さんは自分の体験を語った。とやかく言われるのが嫌で、「いったん雨戸を開けておいて、その後でゆっくりもうひと寝入りした」という、知恵のあるユーモラスなお嫁さんもいた。因習めいた田舎の風習を知恵で打破した、このようなお嫁さんが、実は新しい農村を切り開く原動力になったという側面もある。

石上堅氏は広島県比婆郡（現庄原市）は、この国屈指の農作唄の傑作を伝承している地域だと述べている。そこの嫁いびりの基準を、昔のままに伝えているのが、次のものだとしている。

「旭がさしたら。起きやれ、ヤーハレ、起きやれ　嫁女。
起きてから何を。ヤーハレ、座敷なでましょう。
なでてから何を。ヤーハレ、お茶をたべましょう。
ぱらりと降ったら。ヤーハレ、麦仕《むぎし》や麦の手休め。
駒が居るなら。小草、ヤーハレ、小草刈りましょ。
春の山打ちや。こわや、ヤーハレ、怖《こわ》やねぶたや[66]」

と記している。いびり方こそ違っていても、聴き取りの中でも、いびられた話はつき物であった。

3　こぶり合わせる

ところで「こぶり合わせる」という結婚の形態を先に述べた（一　大人への道・自立の旅、一七二頁）が、戦後夫を失い家の大黒柱をなくした場合の事後策は、その夫の弟を再婚の相手として添わせることが、最も円満な方策であった。一般的に夫が年下になることが多かった。また戦争とは別の理由で、嫁いだ姉が亡くなったので、その妹がそこに嫁ぐという場合もあった。その場合は妻がずいぶん年若いことになった。それらの形態を「こぶり合わせる」と呼んでいた。

「京都から帰ってきた頃、嫁いでいた姉が四人の子どもを残して亡くなりました。わたしは、その姉の後へ嫁ぐことになりました。当時のことですから両親の意見には反対できないので、親の薦めるままに、二十歳で嫁いで来ました。それがこの家です。夫は十八歳も年上でしたから、ずいぶんふけて見えました。別段自分が好きで来たわけではなかったのです。嫁いで来たのは昭和十三年でした。先妻（私の姉）の子どもが四人おりましたが、幸い姑さんが四人の世話はしてくださいました。四人いるうえに、私自身も六人の子どもを生みました。昭和十五年生まれを頭として、十八年・二十年・二十二年・二十四年・二十六年に生まれました。夫は体が元気でなかったので戦争には行きませんでした」（聴62）と語った吉原秋江（八十五歳—二〇〇五年）さんの、その後の人生はドラマのようであった。

吉原秋江さんの話は、姉が病気で亡くなったので、その後へ嫁いだ話である。逆に、前記したような、戦争で兄が亡くなったあと、兄嫁と結婚したという事例は多かった。私的な家族の戦後を語っているようでいて、同時に戦場で帰らぬ人になった兄に代わって兄嫁と結婚し、家族と家を守ったという戦後日本の農村史の一断面であった。それはただ単に、一家族のことではなかった。戦後家と家族のために、自分の人生を中断し、運命として従ったという、農村の戦後史であった。それが、いこぶり合わせるという言葉に含まれている。

4　結婚の祝い

第二次世界大戦が厳しくなっていった昭和二十年前から敗戦後は、村が引き継いでいた祝言の民俗も影を潜めていった。それ以前には、祝言にまつわる伝統的な行事が、民間に伝承されていた。

地頭和人（九十四歳—二〇〇六年）さんの話では、「子どもにとって珍しいことは近所の嫁どりです。その家へ行くとセンベイがもらえたのです。もう一つ、珍しい江戸絵がもらえたのです。たとえば川中島の合戦の絵とか、蘇我入鹿《そがのいるか》の暗殺の絵など、様ざまな絵がもらえたのです。その中の一枚がこれです。嫁どりをする家では、子どもたち用に一〇〇〜一五〇人分くらい、江戸絵とセンベイを用意していました」と言って、子どもの頃にもらったという「忠臣蔵」の絵を見せてもらった（写真）。

忠臣蔵の江戸絵　地頭和人さん提供

大人たちは大人たちで「地蔵さんをかついで来て、お嫁さんがその家に、でんと居座るようにと、縁起をかついだのです。家の者は青年たちに祝い酒をふるまうのですが、祝い酒が出ないと、どんどん地蔵さんや石仏をかついで来たのです。早く祝い酒を出さないと、地蔵さんがどんどん増えて、次の日に返却するのが大変なことになります。今高野山の塔の丘の塔婆を、若い者が持って行ったことがありますが、次の日その家のものは返すのに往生しました」（聴71）。

他にも同じような話がある。昭和十六〜十七年ごろの結婚の風景である。夫になる者が妻になる者の家を訪ね、夕方にお嫁さんを婚家（自分の家）に迎える。それを待っていたかのように、青年たちが先ず肥たごの縁をかつぎ棒でこする。結構響きの良い音がする。その音でお嫁さんが到着したことを皆が知る。それにあわせるかのように若者が「末永く居座ってください」ということでお地蔵さんなどを持ち込む。持ち込まれた五輪塔の、塔の部分が他の物と入れ替わり、文化財としての価値がなくなったケースさえある。それにしても、うるわしい地域の風景であった。

5　離婚

何年か経つと、現実は厳しくお地蔵さんのようにはいかなくなる。妻たちには、今日でいうストレスがたまる。例えば松川キヨ美（八十三歳—二〇〇六年）さんは戦時中、中国から帰国した時の体験を次のように語った。

「昭和二十年終戦になる前に、日ソ（中立）条約を破ってソ連が軍事攻撃を始め、これは危ないという情報が、警察には早く入ったので、家族は日本に帰国することになりました（一般国民より早く帰国させ、夫には心おきなく職務に専念させるということでした）。無事小田（東広島市河内町）に帰ったら、すぐに実家の両親に会うように、次の日に暇が出るものと思っていましたが、許可は出なかったのです。次の日からは家事をまかされました。その頃、私は『牛を飼う』ということを知らなかったのです。餌をやる仕事をはじめてしました。実家へ帰ることが許されたのは、十月十日の祭りになってからのことでした」（聴90）と言う。終戦時のことではあるし、我慢して十月まで頑張ったということである。たまりかねて、前後見境なく里に帰って行く、ということもあった。それを「ほぼろ（竹かご」を売る」と例えて語っていた。「ほぼろを売る」には諸説あるようだが、住田秋子（九十二歳―二〇〇六年）さんは次のように語った。

「ほぼろを天秤棒でかついで売り歩く姿は、天秤棒にかけた、前後のほぼろがじゃまになって、前も後ろも見えないことから、前後の見境もなく実家に帰る嫁さんの姿のことを『ほぼろを売った』と言っていました。実家が遠い時には仲人の家まで、ほぼろを売っていたのです。仲人の家でいさめられ、仲人に連れられて、もとの鞘《さや》に収まっていたのです。中には前後見境なくなって『ほぼろを売る』のではなく、冷静に計画的にほぼろを売ろうとしたお嫁さんがいました。計画的でしたから、毎晩少しずつ自分の着物を家から持ち出し裏の竹やぶに隠しておきました。いよいよある晩、竹やぶに出しておいた荷物を持って、ほぼろを売ろうとしたところ、なんと竹やぶに隠しておいた衣装が全部泥棒に取られていたので、あわてて警察の駐在所に届け出たのです。わけを聞かれて、ほぼろを売ろうとした話がばれてしまいました。近所にもその顚末が伝わってしまったのです。しかし、そのお陰でほぼろを売らずに済んだのです」（聴94）と言う。犯人も捕まったとのことである。

「ほぼろを売る」程度で収まれば良いが、離婚にいたるケースもあった。

「わしの父は博打打ちで、有り金を持って出て行っていたので、わしは何も買《こ》うてもろうた（買ってもらった）ことがありません。その上、わしは親の運が悪うて、生まれるとすぐに盥渡し（盥ごとおばあさん《実の祖母》に預ける）だったのです。

生みの親は、舅と折り合いが悪くて、私を生んだきり、離縁になって実家へ戻されてしまいました。生みの親はお産の頃から、柚子を食べ過ぎて、乳が出んようになったということで、わしは母乳を全然飲ましてもろうとらんかった（もらっていなかった）んです。その母親は、何でも舅が寝ている枕元を通る時に、舅の頭を蹴散らかして通っても平気で『ごめんなさい』とも言わんような人だったのです。『これじゃあ先が思いやられる』ということで、実家へ戻されたというのです。しかし、祖母が賢い人だったので、わしはそのおばあさんに育てられたんです」（聴80）――本田初子（九十歳――二〇〇六年）さん談。この話では、離婚の原因は夫婦の問題よりも嫁と姑舅との間の問題が主になっている。さらには今では考えられないような離婚もあった。次はその例である。

九十九歳（二〇〇六年）になったという松原朋子さんは、年を感じさせない矍鑠《かくしゃく》とした姿で、「わしは生涯苦労性よー。夫に早《は》よー死なれ、一人で三人の子どもを育てて来ました。長男が後を継いでくれ、孫も二人でき一安心したころに、嫁の父親が『娘を返してくれ』と、案外なことを言って来ました。何でも嫁の父親の従弟が独り者になったので、それに連れ添わせたいので、返してくれと言うのです。そんなわけにはいかない。孫が二人もいることだし、一旦嫁いでもらったものを、いまさら返せと言われる道理はない、と突っ張りました。しかし、嫁の親は一歩も引かず、従弟のところに嫁がせるのだと言って、後に引かないのです。『親の言うことだから』と言って、嫁も親の意見になびいてしまって、小学校一年生と保育所の子の二人を置いて帰ってしまいました。子どもが可愛くないはずはなかったでしょうが。

どうも合点がいかないので、裁判沙汰にしました。わしを応援してくれた人もいたのですが、向こうの親が言いまくって、わしが負けてしまいました。あれやこれやで、間なしに息子も死んでしまいました。それからまた、わしも元気を出さにゃーと思うて、二人の孫を育ててきました。今では二人の孫の下の方にはひ孫も出来て、わしの面倒を見てくれて、良うしてくれとります。気がかりなのは上の孫の結婚です。『誰かいい人がおってんないでしょうか』、それぱっかり気にかかっております。『わしがおったら嫁が来んのじゃろーか』、もういのちは欲しいことはない。来年は百じゃものー」（聴73）。

わしは苦労性よのーと言いながら、「今日、来てもろうたあんたの住所と名前を書いとかにゃー」と言って住所氏名を達筆で書いた。「すごい達筆ですねー」と言うと、「字は書くが、男とラブレターをしたことはなーんで」という屈託のない、底抜けに明るい会話に私は救われた。孫の結婚のためなら自分のいのちは惜しくない、と言うおばあちゃんの願いが届く日を祈るばかりである。

こんにち、田舎の若者で一般的に言う婚期を失した独身男性が多い。本人にはその意志があっても、田舎住まいということで敬遠され田舎に嫁ぐ女性が少ない。本人の責任とは別の理由で、縁に恵まれない現実が松原朋子さんの思いの背景にある。

「一番に多かったのが離婚の話でした」（聴84）と、五〇〇人も赤ちゃんを取り上げたという田口ツネコ（九十三歳―二〇〇六年）さんが語った。それにもかかわらず、実際は離婚に至らず、昔の妻たちは良くも悪くも頑張っていた。掘り起こせば様ざまな事実が、ずいぶん眠っている。

三　お産と産後

1　出産

「私は昭和三年に十六歳で嫁いできました。昭和五年に長男を生みましたが、当時はこの地域に産婆さんはいなかったです。その上、この家には姑がいなかったので、本家のお婆さん（角田春想さんの祖母）が長男を取り上げてくださった」（聴43）と角田サダ子（九十一歳―二〇〇三年）さんは語った。

小坂シマコ（百一歳―二〇〇五年）さんは、大正末期から昭和初年頃までの様子を語った。

「私は十九歳で能良（東広島市豊栄町）の花戸からこの家に嫁いで来て、大正十三年生まれの長男を頭に、八人の子どもを生みました。五人目（昭和六年生まれ）までは、取り上げ婆さんについてもらいました。その頃はまだ、産婆の資格を持った人はいなかったので、近くで子どもを取り上げた経験のある年寄りが、お産に立ち会っておられました。この辺では、中屋の河島屋（屋号）のお婆さん（八十歳に近かったと思う）が取り上げてくれなさった。取り上げ婆さんには、子どもが生まれてから一週間くらいは、泊まりこんで、生まれた子どもと妊産婦の両方の世話をしてもろうておりました。全部が全部どの家でも、取り上げ婆さんが泊まりこんでいた様子でもなかったように思います。

そのお礼は、その家の気持ちでわずかばかりはしていたように思います。お礼については、一切舅や姑がやっておられたことで分かりません。子どもは納戸で生んでおりました。その頃は納戸の敷物は畳ではなく、筵《むしろ》が敷いてありました」（聴57）と語った。

今まで聞いた話で取り上げ婆さんという言い方はなかった。また泊まりこんで世話をしていた話もなかった。大正時代から昭和の初年にさかのぼると、その実態があったと思える。納戸には筵を敷いてあったという話も百一歳ならではの話である。

同じように百歳（二〇〇五年）の吉木ハヤノさんも、当時の様子を次のように語った。

「お産はたいがい納戸でするものでした。人によっては、納戸の箪笥の取っ手につかまって、力んで生んでいました。私の場合は、谷村のお医者さんの奥さんが取り上げてくださったが、家によっては年寄りもおられなくて、主人（夫）が臍の緒を切ったという話もありました。私の場合は、谷村さんに、お産の後もしばらく家に来てもらって、何かと世話をしてもらいました。幸い私は乳の出が良くて、不自由をしなかったのです」（聴58）と言う。この語りのように夫が立ち会い、臍の緒を切ったという実態も、古くはあったことがうかがえる。隣にお医者さんがいて出産に立ち会ってもらうなどは、恵まれた特別のケースである。

岸本ココヨシさんの場合は、次のようであった。

「昭和六年生まれの長男をはじめとして、昭和十五年までの間に六人の子どもを生みました。その間全部の子どもを姑が取り上げてくださいました。姑は子どもの臍の緒を切って、その先にばい菌が入らないように紙を巻いていました。母体の方は糸でくくって、それを太もものところに巻きつけたものです。あと産が母体の方へ逆戻りしないためでした。子どもの方の臍の緒は一週間もすると自然に取れます。取れたら湯を使うときに臍の緒から、ばい菌や水が入る恐れがなくなるので、姑が『赤子を洗うのが楽になった』と言っていました。わしは割合お産が軽いほうだったので楽をしたほうです。それでも姑は産後『三十三日はあんたが貰《もろ》うた（貰った）日だから』と言って、お産のたびに、必ず休ませてくれました」（聴50）と言う、岸本ココヨシ（九十一歳―二〇〇三年）さんの場合は、小坂シマコ（百一歳―二〇〇五年）さんよりも、すこし新しい時代になっての出産である。姑が何かと面倒を見てくれた。この時代からは、姑がお産に立ち会うか、もし姑がいない場合は、親戚の年寄りが出産に立ち会っている。親戚にも年寄りがいない場合は、冒頭で述べたように、年端もいかない十四歳くらいの子どもが、取り上げに立ち会ったという事実もあった。出産をごく普通の日常の出来ごととととらえている。

桜井徳太郎氏も中魚沼（新潟県）の聴き取りから「以前はすべてトラゲ婆さんによってお

産が行なわれた。（中略）生ませることをトラゲル（取上げる）という。トラゲられた児にとってはトラゲ婆さんはトラゲ親であり、児の方をトラゲッ子と呼ぶ[67]」と述べ、助産師がいない時代の出産が、いくらか経験のある年寄りによって行われていたのがわかる。中にはまったく一人で生んだという話も耳にした。井阪康二氏も一人で生んだ話を次のように聴き取っている。

「天井から綱をつって座ってお産をするということは知らないが、出産の時に誰もいないので一人で産んで臍の緒を切り、えらい苦労したという話を、聞いたことがある。その人がおられたら百歳を超えている[68]」。また、大藤ゆき氏も「各村に一人くらいは、自分でとり上げたという経験をもっているお婆さんがいる。（中略）たいていナンドの畳を上げてむしろをしき、その上にボロをしいて、わらを二十一わ後に積んで、生む時は中腰となり天井から下げた綱に両手でつかまる[69]」と述べている。ともに出産を特別大騒ぎすることではなく、ごく自然のこととして、自分で処理するというたくましい時代があった。

　主人（夫）が臍の緒を切ったという話があるように、男が出産について全く知らないということではない。出産に関して男性からも、話を聞くことができた。聴き取りの中で、兄弟の年が離れていたために、自分の弟の誕生の様子をよく記憶していると言う男性の高齢者に会った。

「私は九人兄弟の二人目に生まれましたが長男が子どもの頃に亡くなりましたから、家の後

います。奥納戸で盥に湯を入れて、産湯を使っていた様子も覚えています。お産も、家族の死も、奥納戸だったことを覚えています。私が子どものころには産婆さんはいなかったので、経験のある地域の年寄りのおばあさんが、子どもを取り上げ、湯を使わせ、一週間位は湯につけてくれていたように思います」（聴65）と田崎稔正（九十四歳—二〇〇六年）さんは語った。

お産をする娘に、お産の時の覚悟を里の親が説いて聞かせたという話もある。お産を間近に控えた娘に「産みの苦しみ」を説いて聞かせたと言う。次はその例である。

「わたしは、まったく田舎の生活を知らないのに、昭和十九年に縁があって、この地に嫁いで来ました。昭和二十年に長男が生まれましたが、その時、夫は特攻隊にいたので、舅と姑のもとでお産をしました。その時、実家の母も広島から駆けつけてくれました。母は娘である私に言いました。『お産というものは、障子のさんが見えなくなるような苦しみがある。しかし、みんな通ってきた道だ。声を出したり、わめいたりするものではない。静かに生みなさい』と諭しました。幸い私は、障子のさんが見えました。この地域では『お産というものは、青竹を握りつぶすほど力の要るものだ』と言われていました。陣痛が波のように押しかけ、次第にその周期が短くなり、潮が満ちた時に生まれると言い伝えられています。逆に死人は、干潮の時に息を引き取ると言われていました」（聴45）と坂東寿子（八十六歳—二

図　チグラ

〇〇七年）さんは語った。青竹がつぶれるほどの力を入れて頑張る、という体験をした人が他にもいた。また障子のさんが見えなくなるほどしんどい、という話を聞いたという別の人にも出会った。産みの苦しみをこのように例えていたのである。

さらに坂東寿子さんの話によると、このあたりの風習で「子どもが生まれた時の敷布団は、使い古しの布で外側を作り、中には藁の灰を入れていました。生まれてすぐに、子どもをその布団に寝かせたのです」と言う。そのわけはオシッコをしても、布団の中の灰が吸収するという利便性があるからである。都会の生活を続けていた坂東寿子さんは、これに抵抗があったと言う。それは布団の中の灰が出て、子どもの目に入るのではないかと心配だったからだと言う。

坂東寿子さんの言う、灰でオシッコを吸収する知恵について、桜井徳太郎氏も次のように述べている。

「生児をチグラ（またはツグラという。ワラで編んだもの）へ入れるのには生後二日目（中略）。チグラ（ツグラ）の底は穴があいていて小便がもるから、一番下にゴザを敷き、その上にジロ（炉）の冷たい灰を入れ、さらにワラをすぐったあとのクズを入れる。そしてその上にやわらかいボロきれを敷く」[70]と述べているように、灰にオシッコを吸収させるこの知恵は他の地域にもあった。

戦時中は、外地で誰の力も借りないで出産したという話も聞いた。臍の緒だけは知人に切ってもらったと語った者もいた。産院で出産するのが通例になった今日とは違い、出産が日常の続きで、しかも家での出産であったので、様ざまなケースがあった。次もそのエピソードである。

「私は三人目の子どもを生んだ時のことを思い出します。昭和二十三年二月四日のことですが、産気づいてきたので、夫に産婆さんを呼んで来てもらうように頼んだところ、夫は、二番目の子どもの時に早く呼びすぎたので、『しばらく待った方がよい』と言って、なかなか動いてくれませんでした。だんだんと陣痛が早まるので、夫に催促しました。ところがその日は大雪で、夫が出かける頃には雪のために停電になってしまいました。夫は暗闇を出かけて行きましたが、なかなか帰って来ません。それもそのはず産婆さんの家も停電ですから、暗闇の中で必要なものを整え、身支度をされるのですから手間がかかります。

私はその間、生まれないように腹を引き締めて頑張ったのですが、とうとう破水してしまい、産婆さんが来られる前に生まれてしまいました。生まれ落ちて元気な声で泣いたので、安心はしたものの、布団がかけてあるので、窒息死してはならないと思って、片足を膝立てして、外の空気が入るようにして、まだかまだかと待っていましたが、産婆さんはなかなか来られません。片膝立てていたので、空気が入り寒くなりました。このままでは、生まれて間なしの子どもが冷えると思って、枕元にあった巻き布団（子どもに巻きつけて抱くための小さな布団）を手にして、起きあがり丸めて抱いて座っていました。暗闇の中で手探りで腹を探ってみました。『こりゃー何にもないけー女の子じゃのー』と思いました。その時、家にいたのは夫の妹だけでしたが、妹は台所で一生懸命湯をわかしてくれておりました。ずいぶんたってから、やっと産婆さんが来られました。

普通でしたら『元気な赤ちゃんが生まれましたよ』『男の子ですよ』とか『お姫さんですよ』とか産婆さんの方が言ってくださるのですが、その時はあべこべで、『女の子が元気に産声を上げて生まれました』と私が産婆さんに告げたのです。

この子が大きくなり、物心がついてから、誕生のいきさつを本人にも話しました。この娘は、今は遠くに離れて住んでいますが、大変親思いで、何かと心配してくれます。ほんまに子どもは一番の宝物です。生んで育ててよかったとつくづく思っています。

娘も人の親になって、昭和五十年に二回目の出産をしました。大きな病院で検査をしていなかったもので、生まれるまで双子とは本人も知りませんでした。ましてや、われわれも思いもしませんでした。私どもの実家に帰って出産をしたので、お産の時には私もついて行きました。産室の外で待っていたところ激しく泣くので、てっきり女の子だと思っていたところ、お医者さんが『男の子二人でした』と言われびっくりしました。二人が泣くのでにぎやかに聞こえたので、てっきり女の子じゃと思ったのです。娘にどう言おうかと戸惑っていましたが、娘は一回出たのに、まだ残っているので、これは双子だと思ったと言ったのです」（聴85）と安清ハナヨ（八十八歳―二〇〇六年）さんは語った。今は遠くに離れて住んでいても、子どもや孫の成長が楽しみで、一人暮らしの自分の活力だと語った。孫たちにも自分たちが生まれた時のことや、母の出生時のエピソードも聞かせており、三世代の繋がりがほほえましく思えた。

安清ハナヨさんの場合は、楽なお産であったというが、その逆もある。次はその例である。中谷美香（八十九歳―二〇〇六年）さんは「お産は大変でした。産後の出血がひどくて、その頃のことですから、使い捨てという考え方はなかったですから、出血を受けた布を、姑が川の下流で洗ってくれましたが、『川が真っ赤になった』と、帰って言っていました。同じ頃、裏のおばあさんは十六歳で嫁いで来て、十三人も子どもを生みましたが、どの子かの時、『悪血が止まらず、布で受けるだけでは間にあわず、悪血を瓶に受けたことがあった』と話していたのを思い出します。あと産は姑が山へ持っていって焼いてくれました」（聴70）と、しんどかった話を、なんでもなかったかのように語った。

これらのすべてが家での出産である。しかし、この世代が家での出産の経験を聴き取ることのできる最後の世代であろう。次の世代からは、産院や病院での出産の話しか聞けない時代が始まっている。

色川大吉氏が、そのことを「通過儀礼の外化現象」として述べている。「一九五五（昭和三十）年には日本国民の八二・四％が自宅出産であったものが、一九七五年には一・二％になってしまった。そのため民俗学上の重要な儀礼であった産屋《うぶや》の民俗は完全に失われ、その出生についての祝いも地域共同体の手から離れていった。伝統的習俗はごく一部の農山漁村に継承されているにすぎない(71)」と言う。色川大吉氏が言うように、フィールドワークを通して裏付けることができるのも今しばらくである。

2　団子汁

出産という一大事を果たした女性に対して、その労をねぎらい、母乳がしっかり出るように、どの家でもきまったように団子汁を、姑たちが作って食べさせた。似かよった話をたくさん聞いた。そのいくつかを述べる。

「本家のおばあさんは、私にはサトイモの茎を切って干してあるものを入れた味噌汁を、飲ませてくださった。産後の体に良いと言われたが、どういう訳かは分かりません。そして産後一日以内のことであったと思いますが、干した大根葉を湯の中に入れ、その湯を盥《たらい》に入れて、私の下半身を洗ってくださいました」（聴43）―角田サダ子（九十一歳―二〇〇三年）

さん談。

「私はお昼のお産でしたが、夕方になって団子汁を食べさせてもらいました。汁は小芋のコバ（小芋の茎を刻んで干した物）を入れた味噌汁でした。団子は乳がよく出るということでした。小芋のコバは『悪血が下りる』と姑は言っていました。そして、漬物は『古漬け菜』の『石かべり』でなければなりませんでした。産後の団子は、これほどおいしいものはありませんでした。もう一杯食べたいと思いましたが、嫁の立場でよう言わなかったのです（「漬物」を「石かべり」と言い、小芋の子のことを「ドドの子」とも言った）。しかし、昭和三十一年にお産をした時には、もう団子汁を食べるという文化はなくなっていました。代わりに卵とか、ほうれん草などを食べていました」（聴45）―杉本禎子（八十二歳―二〇〇七年）さん談。

「産後は姑が、小芋のコバを入れた味噌汁に団子を入れた団子汁を、わしに食べさせてくれました。これがなんともうまかったです。この味は忘れられません。最初の一週間ぐらいは、毎日食べさせてもらい、そのあとは一週間に一回ぐらいの割合で、食べさせてもらいました。どういう訳か分かりませんが『血が治まる』と言っていました」（聴50）―岸本コヨシ（九十一歳―二〇〇三年）さん談。「産婦は小芋のコバを入れ、コウタケの乾燥したものを入れた団子汁を飲ませてもらいました。奥納戸で三十三日は休んでおりました」（聴74）―吉原美代（九十二歳―二〇〇六年）さん談。

今田アキノ（九十八歳—二〇〇六年）さんも、芋のコバを入れたこと、またコバを保存していたことを語った。

「私は六人の子どもを生みましたが、産後に産婦は小芋のジイキ（芋茎《ずいき》）を入れた団子汁を食べさせてもらいました。ジイキは血のめぐりを良くすると言っていました。十月の終わり頃になると、家の軒下にジイキ（芋茎）を刻んで吊るして干していました」（聴92）と言う。この地方の方言で芋茎のことをジイキと今田アキノさんは発音した。一昔前には農家の家々の軒先には、簾のように芋茎が干してあった。のどかな風景である。広島県北（三次市君田町）を訪ねた時に、岡山コハマ（八十三歳—二〇〇五年）さんの軒先で、その懐かしい風景に出会うことが出来た（写真）。岡山コハマさんは「お産の後は芋茎の団子汁を食べさせてもらいました。芋茎は血のめぐりをよくするので、産後によいと言っておりました」（聴63）と語った。産後だけではなく有効な食物に違いないということで、今日でも味噌汁の具として食べているといって軒先に乾燥させている場所に案内してもらった。懐かしい光景であった。

芋茎の乾燥風景

戦時中から、敗戦直後の食糧不足の時期には、ありとあらゆるものを食した。学校給食でも味噌汁の具に芋茎が使われていたという思い出話も聴き取った。

「昭和二十年過ぎ戦後の食糧事情の悪い時に、学校給食で味噌汁を炊き出していました。集落単位で保護者が各家から味噌汁の具を持ち寄って炊いていました。どこだったかは覚えていませんが、ある地域が当番になると決まって芋のコバ（小芋の茎を刻んで干した物）を入れてくれるところがありました。長女は学校給食の、芋のコバの味噌汁が大好きで、それを楽しみにしていました。結婚してから、娘は長い間都会（横浜）に住んでいましたが、そうした子どものころの体験があって、つい先年（平成十五年頃）横浜のストアーで、それを商品として売っているのに驚き、懐かしくて買ってたべたと言っていました。昔田舎の食卓に上っていたものが、今日になって都会で改めて売られているのにも驚いていました」（聴86）と湯来清子（八十三歳―二〇〇六年）さんは語った。芋茎は単に味噌汁の具だけではなく、故郷や戦時中を回想させるアイデア商品で、しかも健康食品でもある。医食同根と言われるが県内全域にわたって、産後に産婦が食した芋茎はそれを代表するものであった。聴き取りを続ける中で、家畜にも団子汁を与えたという話にも出会った。

「産後は、小芋の茎（芋茎）の入った団子汁を作ってもらっていました。牛もお産の時に、生みの苦しみで涙を出していましたが、それがかわいそうなので、牛にも芋茎の入った味噌汁を作り、団子にはしませんでしたが米の粉を混ぜて、人間と同じように飲ませていました」（聴75）と農耕牛に関しても詳しい、正田利昭（八十六歳―二〇〇六年）さんは語った。このように芋茎の入った団子汁を産婦に食べさせることが、産後の食文化として広く定着していたことを、県内の広範にわたって聴き取ることが出来た。団子汁にありつけることの幸せと、その調理法について詳しい話も聞いた。

「子どもを生むのは、いいものだと思ったことがあります。それは何時かと言うと、産後団子汁を飲ませてもらう時です。あの団子汁のうまさは今でも忘れません。『もっともっと子どもを生んでもよいの―』と思いました。その汁の中に団子を入れるのですが、その団子は、もち米ではなくてうるち米で、しかも、こごめのような悪い米で、それを洗って干して保存してあるのです。これを『寒ざらし』（寒い時に洗って晒す）と言いましたが、それを石臼で挽いて粉にして、団子にするのですが、団子にする時は、水で混ぜるのではなく、煮え湯でかき混ぜないと、やわらかくならないのです。必ず煮え湯でかき混ぜて、団子を作ってくれていました。

うちの子どもを取り上げてくれた産婆さんは、姑さんの娘（私の義姉）でしたから、お産に立ち会った後に、私と一緒に団子汁を食べましたが、あまりに美味しいので、義姉は、姑さんに『もういっぱい食べたい』と言いました。私は嫁なので遠慮して言いませんでした。姑さんが『もうない』と言ったのを思い出します」（聴70）―中谷美香（八十九歳―二〇〇六年）さん談。

出産という大仕事を果たして、ほっとした気持ちになったところで、団子汁を食べさせてもらう、しかも日ごろとは違って、おさんどんまでしてもらい、作ってもらえるという至福の時が、「子どもをまた生んでもよい」という気分にさせたという状況が、リアルに伝わってきた。問わず語りに、団子汁の作り方についても語った。必ずしも良い米ではないが、それを、人間の知恵でうまい団子に仕上げると言う。

井阪康二氏も、昭和三十八年ごろの京都府丹後町中浜の産育習俗の調査をもとに、産後産婦の食べ物を挙げている。それによると「乳の出る食物は、たこの味噌汁とわかめの味噌汁である」[72]と言う。食材は筆者の聴き取りとは違うが、産後産婦に乳の出る食べ物を与えようとしている点は共通している。韓国でも乳がよく出るようにと、産婦にワカメのスープを産後一ヵ月は飲ませると言う。産後は母乳に気配りをしていた。

3　産湯とあと産

松前昭雄（八十歳―二〇〇二年）さんは「床板が割竹になった納戸があった」と語ったが、産湯を使ったあと、床の下に返していたという話も、その後の聴き取りで何度も聞いた。

「赤子を盥で洗うと産湯は、納戸の床板をはぐってそこに流していました。どうしてかくわしくは分かりませんが、何でも産湯を流したところを踏んだりして、粗末にしてはならないと、言っておりました」（聴57）と言う、小坂シマコ（百一歳―二〇〇五年）さんに代表されるように多くの人が、産湯も湯灌の湯と同じように、納戸の床の下に捨てたと、一様に話しているが、そのわけは既に聴き取ることはできなかった。

次に、産湯と同じように捨てる場所について、こだわったのがあと産であった。共に人が踏んで通るところは避けていた。中林栄代（八十八歳―二〇〇六年）さんから聞いた話は次の通りである。

「母が言っていたのは、あと産は土へ埋めたり、海に流したりしてはいけないということです。高いところで焼かねばならないと言っていました。高いところで焼かないと、子どもが出世しないと言っていました」（聴68）と言う。

同じように、ともかく「高いところに持って行っていた」と多くの人が語っていた。徳島県の東祖谷山釣井のしきたりを、松下昭夫（七十五歳―二〇〇七年）さんから聞いた。それによるとこの地域では一軒ずつあと産を祀る（単なる処理ではないことを強調した）塚が、各々の家の後ろにあったと言う。今日ではその痕跡はなくなった。それどころか、地域そのものが寂れたと嘆く。関連して、この地域の生活はどのようにして成り立っていたのかも聞いてみた。それによると、「戦前戦後は地域産業として、煙草の栽培、和紙の原料である三椏《みつまた》の出荷などで生計を立て、自給自足を中心に生活していました。つい最近は、それらも廃れてしまい、若い者はみな村を出て、多くは池田のあたりに行ってしまいました。釣井集落には昔五〇軒はありましたが、今は三〇軒くらいに減ってしまいました。出払ってしまった民家は、そのまま朽ち果て、畑はそのまま放置され、原野になってしまっています」、「国の根本的な対策がない限り、田舎は救えません。しかし、全く無策です」（聴101）と嘆いた。

　村の民俗や伝統が著しく解体していく中で、あと産を祀った塚もすがたを消した。しかし、産湯もあと産も、それは祀る対象であったと思える。民俗や伝統のみならず、村落そのものが崩壊している現実を率直に語った。民俗や伝統どころか、村落そのものの崩壊を食い止める策が施されない限り、日本の美しい民俗や伝統は伝承できない。

　大本敬久氏は愛媛県の調査から、あと産処理の「後産墓地」が、宇和町下川にあることを確認し、「墓地近くに後産を埋めることは、実は近代に入って普及したことと言われている。それ以前には、人に踏まれない場所に埋めるのがよいとされ、例えば保内町喜木津や瀬戸町大江では、家の産場の床の下に埋める家もあったという」[73]と述べているが、筆者の聴き取りでも人に踏まれない場所に埋めるのがよいとされている点は同様である。

　大藤ゆき氏もエナ（胞衣）とか臍帯《さいたい》とかは、世界の諸民族を通じて、そのあつかい方によって、生まれた児の一生の安危にかかわるものと信じられていたと言い、「日本でもエナの始末法にはさまざまの作法があった。エナはアトザンとかノチザン、口産、タイバン、イナ、イヤなどと呼ばれている」と述べている。そのうえで、佐賀県の調査から次のように論じている。「エナはやたらのところへ捨てないで、およそどこへ捨てるかがきまっていた。人にふまれないところと、よくふんでもらうところの二通りがある」[74]と述べているが、筆者の聴き取りでは、踏まれないところに埋めるというやり方に終始した。

4 産後

「特に産後三十三日は冷たい水に手をつけると、産後の肥立ちがよくないと言って、どの家でも気をつけていました」（三十三日は仕事から解放するということであった）（聴45）―野本小枝子（七十七歳―二〇〇七年）さん談。「産後三十三日は母が面倒を見てくれました。厳しい人でしたが話の分かる人でしたから休ませてくれました」（聴57）―小坂シマコ（百一歳―二〇〇五年）さん談。前述のように産後を基本的には大事にしていた。産後無理をして、体調を崩さないようにという計らいから、「産後三十三日」という合言葉で護られていた。

「三十三日間、大事にしてもらったお陰で今も元気でおれます。一週間も経たないうちに床を上げた人で『産こぶれ』（産後の調子の悪いこと）の人が、ようけい（たくさん）おられます。姑が子ども（わしの主人）を生んだころ（明治三十五年）は、すぐに起きて勝手（台所）に立ったということでした。たとえ座っていたにしても、着物の洗い替えや、裏がえし

（裏を表に出して縫いかえる）のための『解き物』（着物・布団を洗うために縫っている物を解くこと）をしていました。それに比べて、わしはありがたいことでした」（聴50）と岸本コヨシ（九十一歳―二〇〇三年）さんも当時を語った。

「産後三十三日は床を上げずに休ませないと、産後の肥立ちが悪いと言われていたので、一般的には三十三日は楽をさせてもらっていました。『あそこの家は、産後間もないのに、もう嫁を働かしている』と悪口を言われないためにも、三十三日は休ませていました。私もそうしてもらいました。しかし、姑は自分自身がお産をした頃の厳しかった体験談を、何回も話していました。姑の話では、明治四十年前後は、納戸の畳を上げて、そこに筵を敷いて、その上でお産をしていたそうです。姑は『良夫（私の夫）を生んだ時（明治四十年）、二日目には解き物をさせられた。そして一週間も過ぎると唐臼《からうす》を搗くことを言いつけられた。唐臼を搗いていると力んで血がバタバタと流れた。涙をこすりこすり、泣く泣くがまんして搗いたものだ。あの頃はしんどかった』と語っていました。そんな話を聞くと私も、三十三日おちおち休んでいるわけにはいかなかったです。ずいぶん気を使ったものです。私だけではなく、舅姑のいる家の嫁さんは、みんな辛苦をしたもん（もの）です」（聴47）と伊籐タマヨ（九十一歳―二〇〇三年）さんは語った。純粋に母体を思って三十三日の休養を与えようという、伝統的な民俗文化が、その基本的な精神を離れて、「産後間なしに嫁を労働力として使っている」という悪評をかわし、世間体のために、三十三日間休ませていた現実もあった。姑が自分の厳しかった出産体験を嫁に語ることで、受け止める側はなるほど、「ゆっくり休んでもおれない」と受け止めた。そこに当時の嫁姑の確執が読み取れる。

現実に三十三日どころか、出産後間なしに、家事労働に従事したために悲惨な運命を背負うことになった産婦もいた。山川良子（九十一歳―二〇〇五年）さんが語る次の話がそれである。

「お産をすると、その頃三十三日は体を大事にするということで、床を上げないですんでいました。ところが、家の前のサダヤ（屋号）の嫁さんなどは、一週間で起きて仕事をしているという話を、わたしの耳に入れるので、じっと寝ているわけにいきませんでした。仕方がないので身の回りのことなどをするようになりました。動けば出血するので、これは体によくないと思って、なるべく体を大事にしていました。近所の広岡さんの家は鍛冶屋だったので、産後まもなく仕事場に出て、重たい製品の持ち運びをされていました。その無理がたたって、お嫁さんの子宮が下がってきて、ちょうど脱腸のようになり、産道から子宮がはみ出してしまったのです。だから股を広げた格好で歩かざるを得なくなっていました。歩き方がおかしいことは、近所の者は気付いていました。しかし、当時のことですから、本人はそのことを誰にも言わず、病院にも行かずに一人で辛抱しておられました。おそらく三十代の後半頃のことだったと思います。時期は昭和十年代のことだったと思います。その後だんだんと年をとるにつれて、農作業の時は野良で、時には人目につく所で小用をするのは、ままあることでした。共同で野良仕事などをしていると、広岡のおばあさんと一緒になることがありました。たまたま小用しているところに出くわした時、子宮が下がって体外に突出している状況を目にしたことがあります。それはまるで茄子のようでした。つまり体外にぶら下がった子宮が内出血状態で紫になっているのです。そのことを知っている者の間では、『茄子が出来た』と言っていました」（聴60）。

産後すぐに過酷な労働をしなければならなかった女性の、悲しさを象徴しているかのような、言いようのないやるせない、そして記録するにしのびない事実があった。現実の話であるだけに、ショッキングな話である。それぞれの家庭の実情があり、とやかく言えるものでもないが、労働力として、重い製品を出産後間なしに運ばねばならなかった運命に対して、その非情さを感じるのは筆者一人だけではなかろう。医学用語では「子宮脱」と呼ばれる。防ぎようのあったであろう事例に接してやるせない。他にも同じ事例があることに重ねて衝撃を受けた。

「子宮脱の話を聞いたことがあります。藤岡の六郎さんのお母さんも子宮脱でした。ひびが入って、あかぎれが出来た状態だったと聞いています。産後、早くから仕事をすると無理がくるのです。私も三人目を生んだ時には、二週間目に姑が、水瓶に杓を入れるのにわざと音をさせて入れているその様子が、あてつけがましいので、これはもう休んではおられないと思って、家事をしようとしたのですが、なんと子宮が手に当たるので、ここで無理をしてはいけないと思って休んでいました。私の姑は言葉では言わずに、あてつけがましい態度で示す人でした。

近くの横田さんのお嫁さんも、三日目にはカラス（唐臼）を搗いたという話をしていました。

私どもが一時、九州の阿蘇山の麓（阿蘇郡清野村）に住んでいた時（昭和三十年代）、隣のおじいさん（大正十年生まれ）は私の姑さんとは逆で、はっきり言いすぎる人でした。例えば嫁さんに聞こえる所で『子をシビリャーがって、何時まで寝とるのやー』と言われるので、『おちおち寝てはおられなかった』と、もらしていたのを思い出します。長男さんが誕生した時、産後すぐに子どもをエブリ（藁で編んだ入れ物）に入れて、野良仕事をされていました」（聴90）と平田文子（八十五歳―二〇〇六年）さんも、昔の情景を思い出しながら、知人の話をした。出産は何時の時代もいのちがけであった。今日以上に厳しいものがあった。

四　健やかな成長を祈る

1　五香

一〇〇人余の聴き取りで、三分の一程度進んだ頃に、それまで全く聞いたことのない、はじめての話に出会った。それは生まれた子どもに、初乳を与える前に、先ず「蕗《ふき》の薹《とう》や根の汁を飲ませる」という民俗的な文化である。これを「ゴコウを飲ませる」という言い方をしていた。日常的には聞いたことのない話であった。

聴き取りの中で「ゴコウを飲ませる」という文化が、広島県内に広く行き渡っていたことを、多くの人からつかんだ。はじめて聞いたのは、沖美町（江田島市）で生活していた西尾ユキコ（九十一歳—二〇〇三年）さんの話である。人間の出生や人の死に関して問いかけたところ、「出産のことで思い出すことは、昭和八年に長女（現在七十歳）が生まれたころ、初乳を与える前に先ず『ゴコウ』と言っていましたが、蕗の薹を搾って、その苦い汁を、母乳を飲ませる前に吸わせていたことです。そのあとでお乳を飲ませていました」（聴33）という話に出会った。はじめて出会った話なので特殊な話であろうと思っていた。それからは、その話を意識して聞くようになった。その結果、その事実が広島県内に、広く行き渡っていたことを摑んだ。内容的には重複するが、いくつかの事例をあげる。

「私は子どもが生まれたら、元気に育つようにといって、生まれた日に蕗の薹の汁を搾って唇につけて吸わせました。苦い蕗の汁を唇につけられた赤子は、一瞬顔をこわばらせます。お乳を飲ませる前に、少しずつ唇に付けることを、一週間にわたって続けました。そのことを、私は私の母から教わりました。私は駅家町（福山市）に育ちましたが、私の母は上下町（府中市）に生まれ育ちましたから、その辺に伝わっていた子育ての知恵だと思います」（聴35）と水本寂子（九十五歳—二〇〇三年）さんも語った。中原美代子（九十三歳—二〇〇六年）さんもこう語った。

「蕗の根を掘って来て、きれいに洗って、すり鉢ですって絞って飲ませました。昭和二十三年生まれの長男から昭和二十六年生まれの長女まで三人とも全部飲ませました。姑が言われることなので、そのわけを根掘り葉掘り聞くことはしませんでした」（聴83）。

この文化は、備後地方一円にも根付いていた、子育ての文化だと思える。しかも、この文化は、安芸の国との双方にまたがった、民俗文化だと言えよう。その後の聴き取りで、大分県から嫁いで来た人や、山口県に嫁いで行った人からも同じ体験を聞いた。

「そういえば私は、十三歳違いの私の妹が生まれた時に、父から妹に飲ませるから蕗の根を採って来いと言われ、たいぎい〔面倒くさい〕と思いながら、父に怒られるのがいやで、しぶしぶ採りに行ったのを覚えています。採って帰って父に見せたら、それが蕗の根に間違いないと言われたので、その根をすってガーゼに包んで母に渡したのを覚えています。母は、生まれたばかりの妹の口にそれを入れました。蕗の汁をすわせて『胎毒を下すのだ』と言っていました。妹が生まれた昭和二十六年のことです。その頃、家族が住んでいたのは大分県の津久見市でした。母は大分県臼杵市の生まれでした」（聴37）と野田美子（六十九歳―二〇〇七年）さんが語った。さらに娘の嫁ぎ先の話として語った者もいる。

「私は自分の子ども四人に飲ませました。その中の一人の娘は山口県の豊浦郡〔現下関市〕に嫁ぎましたが、里帰りをして私の家で出産しました。一ヵ月後に、山口の婚家先に帰ったところ、婚家先の姑さんが、生まれて一ヵ月も過ぎているのに、子どもに蕗の根の汁を飲まされました。『生まれて一ヵ月も過ぎているのに』と思ったことがあります。山口県でも比較的遅くまで、その慣習が残っていたので覚えています」（聴42）。「このことを何と呼んでいたかご存知ですか」と杉本禎子（八十二歳―二〇〇七年）さんに聞いたら「ゴコウ」と答えたが、その漢字については、分からないという返事であった。この文化が広く大分・山口の地にも根付いていたことに驚いた。そのうえ昭和二十年代まで続いていた。

蕗の根や蓬《よもぎ》の効用についての体験を語った者もいた。

「その当時（昭和五年頃）私の主人が大病をした時に、実家（隣村）の父が、主人に鯉の生き血を飲ませてやろうとして、隣村から一山越えて、鯉を生きたまま運んできてくれました。生きたまま運ぶための知恵として、蕗の根と蓬を煤《すす》でまぶした物で鯉を包み、それをさらに油紙に包んで、私のところ（婚家）まで運んできてくれました。出してみると鯉は、水の中ではないのに、ぴんぴんしていました。そのときに蕗の根と蓬の効用に驚いたのを記憶しております。昨年のことですが、その知恵を思い出して、元気がなくなって腹を裏返しにして、ヒクヒクしていた池の鯉に、蕗の根の汁を飲ませたところ、見る見るうちに元気をとりもどしました。昔の人の知恵はすごいものだと、つくづく思いました」（聴43）―角田サダ子（九十一歳―二〇〇三年）さん談。多くの高齢者が語った、ゴコウの体験は様ざまである。似かよった体験の中に、少しずつ個別に違う部分がある。

「ごこう」を飲ませていた事実があったことは、五日市民話民俗の会が一九八〇年代に聴き取り、記録している。(75) しかし、事例を列記してはいない。その上、こんにちでは、この民俗文化は既に死文化になりつつある。おまけに語り継がれることさえもなくなった、子育てに関する知恵である。そうした意味合いで、重複部分もあるが、あえて、さらに事例を記録に留める。

「私が長男を出産したのは昭和二十三年二月十二日でしたが、その日は雪の降る寒い日でした。舅と姑は雪の中をかき分けて、蕗の根を掘って来て洗い、よくたたいて搾った汁を、杯に入れて持ってこられました。それを少し、子どもの口につけられました。私は実家にいた頃、嫁いだ叔母も子どもに蕗の根の汁を含ませていたのを見て知っていましたから、すぐに蕗の根の汁だと分かりました。昭和二十五年生まれの長女の時も、同じように飲ませました。カニババ（子どもの最初の便）がよく出て健康に育つということでした。舅が『小さい時は苦いも甘いも分からんが、苦い物を飲むのがいいんじゃ（よいのだ）』と言っていました。昭和三十一年生まれの次女の時は難産でしたので、産婆（森安）さんと、お医者さんに来てもらってお産をしました。昔から言われていることだから、私は次女にも蕗の根の汁を、上の子の時と同じように飲ませてやりたいと思いましたが、お医者さんがその必要はないと言われたので飲ませませんでした。心残りでした」（聴45）――杉本禎子（八十二歳――二〇〇七年）さん談。

前田静江（八十七歳――二〇〇三年）さんに「子どもが生まれた時に、母乳を飲ませる前に何かを飲ませた経験がありますか」と聞くと即座に「蕗の根の汁を飲ませました。蕗の根をたたいてサラシに包んで絞るようにして、子どもの口につけて飲ませました。うちには年寄りがいなかったが、夫がどこからか蕗を採ってきて支度をしてくれました。昭和十五年生まれの長男から昭和二十八年生まれの次女まで、六人の子ども全部に飲ませました。体内の毒を出すのだと言っていました」（聴49）と応えた。

飲ませ方は様ざまであり、サカズキに入れて飲ませた者、ガーゼに包んで飲ませた者、中には絹の布に包んで飲ませた例もある。

「私の妹は大正十二年五月生まれでした。私とは十歳違いでした。その妹が生まれた時に、母が私に『蕗の根を採って来い』と言いました。そして私に、その根をすらせて、赤い絹の布に包んで（赤子の口に入るくらいの大きさ）妹の口元へ入れてやりました。その時は母が赤ちゃんの便がよく出るのだと言いました。ちょうどホオズキくらいの大きさと言いました。今から八十年以上も前のことです。私の母は明治二十年二月十二日生まれでしたが、その母が私に言いつけたのですから、少なくとも明治の頃にはすでに飲ませていたと思います」（聴94）—住田秋子（九十二歳—二〇〇六年）さん談。この例のように絹の布に包んで飲ませた家もある。

明治三十八年生まれの吉木ハヤノ（百歳—二〇〇五年）さんは「私の父は明治三年生まれで、昔気質の人でしたから、それまでの伝統を大切にしていて『ゴコウを飲ませにゃあー』と言って、蕗の根をすって布に包んで、その汁を子どもに吸わせました」（聴58）と語った。上記の二つの事例から、この風習は明治時代以前に起源があるように推測できる。ところで、百歳になる吉木ハヤノさんさえも「ゴコウ」がどんな漢字かは知らないと言う。

君田町（三次市）の森カツエ（八十五歳—二〇〇五年）さんも「私は昭和十七年にこの地に嫁いで来ました。十九年に長男を生みました。その時すでに姑はなく、舅が『乳を飲ませる前に、飲ませねばならないものがあるから待っておけ』と言って、一月の寒い最中に雪をかき分け蕗の根を採ってきました。それをすって子どもに飲ませました。昭和二十二年に次男、二十四年に三男と相次いで生まれましたが同じように飲ませました」(聴63)と言う。「とにかく覚えているのは、飲まされたときの赤子の顔です。苦い顔をしていました。その顔を思い浮かべます」(聴65)と田崎登志代(八十八歳—二〇〇六年)さんは、飲ませた時の子どもの表情を、印象深く覚えていると言う。中には甘草《かんぞう》(76)を混ぜて飲ませたと言う者もいた。

「わしがお産をした頃にはまだ産婆さんというものはなくて、姑さんと裏のお婆さんの二人で取り上げてもらったように思います。二人が蕗の根を採ってきて、擂って絞り、それに甘草を入れて飲ませてくれました」(聴73)と松原朋子(九十九歳—二〇〇六年)さんは言う。倉橋町(呉市)の上川芳江(七十六歳—二〇〇四年)さんも同じような体験を語った(聴54)。

中谷美香(八十九歳—二〇〇六年)さんも次のように語った。

「蕗の薹をすりつぶして、その汁を飲ませていました。私も長男に飲ませました。確かカニババ(子どもの最初の便)がよく出るということでした。その頃は、それを飲ませないことには、年寄りが許しませんでした(「姑が絶対に飲ませた」の意)。確か『ゴコウ』と言っていました。どんな字を書くのかは覚えていません。今度息子が帰ってきたら、この話を教えてやりましょうてー」(聴70)。この話は、それ以来誰にも話していない。もちろん息子にも話していないと言う。

「わたしは、自分の子どもが生まれた時に、母が子どもに蕗の根を搾って飲ませたのを記憶しています。母は隣町の羽倉（三原市）の出身です」（聴59）と比較的に若い桃井幸男（六十八歳―二〇〇五年）さんは、昭和四十年代生まれの自分の子どもにも「ゴコウ」を与えたと言う。昭和四十年代まで飲ませていたという聴き取りは他にはなく、最も最近まで続いた珍しい事例である。

「お産のあと、姑は蕗の根を掘ってきて、それをたたいてサラシ（布）に包んで、汁をしぼって長女に飲ませようとされました。私はそれまで病気といえばすぐに医者にかかっていたので民間医療とか、民間の風習などには縁がありませんでした。そんな生活をしていましたから、蕗の汁を飲ませるなどは非衛生的に思え、生まれたばかりの娘に飲ませるのがいやでした。しかし、姑には逆らえなかったです。都市に住んでいた実家の母も、そんな風習や文化は知りませんでした」（聴45）―坂東寿子（八十六歳―二〇〇七年）さん談。しかし、田舎の年寄りは伝承された民俗をかたくなに受け継いでいた。同じように「昭和二十四年のことでしたが、長男の誕生の時には、姑が蕗の根を擂って汁を飲ませてくれました。毒下しだと言っていましたが、子どもは苦い顔をしていました。それからのちの子どもには飲ませなくなりました。非衛生的だといって止めたように思います」（聴75）と正田利昭（八十六歳―二〇〇六年）さんも言った。

この二つの事例のように、一方では非衛生的で非科学的であるという感覚と、他方では伝承された子育ての民俗文化として、かたくなに守り伝えようとする年寄りたちの思いが拮抗していた。昭和の十年代になると、次第に助産婦（現・助産師）の資格を取得した産婆さんが増えていった。その影響も大きく、民俗的な伝承文化が薄れていく背景には産婆さんの働きもあった。それも産婆さん個人の考えというよりも、時代の流れであった。

「昭和五年に長男を生みましたが、その時には蕗の根をたたいて搾って長男に吸わせてもらいました。なんでも、これを飲ますと体内の悪いものを下すと言っておられました。カニババがよく出るということでした。次男が生まれた時（昭和八年）には、産婆さんが、この地方にもおられるようになったので、産婆さんに取り上げてもらうようになりました。それからは産婆さんも勧められず、飲ませなくなりました」（聴43）と角田サダ子（九十一歳―二〇〇三年）さんが言った。たまたまその産婆さんの個人的な考え方かと思っていたが、田口ツネコ（九十三歳―二〇〇六年）さんの話によると、近代的な育児方法が、かつての日本古来の民間的な子育ての文化に取って代わったように受けとめられる。田口ツネコさんは長い間助産婦として、たくさんの子どもの誕生に立ち会ってきた。しかし、「ゴコウ」については、全く関知しなかったということである。

「高等小学校を卒業すると同時に、神戸のお医者さんの家で看護婦（現・看護師）の見習いをしながら看護婦と助産婦の資格をとりました。その後、昭和八年に二十歳で、ここへ嫁いで来ました。ここでは助産婦として、ずいぶん広範囲に、赤ちゃんを取り上げてきました。

備後三川駅（世羅郡世羅町）の近くまで自転車で行きました。取り上げた数は五〇〇人くらいになるでしょうか。昭和二十年までは『生めよ増やせよ』の時代でしたから、一〇人以上を生んだ人は表彰されていました。

取り上げた後、一週間くらいは沐浴《もくよく》に通っていました。一週間も通うと家の中のことがよく見えました。子どもの名前をつけてほしいというのもありました。一番に多かったのが離婚の話でした。頑張るように勇気づけて帰っていました。今ごろとは違って、子どもたちは、自分が生まれる時に、誰に取り上げてもらったかを知っていて、口には出さないが心に留めていたのです」（聴84）と言う。「ゴコウ」について聞いてみたが、全く知らないということである。「私の知らないところで飲まされていたのかもしれません」と言うのである。「ゴコウ」という文化は、非科学的なものと考えられ、助産婦さんの前では遠慮していたとも考えられる。また助産婦さんも、自らは勧めなかったと思われる。この点について大藤ゆき氏は、次のように論じている。

「はじめて授乳する前に、マクリというものをのませるのが全国を通じてみられる。これは鹿児島県から沖縄方面にかけて多く採れる海仁草という海草で、これを甘草と一しょに湯に入れてのませた。あるいはゴコウといって蕗の根と甘草をせんじてきゅうすに入れ、すこしずつのませると毒下しになる、カニババ（胎便）がよく出るという地方もある」(77)と鹿児島県から沖縄方面の調査をもとに述べている。筆者の聴き取りでは、北九州から、山口県さらに広島県でその事実があった。大藤ゆき氏は「蕗の根と甘草をせんじてきゅうすに入れ」て飲ますと言っているが、筆者の聴き取りでは「ガーゼに包んで」口元で吸わせる。煎じることもしない。この点の違いがある。「カニババ」がよく出る点においては共通である。しかし、大藤ゆき氏も筆者と同じように、この民俗文化が消えたことを次のように述べている。「明治、大正、昭和前期もそうであるが、戦後はとくに日本古来のものに対する蔑視がひどく、なんでも外国式のものがよいとする風潮が強い。それは育児の面でも、欧米流の合理的なものがよいのだと、多くの若い母親たちは欧米流の育児書にたよっている。（中略）しかし代々うけつがれた親の心がまえというか、子どもを育てるコツという面ではどうであろうか」[78]と、日本古来の子育ての知恵の喪失にふれている。そのひとつがまぎれもなく、「ゴコウ」である。

前述のように、事例はそれぞれ個別的で、違った側面もあるが、その基本は共通に初乳を口にする前に、蕗の根の苦味を体験させることである。多くの子どもたちが生まれ落ちると、先ず苦味に出会った。しかし、その話を親たちは子どもに語ってはいない。そのため我々は、この世で出会った最初の親たちの営為を、知らないままに育ってきた。

私自身も聴き取り作業を通して、近所の幼なじみのお母さん（伊籐タマヨさん）から、自分自身も「ゴコウ」を飲まされていたことを聞いて知った。筆者の母がなぜその事実を、私に知らせないままに亡くなったのか不審に思い、多くの親たちに「ゴコウ」の話を子どもに語っているのかを聞いた。手はじめに聞いた、幼なじみのお母さんである伊籐タマヨさんも、「わが子にそのことを語ったことはない」という返事であった。その後の聴き取りでも、飲ませたことを自分の子どもに伝えたという話は、皆無であった。

前田静江（八十七歳―二〇〇三年）さんに「蕗の根の汁を飲ませた話を今までに誰かにされましたか」と聞くと「なんのなんの、長いこと話したことはありません。最後の子どもを生んでから六十年以上になりますが、その間誰からも聞かれたこともないし、話したこともありません。子どもにも話したことはありません」（聴49）と言う。本田初子（九十歳―二〇〇六年）さんも「蕗の根を搾って飲ませていました。それは覚えております。うちの子どもも四人とも飲ませました。その事を子どもに話したことはありません。そんな話をする気もないし、聞こうともしないと思います」（聴80）と語った。

今までに訊ねた人のすべてが、その後誰にも「ゴコウ」の話をしたことがなく、誰からも聞かれたこともないと答えた。地方に伝わっていた民俗的な知恵が死文化になり、伝承さえ、されなくなっていることを実感した。同じことを県北の町、加計の字安野（山県郡安芸太田町）でも訊ねた。返事は同じである。

「私の妹は年が離れていて昭和十七年に生まれました。その妹が生まれたときに母が飲ませました。体の毒をくだすのだと言っていました。この辺の人は皆、そうしていました」（聴51）と言う。―山田ヤスヨ（八十二歳―二〇〇四年）談。「ゴコウ」という言葉はすぐに思い出してもらった。ところがこの話は「それ以来話したことがありません。今久々に思い出しました」と言った。

この話は、子どもに伝えていないのが通例である。聴き取りの中で、家族がその場に居合わせて「ゴコウ」の話をはじめて聞いたという事例もあった。例えば吉原美代（九十二歳―二〇〇六年）さんの場合は「姑さんが蕗の根をとって来られたのを、昭和十二年に生まれた長男の時と昭和十六年生まれの長女の時に飲ませました。どうしてかは知りませんでしたが、姑が、毒消しになり、子どもが元気になると言われていました」（聴74）と語った。そこに同席していた当人（昭和十二年生まれの長男）は、そのことをはじめて聞いたということであった。母もそのことを誰にも後日話したことはないと言う。この家族でも死文化になり、伝承もされていなかった。

小坂シマコ（百一歳―二〇〇五年）さんの場合も、その体験を子どもに伝えていない。「取り上げ婆さんが取り上げたあとで、蕗の根の汁を絞って脱脂綿につけて、口にもっていって吸わせておりました」（聴57）と語った。その場に居合わせた八十一歳の長男が「自分が蕗の根の汁を飲まされたことを、この年になって、はじめて知った」と言った。「ゴコウ」という育児に関する「生の民俗」は、家の中での出産が遠のくとともに、死文化になり、その事実さえ、語り継がれなくなった。聴き取った一昔前の親たちの多くが、「ゴコウ」という子育ての文化を体験しており、一方その営為を受けた子たちは、そのことを伝承されていないという現実がある。にもかかわらず、高齢者が一様に「ゴコウ」という言葉を半世紀も過ぎた今日、即座に思い出せるという事実にも驚いた。ところが、「ゴコウ」に当てはまる漢字は誰も知らなかった。まさに耳学問として、伝承された民俗的な子育ての文化である。近代社会以前の、日本古来の子育ての文化である。

　耳学問として広く伝わっていた「ゴコウ」が、漢字の「五香」であったことを、中国出身の金龍哲氏が語った。金龍哲氏は「苦尽甘来」《ku jin gan lai—クゥー　ジン　ガン　ライ》という、子育ての文化を語った[79]。酸味・辛味・苦味などの後に甘味を与える。誕生に伴う中国の育児法の一つとして、出生と同時に体験させると言う。長江流域の民俗文化だと言った。

　後日、金龍哲氏は、内山完造氏の『中国人の生活風景[80]』を、筆者に薦めた。

　人の世はそう甘くはない。甘さにありつくまでに苦に出会う。先ず苦いものに出会い、その後に甘味に出会ってこそ、本当に甘味が分かると言う。それは、子育ての本質を突いている。苦を越えたところに楽があるということを、この世に生を受けた時点で、理屈ではなく体感させようとした。それは、日本の近代以前の育児法として、中国から取り入れられた、教育の根幹であったように思える。

　今日、豊かさと繁栄の中で子どもたちは、一般的には苦労を余り知らない。最初に苦さに出会う体験がないから、苦しさ、つらさに耐えられない。甘い世界しか知らされていない若者の多い世相を省《かえり》みるひとつの民俗文化のように思える。日常生活で、苦味、渋みを知らない世代が育ちつつある。年齢相応の通過儀礼も消えうせている。そうした時代だから「五香」の果たしていた役割や、その意味するところを、顧みる心を忘れてはならない。明治以来の、近代目的合理主義以前に、子育ての本質的な合理的思考があったように思える。しかし、それを前近代的で非衛生的であるとか、文明の時代には、その必要はないなどの理由で、死文化にしてしまった。

このように、初乳を飲ませる前に、蕗の根の汁を飲ませる「五香」という民間伝承の文化は、古くから日本に定着した民俗文化であった。

蕗の根の汁で、胎毒を下すという実用的な側面もあるが、「五香」の意味するところは「苦尽甘来」に由来する。つまり「苦味（苦）」を体験して「甘（楽）」にありつくという、生き方の象徴的な体験である。子どもは成長の中で、楽しいこと、面白いこと、楽なことだけでなく、耐えねばならない苦しいこと、悲しいこと、厳しいことにも直面せねばならない。それが昔から、生まれて間なしに行う「五香」という、育児法の中には組み込まれていて、見事に地域の教育力として生かされていたのである。

こうして、生まれた時の「五香」に始まり、越えねばならない厳しいこと、悲しいことの最たるものとしての「人の死」との出会いが、子どもたちを大人へと脱皮させていた。可能な限り苦楽の両側面を含んだ生活を、丸ごと体験させることが、生活の基本として大切なことである。

しかし、「苦」と「甘」、「死」と「生」などの両極を見すえ、程よく体験する生き方が崩れつつある。「苦楽」のうち「苦」は避けて通り、「生死」のうちの「死」には蓋をして生きようとしているのである。そのことを堀尾孟氏も次のように指摘している。

「今日では『生まれる』・『死ぬ』ということは病院の事柄になっております。私たちの生死の現場は病院という私たちの日常生活から隔離され隠蔽された場所に移っております。家庭のなかは元気に生きている者同士の世界で、それ以外の者は家庭から隠されているわけです。基本的にそういう性格をもった文明とか文化というものが現代という世界を形成しております」[81]と論じている。

「五香」に始まり「死を看取る」ことにいたる一連の人生が、家の中で完結しなくなった今日的な文化の中を生きる我々は、意識的にでも、つとめて、その機会を取りもどさねばならない。わけても、成長過程の子どもたちに「生まれる」こと「死ぬる」ことに関わる体験の場をさしむけねばならない。

今の世の中で、大多数の親たち個々人は善良で、子どもを立派に成長させようと願っている。ただ何をどうすればよいのか、その方向性を見失っているように思える。

教育理論や教育実践を根底で支える、先人が築いてきたなにげない普通の日常生活を、可能な限り取りもどす営みが大切なのではないかと思えてくる。

その暗黙の教えが、聴き取りの中でつかんだ、「五香」の心を取り戻すことではないかと気付かされる。つまり子どもたちに、地域社会の生活の中で可能な限り、苦も楽も丸ごと体験させることが大切である。

宮本常一氏は伝承者について次のように言っている。

「文字を知らない人たちの伝承は多くの場合耳からきいた事をそのまま覚え、これを伝承しようとした。よほどの作為のない限り、内容を変更しようとする意志はすくなく、かりにそういうもののある人は伝承者にはならなかったものである。つまり伝承者として適しなかったから、人もそれをきいて信じまた伝えようとする意志はとぼしかった。（中略）信じられるもののみが伝承せられていく[82]」と述べている。「五香」については、宮本常一氏が言うように伝承者によって、少なくとも明治以来伝承されてきたと受けとめた。

井阪康二氏も大阪府の南東部の調査（平成六〜八年）をもとに、育児に関して「生まれた子に授乳する前にセンブリを飲ます話はあるが、やや子（赤子）は嫌がってあまり飲まない[83]」と述べている。ともに生まれてすぐに苦味に出会う点では共通しているが、「五香」については触れていない。しかし、金龍哲氏のいう「苦尽甘来」の意味合いでは通じ合っている。

2　祝福

「私は、各家々にあった『節句人形』または『雛人形』とも言いますが、それを三六〇体も集めました。この人形は子どもが生まれた時に、親類縁者が誕生を祝って届けていたものです。生まれるとすぐに届けていたものです。男の子が生まれたら歴史上の有名な武者にあやかってほしいと願って、例えば楠木正成・加藤清正・坂田金時などの人形が贈られました。どの家でも贈ったかというと、そうでもありません。経済的にゆとりのない家では、人形の代わりに絵を、掛け軸にして贈っていました。

誕生祝いの掛け軸　里村卓雄氏提供

この風習は寛永年間（一六二四〜四三）頃からのことのようですが、庶民の間に広まったのは明治中期からのことで、以後大正十年頃までは続いていたように思います。節句人形は三次で作られた三次人形と、三原の河原小路で作られた三原人形とがありますが、その割合は三次人形が七割を占めています。三次人形と三原人形は一見、見分けがつきませんが、三原人形は中が中空になっています。この風習は、次第に端午の節句に鯉のぼりを届ける風習に変わっていきました。女の子には、桃の節句に雛人形を贈る風習に変わりました」（聴88）と語る里村卓雄（八十六歳―二〇〇六年）さんは、人形の絵を掛け軸にしたものを大切に保管していた。それが右の写真である。

宮本常一氏も生育の祝いに幟を贈っていた事例をつかんでいる。

「親戚からは産着の外に鯉幟を一軒から一つずつ持って行く。幟と鯉幟はその日家の前にたてるのである。幟には武者絵が描いてある。神功皇后と武内宿禰、坂田金時、頼光、八幡太郎、豊臣秀吉、秀吉と清正、清正の虎退治といったようなものが多かったが、この幟絵を描く人は近村に住んでいた[84]」と言っているが、幟に描かれた人物で神功皇后・加藤清正・坂田金時などの名前は里村卓雄さんの口にも上った。

3　七歳までは神のうち

田崎登志代（八十八歳―二〇〇六年）さんは語った。

「私は八人兄弟の四番目に生まれましたが、私の兄二人と妹二人は子どもの頃に死にました。私が四〜五歳頃のことだったかと思いますが、二歳年下の妹が、ある日体の調子が悪かったのでしょう。お母さんに助けを求めたことがあります。お母さんは外の畑で仕事をしていました。二〜三歳の妹は体の具合が悪くてたまらなかったのでしょう。おそらく、腹でも痛かったのでしょう。家の縁側を上《かみ》から下《しも》へ、その間を行ったり来たりしながら、外に向かって『おかあちゃんもろれ、い(戻れ)ーやー、おかあちゃんもろれーやー』と、何度も何度もおらんどりました(叫んでいました)。

その時は、私はそれをどうもしなかったんです。私が妹の代わりに母のところへ、妹のことを伝えに行くという知恵が出なかったのです。間なしに妹は死にました。あの時に、私が母を呼びに行っていれば、妹は助かっていたのではないかと思うと、『悪いことをした。許してくれ』と何度も何度も謝りました。今でも心の奥にあり、忘れられないのです。このことは、いつも自分の胸のうちにおさめておりました。死ということで、心にもっとも残っていて、真っ先に思い出したのがこの妹のことです。何十年にもなりますが、この気持ちは今まで誰にも伝えていません。小さい時のことですから、おじいさん(夫)にも言ったことはありません。

今言ったように、私の場合は八人の内四人が、子どものころに病気で死んでおります。その頃のことですから、医者に診てもらうことも、めったにありませんでした」(聴65)。

今では想像もつかないほど多くの子どもたちが、一人前になるまでに亡くなるケースがあった。親も兄弟もこれを現実として受け入れていた。安清ハナヨ(八十八歳―二〇〇六年)さんも、小さい時に兄弟の死に出会った体験を語った。

「私は御調町奥村（尾道市）で生まれました。私は九人兄弟の七番目に生まれました。しかし、その中には生まれてすぐに亡くなった姉や、私が六歳のときに三歳で亡くなった妹や、予科練に志願して特攻隊で昭和二十年に亡くなった弟、さらには戦地で亡くなった兄などがあり、結果的には五人兄弟のようなものでした。生まれてすぐに亡くなった姉のことは知りませんが、三歳で亡くなった妹のことは、かすかに記憶しています。肺炎で亡くなったのですが、夜、両親が市村のお医者さんの所へ、妹を連れて行きました。途中は今とは違って、高尾の所の山道を、ぐねぐねと下って行きました。その途中、岩山さんの所においしい水が出ていましたが、妹はそこで『水々』と言って飲みたがったので、飲ませたという話を聞きました。お医者さんに看てもらったのですが、どうにもならず家に着いた頃には亡くなってしまいました。そのほかのことは覚えていませんが、その時の様子は心に残っています。私は生き残りました『可愛くて頭のいい子は死ぬのー』と父が言ったのを覚えています。」（聴85）。

聴き取りの中で多くの人が、幼少時に兄弟姉妹と死別した体験をもっている。何時の時代も、生まれたらすべての子どもが、すくすくと育って欲しいと願っている。そして、今日では育つのが当たり前になっている。しかし、一昔前までは、こんにちの感覚とは違っていた。必ずしも、すくすくと成長するとは限らない。七歳頃までは子どものいのちは危ういものであり、まだ完全には人間社会のものではないといった意味合いで「七歳までは神のうち」と受け止めていた。人間の力の及ばない世界を、運命として感じ取っていた。生まれた時点で「七歳までは神のうち」と覚悟していた親の事例がある。

「私の父は、警察官でした。柔道（台湾に移ってからは柔術と呼んでいた）の達人でしたから、怪我などをした人を整体で治す術ももっていました。そのため、家には多くの怪我人が訪ねて来ていました。私の息子の真一が生まれて後のことですが、ある時、訪ねてきた怪我人との話の中で『いのちを助けた』という何かの話の続きで、私は自分が生まれた時の話を、はじめて父から聞かされました。その話というのは、私が生まれた時には、到底生きられないだろうと思っていたというものでした。それは、母が風呂場で転んだために、私は早産になり、一ヵ月以上も早く生まれたというのです。私はその話を、二十歳過ぎになって、しかも、長男を生んだ後になって聞きました。

　生まれる前に、母が転んだために、私は逆子で生まれたというのです。しかも臍の緒が首に三重に巻きついていたというのです。仮死状態だったので、これは助からないと思われていたのですが、念のために首に巻いていた臍の緒を解いたところ、息をしたそうです。しかし、早産であったので母乳も思うようには出ず、どうせ助からないだろうと思われていたらしいのです。母乳が出ないので、米の粉をとおし（粉をふるい落とす道具）でおろし、細かくなった粉を煮立てて砂糖を混ぜて、私に飲ませたということです。そうして二〜三ヵ月様子をみていたら、どうやら生きそうなので出生届を出したというのです。ですから戸籍に届けられた六月十五日よりも、実際は二〜三ヵ月は早く生まれているのです。

その話を聞いて私は、はじめて親にはむこうた（抗議した）のです。『私が真一を生んだ時には臍の緒まで大事に保管していたのに、お父さんは私のいのちをなんだと思っていたのか』と言ったのです。そう言ったら父は『昔は兄弟が六人も七人もいれば、あんたの子ども（真一）にしたように丁寧には出来んかったんじゃー。全部育つとは限らんのじゃー』と応えたのです。たしかに私の兄弟は七人兄弟なのですが、男の子は、引きつけで次々に死んだので、父は『みな男の子が取られるのはどうしてかのー』と度々ひとり言のように言っていました。それにしても、生まれた時にはすぐに死ぬるだろうと思われていた私が、一番長生きをしたのです」（聴66）と本原静代（九十七歳—二〇〇六年）さんは語った。男の子どもに対する期待があったこともさることながら、六〜七人も子どもが生まれると、当時としては「全部育つのはむずかしいことだ」という、いのちに対する考え方が一般的にあったように思える。今日のように少子化時代の子育てとは、生命観の違いがある。

このことについて大藤ゆき氏もつぎのように述べている。

「大正・明治とさかのぼるほど、二、三歳までの嬰児期に死亡するものがはなはだしかったのである。したがって出産というものが、母子ともに命にかかわる危険をともなっているものであり、生まれたばかりの赤ん坊は、いわば霊界ともいうべきところから人間界へ出てきたばかりで、まだその生存が保証されず、非常に不安な状態にあるものとされていた。（中略）とくに、生後七日間はその心配がもっとも大きく、七夜がまずこの世に生存するかどうかの一段階となっている(85)」と述べているように、一般の場合でも生後七日間は生存するかどうかが危ぶまれた。ましてや「臍の緒が首に三重に巻きついていたというのです。仮死状態だった」ような場合は、半年くらいは育つものかどうか案じたのも、無理からぬことであった。

大川阿ヤ免（九十三歳―二〇〇七年）さんの場合は、元気に生まれたものの、母乳は少なく、忙しさに紛れ、出生届を他人任せにしていたため、二ヵ月も遅れたという。

「近くの人で、役場に勤めていた藤本さんに出生届を頼んでおりました。そのころ、生まれてしばらくして、疱瘡か何かの予防注射がありましたが、他の家の赤ちゃんには、予防接種に来るようにとの案内がありましたが、私の家には、その案内がなかったので、藤本さんに聞いてみました。そしたら、藤本さんは『ありゃ、あんたの出生届を忘れとった。まあ予防注射には間に合うようにするから』ということで、出生届をしてもらった。それが七月十五日のことでした。名前が『阿ヤ免』になったのは、菖蒲の咲く頃に生まれたからです。実際は五月には生まれていたのです」（聴106）と語った。一つには母乳が出ないので、育つものかどうか危ぶまれていたからでもあったようである。

全部の子どもが育つとは限らないという状況は、戦時体制に続く戦後の食糧不足の時代にも続いていた。そのことを吉原秋江（八十五歳―二〇〇五年）さんは語っている。

戦後になっても、衛生状態、食糧事情が良くないために小さい子どもが次々と亡くなっていった。次は原爆の被害者の惨状と修羅場を、あわせて語った話である。

「昭和二十年の八月六日の朝、ここ吉原（東広島市豊栄町）でもピカドンの光は見えました。ちょうどその頃、長女（十五年生まれ・六歳）、次女（十八年生まれ・三歳）が赤痢にかかりました。川で遊んで帰ってからですが、どこに病原菌があったのかは分かりません。夫は原爆が落とされた日の三日後に、村内の八人くらいの人と一緒に、広島へ救援に行きました。八月いっぱいは広島にいたと思います。その間の八月十一日には次女が亡くなり、一週間も経たない八月十六日には長女が、相次いで亡くなりました。二人は赤痢だったので、隔離舎（村内の六本木にあった）に入れられていたので、私はそこで子どもの看病をしていました。姑も一緒に看病に来てくれていました。うつってはいけないので消毒を厳重にしました。また、食べるものといえば、梅干とおかゆでしたから、私自身も骨と皮になりました。次女が死んで焼場に連れて行かれ、焼かれている最中だというのに、私自身は疲労こんぱいして、眠りこけてしまい、起きられませんでした。広島へ救援に行っていた夫は、とうとう二人の子どもの死に目に会えなかったどころか、連絡もとれず、子どもが死んだことさえも知らなかったのです。八月終わりにやっと帰ってきた夫に、子どもが死んだことを知らせると、『びっくりなんかせん、広島で死んだ人間をいっぱい見てきたけー』と言いました。それ以上、何も言いませんでしたが、子どもの死がいとおしかったに違いはありません。広島のピカドンのひどさ、惨さに驚いて帰っていたのだと思います。それからしばらくして、十二月二十五日には、先妻の男の子（昭和十二年三月三十日生まれ）が、やっぱり赤痢で死にました。九歳でしたが、死を感じていたのでしょうか、死ぬる間際に『お坊さんがよーけ（たくさん）おってじゃ』と言い、最後には『天皇陛下万歳』と言って死にました。年端もいかない子どもが、いじらしかったです。その年、私は三番目の子どもを身ごもっていましたが、いろいろのことがあり死産しました。赤痢で死んだ三人の子どもの葬式はしていませんでしたから、その年の終わりになって、お寺さんを呼んで一緒にまとめて葬式をしました。どの子が死んでもかわいくない親はいませんが、その頃は、全部は育たないことを覚悟しなければならない時代でした」（聴62）。

現代とは違って、子どもが一〇〇％育つということはまれであったから、覚悟が出来ていたように感じられる。もちろん子どもの死が悲しくない親はいないし、どの子が欠けても愛おしいわけだが、淘汰は自然の摂理だという、ものの見方が底流になっていたと感じさせられた。一〇〇日間育つことが大変であったことから、百日目にお食い初めをするということのようである。井阪康二氏も「かつて子供は死亡率が高かった(86)」ことに触れている。井阪康二氏のみならず、多くの研究者が指摘している。

宮本常一氏は実際に村々で聴き取っている。

「一体生まれた子の何人が育つものであろうか。このことについて私は村々を訪れるたびにきいて見るが、明治時代までは少なくもその半ばが早く世を去っているように思う。それほど過去における医療の制度は不備なるものであって、親の愛情がたわやすき生命の唯一の庇護にすぎなかった。だから生まれた子が皆育つというようなことは親としては大きな喜びでありかつ誇りでもあった[87]」。

このように、子どもが全部育つという現在の感覚はなかったので、孫の子守をしていた老人たちは「七歳までは神のうち」と思って育てていた。

そのことに関して宮田登氏は次のように述べている。

「一般に七つまでは村の産神様が守ってくれる。だから七つまでの子は、何を言っても何をしても家の者はそれを許すというやり方で育てられていた。

子供は六歳までは、境界領域にいるという意味できわめてあいまいな存在なのである。六歳までの幼児の死については、子墓という墓制が明治の中頃まであったことが報告されている。普通の墓とは異なり、特別に設けられた子墓に埋めておけば再生できるという信仰にもとづいたものである[88]」と述べている。むしろもう一昔前は、生まれても育てることができないために、意図的にいのちを断つ時代もあった。そのことを井之口章次氏は次のように述べている。

「間引きなどと呼ばれている産児調節の問題は、圧迫された零細農民の、悲惨な現実としての面からだけあつかわれることが多かったが、私生児の生き難い時代でなく、また子供が両親の子であるよりも家の子であった時代にも、やはりさかんに間引きがおこなわれていたのだから、幼児の生命が軽視されていたというほかない。

これは幼児の葬法を見ても思いあたることである。一般に六歳以下の子供は、ほとんど人間としての待遇を与えられていなかったのである[89]」と述べ、様ざまな形で七歳までは人格としては接していなかった。「七歳までは神のうち」と心にきめたのである。

だからといって、すべての場合が、はじめから「七歳までは神のうち」と諦めていたのではない。人知を超えたものに子育ての願いをこめていた風習もあった。その事例にも出会うことができた。次がそれである。

4 「拾い親」の民俗

「私は、あなたにこれだけは伝えようと思っていたことがあります。それは、この地域に伝わる子育ての話です。その話というのは、流産などで、どうしても子どもを授かりにくかった家で、何年ぶりかに願いがかなって出産した場合には、その子が元気に育つことを願って、その子を川原に捨てるのです。もちろん、それは儀式としてのことです。子どもを捨てに行く前に、五人も六人も子どもを、すくすくと育てた家の母親に『今からこれこれの川原に子どもを捨てるので、拾いに行ってほしい』と、あらかじめ頼んでおくのです。赤子が生まれた家の者が捨てに行くと、間なしにその旨を聞かされ、頼まれた家の母親が拾いに行って、その子を連れて帰り、捨てた家に届けるのです。

この儀式によって、子どもが育ちにくかった家の子が、いったん捨てられ、すくすくと育っている家の母親に拾われることで、すくすく育つ家の子どもに生まれ変わって、自分の家に帰るのです。

実際に、その儀式を受けた人で七十歳くらいの人が、この地におられます。ですからこの儀式は、七十年前までは確実に行われていたということになります。つまり、昭和十年頃までのことです。また役割として拾いに行ったという、六人もの兄弟を立派に育てた母親は現在九十歳過ぎて、なお元気です。この地域だけの風習かどうかは知りませんが、子育ての知恵として、この地方に伝わっています。そのことは夫もよく知っています」(聴82)と吉舎町(三次市)の岩谷律子(八十九歳—二〇〇六年)さんは語った。住田秋子(九十二歳—二〇〇六年)さんも、その話を聞いたことがあると言った。

各地に同じような民俗があることを瀬川清子氏も「拾い親」の話として次のように述べている。

「子供が弱い時に、橋のたもとや道の辻に捨てて、ナゲコ・辻ウリなどといって、子福者にひろってもらい、名を新しくつけて生みの親がもらい返して育てるのが拾い親の民俗である」(90)と述べている。橋のたもとや道の辻に捨てる点で、筆者の聴き取りと共通している。

さらに詳しい山口県の事例を宮本常一氏は次のように、昭和十八年頃に聴き取っている。「子供を何人も死なせた親が次に生まれた子を丈夫に育てるためとか、母親三三歳、父親四二歳の時にできた子とかは、捨てて誰かに拾ってもらう風もあった。この場合山口県蓋井島では子供のよく育つ家へ抱いて行って棄て、その家の着物を一枚きせてもらい、または汁をのませてもらって来るが、このようなわずかなかかわりあいでも親子としての盆正月の礼はしたのである」[91]と聴き取っている。両氏とも、子どものよく育つ家の者に拾ってもらう点で共通している。筆者が聴き取った事例も、思いと願いは同じである。

井阪康二氏は、兵庫県佐用郡の事例で、拾う相手が人ではなく、不動明王であることを述べている。

「かつて子供は死亡率が高かった。そのために子供が丈夫に育って欲しいとの願いをこめて、色々なことが行なわれた。弱い子や厄年に生まれた子は、いったん捨ててから拾ってもらうと丈夫に育つといわれている。そのことで不動明王の子にするという信仰が、兵庫県佐用郡上月町中山にある福円寺の入り氏子である。入り氏子は、子供を不動尊の子にすることにより病気などの悪を断ち切り丈夫に育つことを願ったもので、この信仰は美作・播磨地方に広まっていった」[92]と。

すべて、いったん捨てて、子育ての縁に強いものが拾うという点で共通している。河合隼雄氏の言う、生まれ変わりの通過儀礼「死と再生」である。古い自分は死して、新しい自分に生まれ変わるという通過儀礼である。「拾い親」の儀式は、河合隼雄氏の言う元気な子どもへ生まれ変わってほしいと願う、通過儀礼の一つであると受け止めることが出来る。長じて、子どもはたくましく野山を走り回って育った。親たちは特に育てることを意識しなかった。「子どもは風の子」の言葉さながらに見守った。子どもは子どもなりの労働力としても重宝なものであった。しかし、農村においても事情は変わった。

その事を色川大吉氏は次のように述べている。

「子どもが農業労働や家事労働から切り離されたということは、彼らから自然や社会や生活の総合的な関係を体得させる機会を奪うことになり、人間形成に大きなひずみをもたらすことになった。（中略）肉体労働を通じて人間がはじめて知りえた自然への敬虔さや叡智や他者への思いやりなどを身につけないでしまった成人が大量にあらわれてくる。これらはスポーツで代替できない質のものだから困る」[93]と論じている。明治・大正時代に、子ども時代をすごした高齢者は、象徴的に言えば「拾われた」いのちを自然にさらして、戸外で働き、戸外で遊び自然とともに生きて鍛え上げられた。

5　子育てと戦中戦後の労働

機械化にともない、人手を省力化できるようになった、今日の農業とは違って、「猫の手も借りたい」と言われたほどに、人手が必要であった時代を経験している世代が、次第にこの世を去っていく。手作業をともなう農作業の体験者の話は貴重になってきた。

例えば、手作業の農具の一つである千歯こきが変わっていくという節目の話も、貴重な話である。

「嫁いで来てからは、連れ添いが大工でしたから日銭を稼いでいましたし、後には村の村会議員などもしていましたから、そう苦労をしたことはありませんでした。田植や稲刈りなどの農繁期は夫が主に農作業をしてくれました。そのほかの時期はわしが田畑の守をしました。それでも、嫁いできた頃は、稲こきも千歯を使った手扱《こ》きでしたから、それはそれは苦労をしました。間なしに（昭和五年前後）足ふみの千歯こきになったので、楽になりました」（聴92）と言う、今田アキノ（九十八歳―二〇〇六年）さんの話によると、昭和初年頃までは、脱穀は千歯こきを使った手扱きであった。今日では足ふみの千歯こきで脱穀をすることさえ、おっくうで大変なことであるが、当時は足ふみの千歯こきは画期的な農作業具であって、楽になったと言う。

一般的に農家の主婦たちは、今日のように、どこかに勤めて労働をするのではなく、多くの者が、自分の家の農作業の重要な労働力であった。とくに大黒柱である夫に何かの事故があると、勢い家事と農作業の労働が女性の手にかかってくる。戦時中夫を戦場に送り出した農家は、とりわけ大変であった。今日のような大型の農機具があるわけではなく、基本的に

ハデ
（昔は稲刈り後すべての田でハデ干しをした）

は手作業によるものであった。

中には、当時としては珍しいことであるが、老夫婦だけの農家があった。日中戦争の始まった頃のことであるが、若者の労働力がないこの家では、年寄り夫婦二人で年の暮れ近くまで秋の取り入れをしていたことを聴き取った。田植は、植え付けのタイミングがあるので「結《ゆい》」で共同作業をするが、取り入れは基本的には、個々の農家の個別の営みであった。そのために次のような光景があった。

「私がこの家に嫁いで来たのは昭和十年十二月三日でした。そのときに心に残っているのは岡谷仁造さんの家の田に、十二月だというのに、まだ稲のハデ（写真参照）がかかっていたことです。

おじいさんとおばあさんが二人で、ハデを扱いでおられたのを不思議に覚えています。岡谷のおばあさんは、『嫁がおれば、家のことを任せておいて、早く田んぼに出られるのだが、息子も嫁もおらんので仕方がありません』と言って、十二月になっても稲扱きをしておられました」（聴79）と荒田キヨミ（九十歳—二〇〇六年）さんは語った。今でこそ老夫婦だけの家庭は数多くあるが、昭和十年代の農村では跡継ぎがいないということは考えられないことであった。しかし、やがて日中戦争から太平洋戦争へと時代が進むにつれてまもなく、跡継ぎがいる家庭でも、大黒柱が次つぎと戦場へ駆りだされ、銃後は妻たちが必死で守った。そうした体験も聴き取った。

「戦争中から戦後へかけて必死で生きてきました。何とかして子どもを嫁にやり片づけました。その間には、旦那の妹が目を患い見えなくなったりもしました。そのころ『かんが目に入る』(「体が弱っているときに何かの菌が目に入ることなのだろう」と昔の人がそんなことを言っていた)と言われていましたが、盲目になってしまい、七十五歳まで独身のまま家にいて亡くなりました。その面倒も十分なことはできなかったが、姑と一緒にみてきました。

秋の取り入れが済むと、すぐに山に入って薪を作りました。姑と一緒に、来る日も来る日も休まずに山に入ったものです。松の枝の枯れたのを見つけて、鎌に長い柄をくりつけて、下から枝を引き落としては、それを束ねて背負って帰りました。割木(薪)も作っていました。一年中の焚き木として、割木を冬の間に、せいぜい二〜三坪(積んだ割木の側面の面積が二〜三坪)は積んでおくようにしていました。閑を見ては灰炭を焼いては雑貨店(大川清宅)へ持って行って、買ってもらいました。人にあまり見られたくないので、うす暗くなって背負い子で背負って売りに行っていました。

正月が過ぎると、今度は米俵を編みました。毎年四〇俵分は編んだでしょう。俵は中と外を二重に編まねばならなかったのです。冬の間も休むということはありませんでした。春になると、また田ごしらえが始まりました。田を植えると次々仕事があって、休む閑はまったくなかったですが、共同作業をしていましたから田植が済んだら、『代《しろ》みて』（「植田がなくなった」つまり「田植が済んだ」）といってぬりつけ（おはぎ）を作って、みんなで田植が済んだことを祝いました。その時が、ほっとするひと時でした」（聴50）と岸本コヨシ（九十一歳―二〇〇三年）さんは、自分の一生涯をしみじみと語った。今になっては懐かしく思い出せる。そして、今が一番幸せだと言う。年中、次つぎとたたみ掛けてくる仕事の合間の休みには、「代みて」以外に「半夏《はんげ》休み」「鎌祝い」「えんぼうぶるい」「はしか落とし」などと呼ばれる休みがあったことは、多くの高齢者の知るところである。

さらに、戦後家を守ってきた妻たちの苦労も聴き取った。

「昭和二十年八月六日、原爆が落とされた日の朝、わしは家の前の田へ落とし肥をしておりました。落とし肥とは、植田に堆肥を撒くことです。植えた稲株の間に堆肥を落とすことです。堆肥を目籠《めご》（竹で編んだ入れ物）に入れて、背負って田んぼに行くのです。落とし肥を撒くと稲の色が出る（緑が濃くなる）ので楽しみでした。撒いていると、突然西の空にキノコのような雲が見えたのを、はっきり覚えています。後になって、それが原爆だと知ったのです。

終戦になっても、夫からは何の連絡もないまま、約三年が過ぎました。おじいさん（舅）

と二人で農業をする毎日でした。田植が済んで夏になると、牛に食べさせる草は朝のうちに刈って来ていました。朝飯前の仕事で、朝草を刈ると言っていました。そのほかに牛小屋に入れて踏ませ物（堆肥）にするための草は、山へ行って刈って来ていましたが、これを日草を刈ると言っていました。弁当を持って朝から山に入って、鎌で刈るのです。おじいさん一人が、朝から山に入って刈っておられた日には、夕方になって、わしが大八車を牛に引かせて、その刈り草を取りに行くのですが、戸石場（地名）の山へ行く道は、その頃は石だらけの道でしたから大変でした。帰りは下り坂ですから、荷を積んだ大八車が押しかけるのです。のぼりは牛が引くので楽ですが、下りはブレーキをかけるのがたいへんでした。手儀を高く持ち上げてブレーキをかけるのです。そのようにして持って帰った草を押し切りで切って、牛小屋に入れて踏ませて堆肥にするのです。堆肥になったら、それを目籠で田の中に配って撒くのです。冬は冬で薪を作りに山に入るのです。

年がら年中忙しかったですが、別に不足もないし、腹も立たなんだのは、子どもを大きくしようということで、必死だったからだと思います。お陰で子どもたちも、親が苦労して育てたことを知っているので、今ではようしてくれます。毎日感謝して生活しております」（聴79）と荒田キヨミ（九十歳—二〇〇六年）さんは語った。銃後を守った二人の体験からも分かるように、当時の農家は年中仕事の切れることがなかった。四季を通して、時どきに見合った仕事を手際よく行っていた。ただ田植は、短期間に集中して行わねばならなかったので共同で行った。「結」と呼ばれる地域の共同体で、時期をはずさないように集中的に行っていた。田植は早朝から暗くなるまで、地域の皆で取り組んだ。肉体的にも精神的にも、緊張を強いられる仕事であった。中でも、新しくその地域に嫁いできたお嫁さんにとっては、大変に気苦労なことがあった。それは地域の者が、新入りのお嫁さんの田植の力量を品定めするからである。広く言われていたのが、壺になるという言葉で表された事柄であった。次はその体験者の話である。

「田植時期になると、共同作業なので朝の六時には、仕事場に出かけて皆で作業をしましたが、朝が早いので、気になりながらオムツの洗濯をする暇がなくて、出かけたこともありました。

その頃は、田んぼに蛭《ヒル》がずいぶんいましたから、いつの間にか足に吸いつくことが、しばしばでした。植田さんの田にずいぶんいたのを、よう忘れません。大変でした。もう一つ大変なことは、新しくその地域に入った嫁さんは、綱田植の時に、真ん中の方に入らされるのです。真ん中はどうしても植える面積が広くなります。両ほとりで、綱を引いている者（その地域の長老）は、植え子を遊ばせまいとして、真ん中の人が植え終わらないうちに、綱を上げるのです。すると真ん中の者の顔に綱が当たるのです。このことを綱を食うと言っていました。どこの地域でもあったようです。

谷々に、谷姑と呼ばれるボス的存在の老婆がいて、はじめて、その谷に来た新しい嫁さんの腕試しをしていたのです。遅れながらでも皆についていけば合格なのですが、大きく遅れると取り残されてしまい、自分の周りだけが植え残ることになります。これを壺になると言っていたのです。『〇〇家の嫁さんが壺になった』という言い方をしていました。

子どもが小さいときは、エブリ（子どもを寝かせて入れておく、藁製または木製の入れ物）に入れ、それを八畳の部屋の真ん中に置き、外に出ないように、あるいは外から猫などが入らないように、全ての戸を閉めて、野良へ行っていたのです。時には田んぼの畦の見えるところに、エブリを持って行ったこともあります。仕事は大変でしたが、子どもの成長を楽しみに頑張れたのです」（聴79）と荒田キヨミ（九十歳―二〇〇六年）さんは語った。同じように壺になる経験をした新嫁さんをもう一人紹介する。

「私が嫁に来たのは、昭和十二年の三月でしたが、間なしに田植が始まりました。その頃は共同で田植をしていました。田植は綱田植でしたから、一列に並んで、植えながら下がるのですが、はじめての年のことでしたから様子を見ていると、一列に並ぶのに、年寄りはもとより、みんな田の端の方に寄るのです。私は仕方なく田の真ん中に入りました。みんな両端によってしまうので、真ん中の持ち場が広くなるのです。両ほとりは植え終わって立ち上がって腰を伸ばします。真ん中の者はまだ必死で植えています。綱を引いている爺さんは、両ほとりが立つと綱を上げます。その時真ん中はまだ必死で植えていますから、綱が植えている者の顔に当たります。この様子を、綱を食うと言っていました。そして、下手をすると、真ん中だけが取り残されます。これを壺になると言ったのです。次の田に入る時には『今度はへり（端）に行くぞ』と思っても、すばしこい人がいて、やっぱり新嫁には思うようになりませんでした。それでもなんとか頑張ってついて行きました。

私の里では、そんなことはしていませんでしたから驚きました。しかし、私は娘の頃から田植をしていましたから助かりました。新しく来たお嫁さんの腕試しなのです」（聴83）―中原美代子（九十三歳―二〇〇六年）さん談。

中にはそのような嫁いびり、言ってみれば虐待とも思えるようなやり方に対して、物申した者もいた。「どうぞ皆さんお先に行ってください。私は私流にゆっくり行きますから」と、一人壺の中を開き直って、マイペースで植えたという嫁さんもいたという。

悪意とか陰湿さはなく、その地域へ入る一種の通過儀礼にも似たものであった。ある意味では、のどかな田舎の風景とでもいえる一面であった。

宮本常一氏も、同じ話を述べている。

「昔はのう、いまのように綱をひいてうえるのでのうて、ええ加減にうえるのじゃから、早いものは、どんどん植えていく、おそいものはツボにならんように植えていかねばならん、たまに男でも仲間にはいろうものなら女同士でせって、たいがいツボにしてしまうたものよ。じゃから男はよっぽど（余程）上手なものでないと田はうえだった。畦をぬったり、田をならしたり、苗をとったり……」[94]。

宮本常一氏の聴き取りでは綱をひいて植える綱田植以前の話である。その頃から「ツボになる」ということばが使われていた。その後綱田植になってからも「壺になる」場面はつづいたことになる。綱田植の場合は、前述したように「綱を食う」という現象が起き、顔が泥まみれになった。

戦局が悪化し、時代はますます厳しくなり、働き盛りの男たちは戦場へ駆り出された頃、妻たちは、ひとり奮戦せざるを得なくなった。勢い牛馬を使うという、今までの男仕事もせざるを得なかった。「牛を使う仕事をしている人が私のほかにも何人かいました。辛苦をしました」と小柄な荒田キヨミ（九十歳―二〇〇六年）さんが語った。

「昭和二十年の三月になって、夫に召集令状がきました。十二日のことでした。その頃すでに日本は負け戦だということを、口には出さないものの皆感じていました。

夫は広島から満州に渡り、その後ソ連の捕虜になり、昭和二十三年まで三年三ヵ月の間、何の連絡もありませんでした。その間は大変でした。子ども三人をなんとしても育てねばならないので、死にものぐるいでした。舅は腰が曲がっていて、田を鋤くことが出来なかったので、仕方なく私が牛を使いました。牛を使うのが一番しんどかったです。

昭和二十年頃に、男手がないので、婦人に対して牛の使い方の実習がありました。今で言えば高田さんの田がその実習場でした。竹田の行人さんが指導者でした。手ほどきを受けて、実際に自分の家の田を鋤いたのですが、なかなか思うようにいきませんでした。土手から窪地になったところに一枚田がありましたが、その窪地に牛を追い込むと、牛が驚いて田の中で暴れまわって、どうにもならないことが、二回ほどありました。牛が疲れるのを待つしかないので、田の中の真ん中をとにかく鋤いていたら、本田の元一さんが、それを見て『外側から鋤くもんじゃー』と言われたが、分かっとっても、そうはいかなかったんです。もう一回は麦わら倒しの時に暴れました」（聴79）。荒田キヨミさん以外にも、戦時中から戦後にかけて、牛馬で農耕作業をせざるをえなかった妻たちはかなりいた。今一人馬で農耕をしたという事例を述べる。

馬を川に入れる風景はいたるところで見ることが出来た

「わしが三十歳の時に、主人が三十三歳で亡くなりました。それからが大変でした。主人は馬を使って田を耕していましたから、亡くなった後はわしが馬を使いました。幸いその馬は小さくて、やさしかったので、わしにも使えました。それにわしがはちまんぼー（がんぼー〔かたくな〕で男勝りで手におえない女）で、負けず嫌いでしたからやり通しました。馬に鋤《すき》をつけて、そのあとをついて歩くのですが馬を止めるときはドドと言うと止まります。馬を進めるときはイケと言っていました。

馬を右に回らせるときには手綱《たづな》を引けばいいんですが、馬を左に回らせようとする時にはア、ハ、ハ、ッセアッセと言っていました。一日中田起こしをした後には、馬の足を洗ってやります。馬を川の中に入らせるのです（二六三頁写真参照）。馬もそれをよろこんでいました。

昭和十～十五年ぐらいの時だったと思いますが、甲山（世羅郡世羅町）で牛耕の競争がありました。春先でしたが、三反もある大きな田んぼに、一列に並んで、牛で荒起こしの競争をするのです。用意ドンで、いっせいに鋤《す》き始めるのです。上手に一番速く鋤いたものが優勝です。わしは、はちまんぼーでしたから一番になりました。後で皆が『松原はいつも馬で練習しているから上手いはずよー』と言っていました。優勝旗を貰ったので、よー覚えています。その田んぼは岡田さんの田でした。今はパオ〔世羅町にあるショッピングセンター〕が建っている所です。

はちまんぼーでしたが、誰とでも付き合ってきたつもりですし、地域の付き合いとか、地域の作業など務めは果たしました」（聴73）—松原朋子（九十九歳—二〇〇六年）さん談。

はちまんぼーだったという、松原朋子さんは、白寿を迎えたとは思えないほどに矍鑠《かくしゃく》としていて、元気であった。松原朋子さんは、馬を使って耕作した苦労話の後に、「贅沢は言えん。もっと昔は、牛も馬もなしに百姓をしていた者もおったんじゃ」と言った。そのことは宮本常一氏も聴き取っている。次は明治の中ごろ（明治十八年）のことである。

「百姓仕事の中で一ばんえらかった（辛かった）のは田打ちでありました。わしら一日に一反うった。田をうつのに竹でつくった脛当《すねあて》をつけたもんです。備中鍬で足をうたんように」(95)と過酷だった労働の様子を聴き取っている。

戦中戦後妻たちは、働きづめに働き生きて来た。その妻たちの息抜きや楽しみは何であったのかについても聴き取った。そのいくつかを記録してみた。

6　休み・楽しみ・生きがい

ずいぶん働いて来られたようですが、仕事の合間にどんな休みがあったのでしょうかと聞いた。

「年中の休みといえば、盆・正月・秋祭りだったでしょう。しかし、秋祭りは神楽を見に親戚が来るので、嫁はその支度が忙しかったです。祭りには、尾道の吉和から、鰯・さばなどの無塩《ぶえん》ものを持って、行商人が来ていました」、「盆は、正月や秋祭りに比べてあまり客がないので、家中そろって盆踊りに出かけました。これは楽しみでした。たいていの家が総出でした。大年寄りを除いて一家総出で踊りました。昼の一時頃から踊り始めていました。口説きは忘れてしまいましたが、合いの手は覚えています。『ヨイサノセー、ヨーホイセー』と繰り返していました」（聴92）―今田アキノ（九十八歳―二〇〇六年）さん談。

「この辺では、祇園休み（麦初穂）といって、七月十五日に休んでいました。田植の後は、田休み（代みて）をはじめ、潤い休み・半夏休み等がありました。秋には鎌祝い・はしか落とし・えんぼうぶるい等の休みがありました」（聴80）—本田初子（九十歳—二〇〇六年）さん談。

それぞれ、どこの地域にも盆・正月・秋祭りの他に、地域独自の祭日があり、それを楽しみに頑張っていた。休みが楽しみであり「ハレ」の日であった。そして、その「ハレ」の日には、瀬戸内の港から無塩の魚を運んでくる行商人がいた。当時は、その行商人を「無塩《ぶえん》師《し》」と呼んでいた。中河内（東広島市河内町）では、逆に峠道（牛道）を越えて竹原市まで、その家の主が無塩の魚を買いだしに行っていたと言う。祭りのお客は来たのに、魚が戻らなくて、今か今かと峠の道を何度も見ていたと言う古老の話を聞いた。

「ハレ」の日が息抜きであったことはもちろんであるが、年老いてみると、本当に楽しかったのは「ハレ」の日以上に、元気で働くことの出来た日常であったと述懐した高齢者がいた。年をとらねば分からない人生があることを教えてくれた。

「嫁いできてから戦争になり連れ添いは召集で出て行きました。幸い姑が若かったので一緒に農作業をしました。その姑が年老いてから、たびたび言っておりました。『あんた、しんどうても、元気で仕事が出来る間が、一番いいんで、何にも出来んようになったら寂しいもんで』と言っておりました。

わしもこの年になって、ここ（老人ホーム）に置いてもろうて、言うことはないが、楽しかったのは、やっぱり元気で仕事をしていた頃です。姑が『年を拾うてみんと分からんことがある。何にもできんようになったら、元気で働いておったころが楽しかったと思うようになるのよ』と、言っていたことが、今ごろよう分かります」（聴96）と施設で感謝しながら生きているという、所田フジヨ（九十三歳—二〇〇六年）さんの語りは、さすが年の功である。所田フジヨさんが言うように楽しみは、「ハレ」の日もあるが、「ケ」（日常）の中にこそあった。

「ケ」と「ハレ」にかかわって福田アジオ氏は次のように言っている。

「日本人も一年三百六十五日毎日働いていたのではない。（中略）一定の周期で休日を設定するということは原則としてなかったと言ってよいであろう。しかし、だからといって休日がなかったということはないのである。日本人の生活のリズムを作ってきたものにハレとケという概念がある。ハレは『晴れがましい』のハレであり、また『晴れ着』を着るハレである。それに対して、ケは普段の生活を表す言葉であり、土地によっては『褻着』（ケギ）とか『褻米』（ケシネ）という言葉がある。ケの日はごく日常的な生活の日々であり、したがって労働に従事する日ということになる。それに対して、このハレというのは特別な日であり、この日には仕事を休み、酒を飲み、また特別な食物を食べた。いわゆる年中行事の日がハレであるが、それに加えていわゆる冠婚葬祭もハレである」[96]と述べている。

福田アジオ氏が言う生活のリズムは「ケ」があってのことである。「ケ」あっての「ハレ」である。「ケ」が充実していてこそ「ハレ」の日が「ハレ」になるのである。人びとの楽しみも、その基本は「ケ」の充実にある。所田フジヨさんが祭りも楽しかったが、元気で働ける日常こそが基本的な楽しみであったという。それは「ケ」の聴き取りをすることの意味をも語っている。

五　死と生の間を生きる

1　信心・感謝

人は生まれて死んでいくから、人間の一生は、「生」を見て考え、その後で「死」を見ていくものだと、なんとなく思っていたが、多くの先人の聴き取りを通して見えてきたことは、生涯の中で、先に他者の「死」に出会い、その後に「生」に出会っているということである。自分の人生での順序から言えば、「生」に出会うことから始まるには違いないが、自分が生まれたことについては、自覚的にとらえていない。体験的には他者の「死」に出会うことから始まり、やがて、自分の子どもや、身近な者の誕生に出くわし、「生」を自覚的にとらえている。「死」との出会いを土台にして、「生」をよりよく生きようと自覚するようになった。それが、多くの高齢者の歩んだ道のように思えた。本書のタイトルを「生と死」ではなく、あえて「死と生」の民俗とした所以である。

その過程で、各々が信心にたどり着いて、生きてきた姿を見た。

「ご先祖さんのお陰です。朝は『どうぞよい日になりますように』とお願いします。夜は『今日も一日ありがとうございました』とお礼を言います。ご先祖さんが守ってくださっているお陰です」（聴92）と今田アキノ（九十八歳―二〇〇六年）さんは言った。今田アキノさんも、多くの人の「死と生」に出会った経験の中で、「生きていることのありがたさを感謝しながら生きる」という境地に到った高齢者の一人である。さらに事例を拾ってみる。

「舅・姑と夫は義理の親子ですが、さかのぼってみると、私の家は四代義理の関係が続いているのです。四代も家がよく続いたと思います。そのかげには、信心のお陰があったのだと思います。何か一つのよりどころがないと、他人どうしの関係はなかなかうまくは行きません。姑も信心深い人でしたから、教専寺のご法儀には、欠かさずお参りをしていました。私自身も子どものころ日曜学校に通って、お寺さんの話を聞く中で、『ネネ（仏）さんのお陰』ということを信じるようになっていましたから、信心深い姑に出会って良かったと思っています。姑は孫に厳しいしつけもしてくれました。毎朝お仏飯を供えることを孫の仕事にさせていました。そのお陰でその孫（私の息子）も信心深く育ちました。

この家に嫁いで来て苦労もしましたが、幸い信心のある家でしたから、よい縁をいただいたと思っています。私も嫁いで来てから、ご法儀のお参りを欠かしたことがありません。御正忌・春彼岸会・永代経・盆会・秋彼岸会・報恩講など年間の法座は七十年間一度も欠かしたことがありません。今はこの年になりましたから、ようお参りしません。今では毎日家の西にある墓の下まで行ってお参りをするのが日課です」（聴60）と語る山川良子（九十一歳―二〇〇五年）さんは、長男を小さい時に亡くし、これは如来さんのご催促だと思ったそうで、「人生の諸行無常を悟れよ」との、催促だったと了解していると言う。「死」との出会い、それも最愛の息子の死との出会いを、いのちを考える契機にしている。同じように仏縁の中で人生を感謝しながら生きている者がいる。

「わしは人間に生まれてありがたいと思っています。コタツにあたり仏教の本を読ませてもらってありがとうて、喜びでいっぱいです。たとえ百二十歳まで生きても仏法を聞かずに生きてはだめです。毎朝毎晩仏前に参って、仏前で如来さんにお礼を言ってからでないと、ご飯を頂いてもおいしくありません。如来さんにお礼をしなかったら味がないのです。仏前に座ってお浄土の親と話すのです。『今日も一日人間らしい生活をさせてもらいます』と約束するのです。

父（林三郎）は、信心の深い人でしたから『如来さんを疑うような者はだめだ』と言っていました。如来さんは『摂取不捨』といって、『お前をすくい取って、決しておまえを捨てることはない』と約束してくださったのです。そうでなかったら、阿弥陀さんは正覚をとらなかったと言われるのです。そのことを、父はわしに説いてくれました。子どものころに父が母に、阿弥陀さんのことを話していたのも覚えています。『親様（阿弥陀様）は、お前を助けると言われている。絶対に救うと、お約束された親様の気持ちは変わることがない。お前の心がどう変わろうと、如来さんはお前を絶対に放さんと言ってくださっているのだ。心配せんでもいい。如来さんに抱かれているのだ。一人ではないんだから』と母に話して聞かせていたのを覚えております。そのように信心の深い父親のお陰で、わしも一日たりともお礼を忘れたことはありません」（聴74）と語る吉原有男（九十六歳―二〇〇六年）さんも、親の姿の中から、信心をわがものにしている。それをよりどころに感謝の日々を送っている。

高齢者の中には、仏智としての宗教ではなく、信心が体となり、日常となっている姿を見ることができる。百三歳の山岡房江さんの話もまた、そのように受けとめられた。

「私は、ここ（施設）に入ってからの十五年間、朝晩般若心経をあげることを一日として休んだことがありません。もっと言えば十六歳から、ずっと般若心経を唱えてきました。つい最近二日ほど入院しましたが、退院して帰って次の朝般若心経を唱えようとしたら、目の前に阿弥陀さんのお姿がくっきりと現れ、『よう帰ったのー』と言われたので、びっくりすると同時に、ありがたくてありがたくてたまりませんでした。毎日、朝は六時に仏さんの前に行き、花を換えて、お経を上げます。終わるのがだいたい七時です。午後は一時から三時半ごろです。暇があれば毎日、新聞を隅から隅まで読んでいます。ありがたい日々です」（聴78）―山岡房江（百三歳―二〇〇六年）さん談。

施設の中で、山岡房江さんはみんなに心配りの出来るまとめ役で、みんなの手本になっている。そして房江さんは仏法も説いている。房江さんに出会った多くの人が感謝の日々を送っている。さらに、聴き取りの中で出会った一人の僧侶は、次のように語った。

「私たちは、仏法に生きることです。結局われわれは因縁によって生きているのです。因縁によって人間に生まれ、因縁によって今日を生き、因縁によっていつかは無になる、つまり空《くう》になるのです。実体というものはないのです。今日の私は、明日の私ではないのです。天地宇宙も空なのです。ところが人間の頭が空になれないのです。ああしよう、こうしようと執着するのです。執着を捨てて、天真爛漫になることが肝要なのです。

　紀元前六〇〇年ごろに起こった釈迦の教えも、固定化して行きました。カシミール地方で、龍樹は執着する心をなくすることを説きました。『空を感じるものが空である』と、説いたのです。美しいとか、美しくないとか言っても、それは全体を示すものであって、（あるいは相対的なものであって）絶対的に美しいもの、美しくないものというものはないのです。例えば、『美しい』とか『美しくない』とかの言葉とか習慣は、実体のないもの（あるいは実体が固定されたものではない）ということです。

　善はよいことと思っていますが、絶対ではないのです。善が悪の種になることもあるのです。例えば親孝行はよいことであるが、孝行だと思って親から仕事を取り上げることで、親が意欲を失えば、結果としてその親孝行は、親を不幸に陥れることにもなるのです。したがって絶対ということはないのです。『空の効用』と呼んでいます。だからといって孝行は不要だというのではないのです。方便として『孝行』は必要なのです」（聴72）と永山観空（九十一歳―二〇〇六年）住職は説いた。聴き取りの中で、多くの高齢者がたどり着いた信心を聞くことが出来た。この住職に代表されるように、説法を説いて聴かせてくれる高齢者と、一方では萩谷ハツノ（百九歳―二〇〇六年）（広島県の最高齢者―二〇〇六年十月現在）さんのように、説法ではなく、ひたすら「正信偈《しょうしんげ》」を唱え続けている高齢者にも出会った。

萩谷ハツノさんは一八九七（明治三十）年生まれで、十八年前までは向原町（安芸高田市）で、自分一人で農業を営んでいた。今は施設での生活である。訪ねたところ、会話はできなかった。口をついて出る言葉は人生の支えであった「正信偈」だけである。ほかのことは忘れても「正信偈」だけは、からだの底から口をついて言葉となって出てくる。ことばこそ交わすことのない出会いであった（聴97）。人間の行く先々を考えさせられる、広島県の最高齢者との出会いであった。

2　老境（年をとらねば分からないこと）

高齢者も、百歳前後になると悟りにも似た境地で、何時迎えが来てもかまわないというゆとりがある。百一歳（二〇〇六年）を過ぎた木原富士夫さんは「わしはもう枯れ木同然じゃけー、はよう参らせてもらわにゃあいけません。もうわしのやることは終わりました。平成九年まで（当時九十一歳）は、わしが農業をしていました。もっとも上田茂雄さんが気持ちように機械仕事をやってくれんさったけー、出来たことですが。平成十年からは、息子がやってくれるようになって、わしのやることは済みました。こうなったら迷惑にならんように、はよう参りたいのです。しかし、息がついている間は、わが身を守らねばなりません」（聴98）と言う。天晴れである。とりわけ「息がついている間は、わが身を守らねばなりません」と言う、この言葉には含蓄《がんちく》がある。息が頑張っているのだから、この身も頑張らねばならないという発想は、年をとらなければ分からない発想である。息が頑張っているのに、この身が頑張ることを止めたら、いわば寝たきり老人になるということだ。さすがに含蓄のある生き方である。五木寛之氏が、庶民の中にはまだ、自分の死というものをきちんと受け止めていくことのできる人がいることに感心し、その上で「ちゃんと覚悟を決めて世を去っていけるというのは、やっぱりふだんの心がけというものが、きっとあるからなんだろうと思うんです[97]」と言っている、この一文と重なってくる。まだ若い息子を亡くした、安養寺住職足利孝之氏は「『ハイ、娑婆《しゃば》のことでございますから』と答えておりました。しかし、その後から、『無念だな、残念だな、かわいそうなことをしたな』という思いが絶えることなくわいてまいります。娑婆のことですというのは、仏智《ぶっち》でありましょう。無念なりというのは、凡情でありましょう[98]」と言う。

我々も、仏智としては、娑婆が無情であることを理解している。だが、百歳を過ぎた木原富士夫さんは、仏智をそのままに受け入れて生きている。

「年をとらねば分からないことがある」ことを高齢者は数々語った。立原克巳（八十八歳―二〇〇七年）さんもその一人である。

「この年になるとわしを訪ねてくれる者はだーれもおりませんてー」と言った。考えてみれば筆者も、実はこの老人を訪ねたのではなかった。老人の跡継ぎの息子さんを訪ねたのだった。言われてみると、今年米寿を迎えようという年齢の者を訪ねるということは、特別の場合を除いては少ないことであろう。立原克巳さんは久々に他人に出会ったせいか、いきなり人恋しさに、せきを切ったかのように話を続けた。その後「わしの話などこの辺じゃあ、聞いちゃろー言うもんはおらん」、「わしを訪ねる者もおらん、ありがとうあります」（聴99）といっきに語った。前述したように（二七一頁）、ゆっくり改めてお話を聞かせてくださいと、話を打ち切ろうと思った。だが「わしは、はあー間がなあ。先のことは分からん」と言って、話は続いた。話の途中で筆者自身は、今日の自分の予定のことを考えて時計を見ていた。しかし、そんなことなどおかまいなしである。こうした人の中にこそ伝承されるべき民俗がある。戦中戦後の厳しい世相を黙々と生き、それでいて、その語り口の中には、宮本常一氏のいう「どこかに底ぬけの明るいところ」がある。この高齢者をイメージさせるような一文が、宮本常一氏の著述の中にある。民俗学の「伝承者」について述べている部分である。

「文字に縁のうすい人たちは、自分をまもり、自分のしなければならない事は誠実にはたし、また隣人を愛し、どこかに底ぬけの明るいところを持っており、また共通して時間の観念に乏しかった。とにかく話をしても、一緒に何かをしていても区切のつくという事がすくなかった。『今何時だ』などと聞く事は絶対になかった。女の方から『飯だ』といえば『そうか』と言って食い、日が暮れれば『暗うなった』という程度である。ただ朝だけは滅法に早い。

ところが文字を知っている者はよく時計を見る。『今何時か』ときく。昼になれば台所へも声をかけて見る。すでに二十四時間を意識し、それにのって生活をし、どこかに時間にしばられた生活がはじまっている」(99)と述べている。筆者が出会った、やがて米寿を迎える右の高齢者の姿は、宮本常一氏の言う民俗学の「伝承者」と通底している。もちろん右の高齢者は、文字を知らない人ではない。ただ文字にたよらない生活の中にある人と言うべきであろう。文字など、そんなにたよりにしない世間に生きていて、世の中を真面目に生き、人の心に誠を伝えてきた人と言うべきであろう。話していて飾り気がない。

前に述べた「ゴコウ」を伝えた多くの高齢者もまた、宮本常一氏がいう「伝承者」のように思える。その事実を多くの高齢者が知っているにもかかわらず、誰一人として「ゴコウ」の漢字が「五香」であることを語らない。あるいは知らない。つまりは民間の知恵を耳学問として伝承してきたということである。そこには宮本氏が言うようにうそはない。「信じられるもののみが伝承された」と宮本氏が言うように「五香」は信じられるものとして伝承された。しかし、近代的とされる助産婦が出現する頃からは伝承されなくなった一つの例であろう。近代の波の中で「死と生の民俗」が次第に姿を消していった典型的な例のように思う。

さらに、「ゴコウ」が消えたように、目的合理主義のもとに、次のようなうるわしい「井戸塀」という「死と生の民俗」文化も消えた。

秋山真志（九十七歳―二〇〇六年）さんによると「父が村長を務めたのは、大正時代から昭和にかけてのことですが、四十年近く務めたと思います。子ども心に覚えているのは、馬に乗って村役場に出かけている姿です。村長といっても、全くの無報酬でしたから大変でした。一行事あるごとに、一山売っていたということでした。

江戸時代から明治にかけてはかなりの山がありました。例え話に、『うちの土地を踏まないで隣の村には行けない』と言っていたぐらいです。その山を徐々に売って、村議会が済んだあとなどの、飲み食いの借金を払っていたと言っていました。子どものころに、父が大勢の人を連れて家に帰り、飲食をしていたことを覚えております。ついに残ったのは井戸と塀だけです」と言う。

地域のために私財をなげうってついに「井戸塀」になったのである。そのうえ農地改革で秋山真志さんの人生も変転してしまった。

「私は終戦まで大阪にいましたが、大阪も焼け野原になり、食料にも不自由をするようになりました。一方不在地主の農地は、政府に買い上げられる（農地改革）ということで田舎に帰って来ました。帰ってみると、他人が家に住みつき、農作業をしていました。労働力もないので、そのまま住んでもらい、農作業をしてもらった時期もありました。山の中に、よく言われた『隠し田』が一町歩ぐらいありましたが、今では原野になってしまっています。山は現在も少々はありますが、管理が行き届かず荒れ放題です。家の管理も出来ません」（聴93）とも言う。九十七歳（二〇〇六年）の高齢で、今も元気で一人暮らしを続けている秋山真志さんは、遠くに眼をやり、はっきりした口調で語った。「井戸塀」に集約できるようなうるわしい日本は消えた。せめてその事実が、一昔前の時代に、聴き取れる範囲で我々の身近にあったことを、是非記録として留めておきたい。

おわりに

「はじめに」で述べた静江おばあさんは、聴き取りをまとめているうちに亡くなった。聴き取りがまとまったら、まっ先に読んでもらおうと思っていたが、歳月は本当に人を待たない。

二〇〇六（平成十八）年十一月十九日の朝、静江おばあさんは亡くなった。亡くなった次の日に聞いた話によると、静江おばあさんが入院していた病室の隣の部屋には、十四歳ぐらいの時に臍の緒を切ってやった甥の岡山裕之（世羅町）さんが、時を同じくして入院していた。しかも、隣の部屋で壁を隔てて頭をつき合わす格好で二人はベッドに臥《ふ》せっていた。間なしに静江おばあさんは転院して、十九日の朝に亡くなった。不思議というか奇遇というか、その日の午後に甥の岡山裕之さんも他界した。

いつかは、誰も死を迎える。しかし、七十五年も前に臍の緒を切ってやった叔母と、切ってもらった甥が、同じ日に亡くなり、葬儀も同じ時間帯（二十一日十一時）に行われた。そして同じ時刻に、二人とも白骨の身となった。因縁の不可思議と言うほかはない。この冊子を仏前に供えて、聴き取り作業の一つの区切りとしたい。

今回、宮本常一氏の著書『忘れられた日本人』に学ぶところが多かった。『忘れられた日本人』を著した頃の宮本常一氏の仕事を、網野善彦氏は次のように評している。

「泥にまみれた庶民の生活そのものの中に、人の生きる明るさ、たくましさをとらえようとする自らの『民俗学への道』を進む自信を、宮本氏はこのころに固めたのではなかろうか(100)」と。そうした願いに充ちた著作だと言う。本書でも引用したように宮本常一氏は、民俗学の研究対象を、中心的には文字を頼りにしない、社会の生活と文化に絞り込もうとする。文字化された民俗の記録は文献資料としての意味をもつ。文字を中心としない生活や文化と、記録された文献資料をつき合わせ、かかわりを明らかにすることが大切だと言う。筆者も努めてその視点に学びながら、聴き取りを進めた。

フィールドワークが、ますますむずかしくなっている今日だから、可能な限り聴き取っていきたい。高齢者からの聴き取りを急がねばならないと思う。

今の世の中だからこそ、人生経験豊かな年寄りの知恵が逆にもとめられている。「五香」に始まり、越えねばならない厳しいこと、悲しいことが人生にはたくさんある。その最たるものである「人の死」との出会いが、子どもたちを大人へと脱皮させていた。可能な限り苦楽の両側面を含んだ生活を丸ごと体験させることが生活の基本として大切なことである。しかし、「苦」と「甘」、「死」と「生」などの両極を見すえ、その両極をまるごと体験する生き方が崩れつつある。

「昼と夜」「光と闇」「外と内」「動と静」「騒音と静寂」「忙と暇」「学びと遊び」「労働と遊び」「個人になりきることと集団になりきること」などのバランスの崩れた日常が背後にある。

教育の場面でも、えてして、文化の上澄みだけを、合理的に学校や学習塾で教え込むものになりつつある。言うまでもなく、上澄みの下には、必ず、沈殿物としての澱がある。上澄みの反対の極にある澱に目もくれず、不要なものとして視界に入れないのが今日の状況である。

高齢者の話は、その存在にも光を当てる重要性に気づかせてくれる。体験学習とか、生きる力とか言われているものは、ひと昔前までの日本社会の日常生活の中に、その原型がある。上澄みにはそれを醸成する過程があり、上澄みの下には必ず澱がある。物事は両極として存在しているが、今日では上澄みの反対の極にある澱を不要なものとして、視界から消してしまった。醸すことの重要性もないがしろにされている。現在の教育に求めるべきことは、上澄みだけの吸収ではなく、澱にも目を向け、ゆっくりと醸成する姿勢である。つまりは、物事の両極を取り込みバランス良く生きることである。

それらのことを多くの高齢者は言外に語っていた。

注

（1）　阿部謹也『学問と「世間」』岩波新書、二〇〇一年、一一〇〜一一一頁。
「明治以降は近代的システムと歴史的・伝統的なシステムの二つのシステムが並存しており、学者たちもその二つのシステムの両方に足を乗せていたからである。（中略）日本社会の全体は近代化の方向に直進していたから、歴史的・伝統的なシステムは近代化を補完する役割を果たしていたにすぎなかった。そこにはダブル・スタンダードを生きる悩みがあった。しかし学者は文学者ほど素直ではなかった。彼らは歴史的・伝統的な『世間』というシステムの中で暮らしながらも、他方でヨーロッパ伝来の近代的システムの中に位置づけられている学問に従事していたから、ダブル・スタンダードを生きる苦しみもあったはずではあるが、ヨーロッパに対する憧れが強いために、それをほとんど意識することなく、むしろ自分をヨーロッパと一体化させたつもりにさえなっていたのである。それは一人一人の学者の責任というよりも、ヨーロッパの学問自体が（中略）〈生活世界〉を無視したところで成立していたので、自分の足元を見る余裕もなかったからである」

（2）　福田アジオ『可能性としてのムラ社会―労働と情報の民俗学』青弓社、一九九〇年、一九一〜一九二頁。
「戦後の『民主化』には封建的なものを打破して民主化しなければならないという金科玉条の主張があった。そこではムラと家は封建制を現代に示すものであり、それを壊して個人を自立させなければならないという考えが疑われることはなかった。しかし、近代はバラバラの個人が孤立して暮らすことに理想があるのではない。その点を改めて教えてくれたのが、類的存在としての人間、あるいは人間の共同存在性という理解である。人々が他人と結合し、組織を作り、共同して生活を営むことは前近代のみの共同体的秩序だけではない。近代社会においても人間の社会的結合は存在し、またそれが積極的な意味をもつことをようやく知ったのである。その影響の一つとして、共同体再評価論あるいは部落永続論が登場した。近世以来存在してきた部落あるいはムラそのものを人々の生活と生産を守ってきたとしてまるごと高く評価し、永続性を主張するものである。しかし、それは明らかに間違っていた。歴史的所産としての部落あるいはムラがそのまま永続するはずはないからである。

近代社会あるいはこれからの社会においても人間の社会的結合、社会的紐帯は失われることはないであろう。その結合の様式は、歴史のなかで変化していくべきものであるが、まったく過去から断絶して形成・展開することは不可能である。過去の社会的結合の基盤の上に新しい結合様式が形成されることは当然である。過去の結合形式がまるごと存続することはない。しかし、たとえば封建的であるとか、前近代的であるとかいうレッテルを貼って完全に消えるべきだと考えるのは間違いである。さらに、近代あるいは現代の社会が失い、また矛盾を拡大している問題について、過去の有り方が反省の材料を提供してくれる場合や、また部分的には現代に再生することで有効な役割を果たしてくれる可能性も考えなくてはならないであろう」

(3) 大本敬久『民俗の知恵』創風社出版、二〇〇五年、二〇三頁。
(4) 福田アジオ・小松和彦編『民俗学の方法』雄山閣出版、一九九八年。
(5) 桜井徳太郎『日本人の生と死』岩崎美術社、一九六八年、三〜四頁。
(6) 平野威馬雄『くまぐす外伝』ちくま文庫、一九九一年、二九八頁。
(7) 宮本常一『宮本常一著作集』六、未来社、一九六七年、一八七頁。

（8）五木寛之編『うらやましい死にかた』文春文庫、二〇〇二年、二三～二五頁。

（9）立川昭二『この生 この死―江戸人の死生観』筑摩書房、一九八九年、二六四頁。

「医療が高度化するにつれ、ますます病気は病院まかせで薬漬けという傾向が進み、死もまたますます機器まかせという様相をおびてきている。たしかに脳卒中で半身不随になった一茶には、『大根おろしのしぼり汁』しかなかったし、（中略）馬琴が喘息で苦痛すれば、嫁のお路は『終夜介抱ス』るほかなく、そのお路の愛児太郎が脱疽で苦痛すれば、『看病人共不睡、只ミモミ撫致遣スのミ』であった。だが、はたして江戸の病人と現代の病人とどちらが苦痛がひどかったのであろうか。また江戸の老人とこんにちの老人とどちらが幸せであったのであろうか。そして、死に顔にはどちらに笑顔が多かったのであろうか。

　病いや老いとじかに対話し交感し合うことがなくなると、みずから病むちから老いるちからが失われ、みずから癒えるちから生きるちからも衰弱し、そして死ぬちからも喪失される。（中略）江戸を生きた大多数の人びとは、ある意味でこんにちより楽に生き、楽に死んでいったようにおもえてならない」

（10）加藤秀俊『人生のくくり方―折目・節目の社会学』ＮＨＫブックス、一九九五年、二七七～二八一頁。

（11）新谷尚紀『日本人の葬儀』紀伊國屋書店、一九九二年、一七～一八頁。

（12）井阪康二『ねがい―生と死の仏教民俗』岩田書院、二〇〇二年、一〇四頁。

（13）新谷尚紀『日本人の葬儀』紀伊國屋書店、一九九二年、三七頁。

（14）新谷尚紀『日本人の葬儀』紀伊國屋書店、一九九二年、三七頁。

（15）新谷尚紀『生と死の民俗史』木耳社、一九八六年、七六頁。

（16）加藤秀俊『人生のくくり方―折目・節目の社会学』ＮＨＫブックス、一九九五年、二七九頁。
（17）井之口章次『日本の葬式』ハヤカワ・ライブラリ、一九六五年、八六頁。
（18）宮本常一『忘れられた日本人』岩波文庫、一九八四年、八一頁。
（19）井阪康二『ねがい―生と死の仏教民俗』岩田書院、二〇〇二年、一六一頁。
（20）新谷尚紀・波平恵美子・湯川洋司編『暮らしの中の民俗学』３、吉川弘文館、二〇〇三年、一八五頁。
（21）坪井洋文『民俗再考』日本エディタースクール出版部、一九八六年、四五〜四六頁、五〇頁。
（22）桜井徳太郎『日本人の生と死』岩崎美術社、一九六八年、一六一頁。
（23）坪井洋文『民俗再考』日本エディタースクール出版部、一九八六年、四六頁。
（24）石川榮吉・岩田慶治・佐々木高明編『生と死の人類学』講談社、一九八五年、五六〜五七頁。
（25）青木新門『納棺夫日記』桂書房、一九九三年。
（26）青木新門『納棺夫日記』桂書房、一九九三年、五〇頁。
（27）新谷尚紀『生と死の民俗史』木耳社、一九八六年、七五頁。
（28）井之口章次『日本の葬式』ハヤカワ・ライブラリ、一九六五年、八六頁。
（29）五木寛之編『うらやましい死にかた』文春文庫、二〇〇二年、一九四頁。
（30）井之口章次『日本の葬式』ハヤカワ・ライブラリ、一九六五年、八六〜八八頁。
（31）井阪康二『ねがい―生と死の仏教民俗』岩田書院、二〇〇二年、一五九頁。
（32）新谷尚紀『生と死の民俗史』木耳社、一九八六年、七五〜七六頁。
（33）新谷尚紀『日本人の葬儀』紀伊國屋書店、一九九二年、三八頁。
（34）井之口章次『日本の葬式』ハヤカワ・ライブラリ、一九六五年、七五頁。

(35) 新谷尚紀『日本人の葬儀』紀伊國屋書店、一九九二年、一八頁。
(36) 新谷尚紀『日本人の葬儀』紀伊國屋書店、一九九二年、七六～七七頁。
(37) 新谷尚紀「聖と死の話」朝日新聞夕刊、二〇〇六年四月十二日。
(38) 井之口章次『日本の葬式』ハヤカワ・ライブラリ、一九六五年、一〇六～一〇七頁。
(39) 小泉和子編『昭和のキモノ』河出書房新社、二〇〇六年、九二～九三頁。
(40) P・H・クームズとM・アーメドによるインフォーマルな教育の説明。「生涯の過程においては、誰もが日常の経験や環境にさらされることから知識や技能や態度や洞察を獲得し蓄積するものだ。……一般的に見て、インフォーマルな教育は、未組織の、しばしば非体系的なものであるが、人間の全生活にわたる学習の実に大半を占めるのである」(ピーター・ジャービス『国家・市民社会と成人教育』明石ライブラリー、二〇〇一年、一八頁)。
(41) 井之口章次『日本の葬式』ハヤカワ・ライブラリ、一九六五年、一一九頁。
(42) 新谷尚紀『日本人の葬儀』紀伊國屋書店、一九九二年、三七頁。
(43) 青木新門『納棺夫日記』桂書房、一九九三年、一四一～一四二頁。
(44) 鎌田久子「柿」／大塚民俗学会編『日本民俗事典』弘文堂、一九七二年、一三三頁。
(45) NHKラジオ第一放送、二〇〇七年四月十一日(水)。
(46) 宮本常一『忘れられた日本人』岩波文庫、一九八四年、七一頁。
(47) 立川昭二『この生 この死―江戸人の死生観』筑摩書房、一九八九年、二六七～二六八頁。
(48) 新谷尚紀『日本人の葬儀』紀伊國屋書店、一九九二年、三八～三九頁。
(49) 宮田登『老人と子供の民俗学』白水社、一九九六年、一三～一四頁。
(50) 注(40)を参照のこと。

(51) 和田修二「教育と生死の風景（一）」『佛教大学教育学部学会紀要』第三号、二〇〇四年、二頁。
(52) 全日本仏教会・国際仏教交流センター編『いのちを教える』法蔵館、一九八五年、九二〜九三頁。
(53) マーク・ジュリー／ダン・ジュリー（重兼裕子訳）『おじいちゃん』春秋社、一九九〇年。
(54) 五木寛之編『うらやましい死にかた』文春文庫、二〇〇二年、一九四〜一九五頁。
(55) 日野原重明『生きかた上手』ユーリーグ、二〇〇一年、七三頁。
(56) 瀬川清子『若者と娘をめぐる民俗』未来社、一九七二年、九〇・九三頁。
(57) 石上堅『生と死の民俗』桜楓社、一九七六年、五六頁。
(58) 桜井徳太郎『日本人の生と死』岩崎美術社、一九六八年、一一八〜一一九頁。
(59) 瀬川清子『若者と娘をめぐる民俗』未来社、一九七二年、四〇頁。
(60) 柳田國男『定本柳田國男集』第二三巻、筑摩書房、一九七〇年、二三五頁。
(61) 宮本常一『宮本常一著作集』六、未来社、一九六七年、一八四頁。
(62) 桜井徳太郎『日本人の生と死』岩崎美術社、一九六八年、一二〇・一四七頁。
(63) 宮本常一『忘れられた日本人』岩波文庫、一九八四年、九八頁。
(64) 瀬川清子『若者と娘をめぐる民俗』未来社、一九七二年、二九九〜三〇〇頁。
(65) 色川大吉『常民文化論』筑摩書房、一九九六年、一一九頁。
(66) 石上堅『生と死の民俗』桜楓社、一九七六年、一二二頁。
(67) 桜井徳太郎『日本人の生と死』岩崎美術社、一九六八年、三〇〜三一頁。
(68) 井阪康二『ねがい―生と死の仏教民俗』岩田書院、二〇〇二年、八八頁。

(69) 大藤ゆき『児やらい』岩崎美術社、一九六八年、七五〜七六頁。
(70) 桜井徳太郎『日本人の生と死』岩崎美術社、一九六八年、三三〜三四頁。
(71) 色川大吉『常民文化論』筑摩書房、一九九六年、一〇四頁。
(72) 井阪康二『ねがい―生と死の仏教民俗』岩田書院、二〇〇二年、六四頁。
(73) 大本敬久『民俗の知恵』創風社出版、二〇〇五年、一六頁。
(74) 大藤ゆき『児やらい』岩崎美術社、一九六八年、七九頁。
(75) 五日市民話民俗の会編『いつかいちの民具が語るむかしのくらし』一九八四年、一六頁。
(76) 甘草……中国北部に自生するマメ科の多年草。その根は甘根と呼ばれ甘みを持ち鎮痛剤にもなる。

(77) 大藤ゆき『児やらい』岩崎美術社、一九六八年、八八頁。
(78) 大藤ゆき『児やらい』岩崎美術社、一九六八年、一〇頁。
(79) 金龍哲氏（神奈川県立保健福祉大学教授）より聴き取り、二〇〇三年。
(80) 内山完造『中国人の生活風景―内山完造漫語』東方書店、一九七九年、四二〜四三頁。
「私はこの長江の水を五千年も飲みつづけておる中国民族の子供のことについてお話をいたします。

　中国の赤ん坊は生れた時に、お母さんのお乳を頂く前に、五香というものをお口に入れてもらいます。それは五つの品であります。まず一番はじめに、スッパイ酢をなめさせるのです。赤ちゃんはキッと口をすぼめて妙な顔をするでしょう。次には、塩をちょっとなめさせます。その次には、苦い黄蓮という漢薬をなめさせます。今度は赤ん坊は口を曲げていやな顔をするでしょう。その次には、鉤藤《かぎかずら》と申します藤づるのトゲでちょっと舌の先をついてやります。みなさんだったら『アッ、痛ッ』というでしょうが、赤ちゃんはただビクッとするくらいでしょう。一番おしまいに、甘い甘いお砂糖をなめさせてやるのです。これが五香であります。面白いことをしますが、これにはワケがあるのであります。スッパイ味も、塩辛い味も、苦い味も、痛いことも、好きな人はありません。誰でも嫌いでありますが、人間は大人になるまでには、こうしたいろいろ嫌いなことを辛抱したり、我慢したりした後でないと、甘い好きなお砂糖のような味はなめられない、ということであります。一口にいいますと、忍耐ということや、鍛錬される、つまりキタエられるのであります。

中国の子供はこうして赤ん坊の時から、キタエられて育てられるのであります。そしてそれから後は、毎日ほんとうにキタエられるのでありまして、チョコレートや、キャンデーのおやつをもらって、可愛い可愛いと手の中に入れてなでて貰うのではありません」

(81) 藤本浄彦編『死生の課題』人文書院、一九九六年、一一六〜一一七頁。
(82) 宮本常一『忘れられた日本人』岩波文庫、一九八四年、二六〇頁。
(83) 井阪康二『ねがい—生と死の仏教民俗』岩田書院、二〇〇二年、九〇頁。
(84) 宮本常一『宮本常一著作集』六、未来社、一九六七年、一〇〇頁。
(85) 大藤ゆき『児やらい』岩崎美術社、一九六八年、一八〜一九頁。
(86) 井阪康二『ねがい—生と死の仏教民俗』岩田書院、二〇〇二年、一頁。
(87) 宮本常一『宮本常一著作集』六、未来社、一九六七年、一八三頁。
(88) 宮田登『老人と子供の民俗学』白水社、一九九六年、一二頁。
(89) 井之口章次『日本の葬式』ハヤカワ・ライブラリ、一九六五年、一三〜一四頁。
(90) 瀬川清子『若者と娘をめぐる民俗』未来社、一九七二年、三九頁。

(91) 宮本常一『宮本常一著作集』六、未来社、一九六七年、一八九頁。
(92) 井阪康二『ねがい―生と死の仏教民俗』岩田書院、二〇〇二年、一～二頁。
(93) 色川大吉『常民文化論』筑摩書房、一九九六年、一一〇頁。
(94) 宮本常一『忘れられた日本人』岩波文庫、一九八四年、一〇八頁。
(95) 宮本常一『忘れられた日本人』岩波文庫、一九八四年、七五頁。
(96) 福田アジオ『可能性としてのムラ社会―労働と情報の民俗学』青弓社、一九九〇年、三六頁。
(97) 五木寛之編『うらやましい死にかた』文春文庫、二〇〇二年、一七四頁。
(98) 足利孝之「いつ死んでもよしいつまで生きてもよし」『御堂さん』、本願寺津村別院、二〇〇六年七月号、九頁。
(99) 宮本常一『忘れられた日本人』岩波文庫、一九八四年、二七〇頁。
(100) 網野善彦「解説」、宮本常一『忘れられた日本人』岩波文庫、一九八四年、三二三頁。

聴き取り対象者一覧　並びに聴き取り年月日

聴1　二〇〇一・十・四(木)　広島市安佐北区可部町　可部カラスの会(事務局長　新沢孝重)(六十七歳)
聴2　二〇〇一・十・二十八(日)　三原市大和町　野原義夫(七十二歳)　野原房枝(七十歳)
聴3　二〇〇一・十・二十八(日)　世羅郡世羅町　福見利人(六十五歳)
聴4　二〇〇一・十・三十(火)　三原市大和町　小林清三(三十八歳)
聴5　二〇〇一・十一・一(木)　三原市大和町　ホームスティ　留学生　パチェラ(十七歳)
聴6　二〇〇一・十一・四(日)　三原市大和町　内田早美(八十三歳)
聴7　二〇〇一・十一・十一(日)　三原市大和町　山田秋子(八十七歳)
聴8　二〇〇一・十一・十一(日)　三原市大和町　畝上コサト(九十歳)
聴9　二〇〇一・十一・十三(火)　三原市大和町　土手元一郎(八十一歳)
聴10　二〇〇一・十一・十九(月)　東広島市豊栄町　磯田清二(七十九歳)
聴11　二〇〇一・十一・二十(火)　東広島市河内町　本村千代子(八十三歳)
聴12　二〇〇一・十一・二十(火)　東広島市河内町　渡岡照美(六十八歳)
聴13　二〇〇一・十一・二十(火)　東広島市河内町　平岡則之(六十四歳)
聴14　二〇〇一・十一・二十(火)　東広島市河内町　山口玲代(五十五歳)
聴15　二〇〇一・十一・二十(火)　三原市大和町　徳重唯正(五十五歳)

聴16　二〇〇一・十一・二十五（日）　三原市大和町　楢原正覚（七十二歳）
聴17　二〇〇一・十二・四（火）　三原市大和町　蔵信久雄（八十歳）
蔵信初子（七十九歳）
聴18　二〇〇一・十二・五（水）　三原市大和町　前田静江（八十五歳）
聴19　二〇〇一・十二・六（木）　三原市大和町　畝上数男（九十八歳）
聴20　二〇〇一・十二・七（金）　広島市安佐北区可部町　古沢孝雄（六十七歳）
古沢佳子（六十七歳）
聴21　二〇〇一・十二・十四（金）　三原市大和町　川田孝雄（七十三歳）
聴22　二〇〇一・十二・十四（金）　三原市大和町　国貞昭雄（七十三歳）
聴23　二〇〇一・十二・十四（金）　諫早市　植原有男（五十二歳）
聴24　二〇〇一・十二・十五（土）　三原市大和町　古原久行（八十二歳）
聴25　二〇〇二・六・三十（日）　三原市大和町　福宗淑子（七十五歳）
聴26　二〇〇二・六・三十（日）　三原市大和町　杉井時枝（八十歳）
聴27　二〇〇二・八・二十二（木）　世羅郡世羅町　桑田節江（八十四歳）
聴28　二〇〇二・八・二十四（土）　安芸高田市向原町　安田アヤ（七十八歳）
聴29　二〇〇二・八・二十四（土）　安芸高田市甲田町　寺町進（九十二歳）
聴30　二〇〇二・八・二十五（日）　安芸高田市向原町　河本澄夫（九十歳）
聴31　二〇〇二・十・九（水）　世羅郡世羅町　松前昭雄（八十歳）
聴32　二〇〇三・六・二十六（木）　尾道市御調町　杉田佐和子（七十五歳）
聴33　二〇〇三・六・二十七（金）　江田島市沖美町　西尾ユキコ（九十一歳）

聴34　二〇〇三・六・二十七(金)　広島市佐伯区五日市町　西尾章子(六十二歳)
聴35　二〇〇三・七・二(水)　三原市大和町　水本寂子(九十五歳)
聴36　二〇〇三・七・三(木)　三原市大和町　野田盛三(九十一歳)
聴37　二〇〇三・七・三(木)　三原市大和町　野田美子(六十五歳)
聴38　二〇〇三・七・三(木)　三原市大和町　沢光昇(八十九歳)
聴39　二〇〇三・七・二十一(月)　三原市大和町　山上常子(九十五歳)
聴40　二〇〇三・十・二十二(水)　世羅郡世羅町　山満佳子(八十四歳)
聴41　二〇〇三・十・二十六(日)　三次市十日市(源光寺日曜学校児童の祖母)
幾田ヨシ(七十七歳)
聴42　二〇〇三・十一・九(日)　世羅郡世羅町　いきいきほのぼのサロン事業　参加者
角田サダ子(九十一歳)
聴43　二〇〇三・十二・六(土)　三原市大和町　重井美恵(八十九歳)
聴44　二〇〇三・十二・六(土)　三原市大和町　杉本禎子(七十八歳)
聴45　二〇〇三・十二・十二(金)　世羅郡世羅町　坂東寿子(八十二歳)
行田サカエ(七十九歳)
野本小枝子(七十三歳)
聴46　二〇〇三・十二・十八(木)　新潟市(旧西蒲原郡)　山木鈴子(五十六歳)
聴47　二〇〇三・十二・二十(土)　三原市大和町　伊籐タマヨ(九十一歳)
聴48　二〇〇三・十二・二十一(日)　三原市大和町　西勇夫(九十一歳)
聴49　二〇〇三・十二・二十一(日)　三原市大和町　前田静江(八十七歳)

聴50	二〇〇三・十二・二十二(月)	三原市大和町	岸本コヨシ(九十一歳)
聴51	二〇〇四・二・一(日)	山県郡安芸太田町	山田ヤスヨ(八十二歳)
聴52	二〇〇四・二・一(日)	山県郡北広島町	境太郎(八十五歳)
聴53	二〇〇四・二・二十(金)	三原市大和町	杉田五蔵(七十六歳)
聴54	二〇〇四・三・十一(木)	呉市倉橋町	上川芳江(七十六歳)
聴55	二〇〇五・六・二十三(木)	三原市大和町	藤岡葉子(七十二歳)
聴56	二〇〇五・九・十五(木)	東広島市豊栄町	川原克彦(八十歳)
聴57	二〇〇五・九・十五(木)	東広島市豊栄町	小坂シマコ(百一歳)
聴58	二〇〇五・九・二十一(水)	三原市大和町	吉木ハヤノ(百歳)
聴59	二〇〇五・十・八(土)	三原市大和町	桃井幸男(六十八歳)
聴60	二〇〇五・十一・四(金)	三原市大和町	山川良子(九十一歳)
聴61	二〇〇五・十一・四(金)	三原市大和町	相田コシゲ(九十歳)
聴62	二〇〇五・十一・八(火)	東広島市豊栄町	吉原秋江(八十五歳)
聴63	二〇〇五・十一・十(木)	三次市君田町	森カツエ(八十五歳)
			岡山コハマ(八十三歳)
			高岡進(八十五歳)
聴64	二〇〇六・一・九(月)	福山市芦田町	草井寛(八十一歳)
聴65	二〇〇六・一・十七(火)	東広島市志和町	田崎稔正(九十四歳)
			田崎登志代(八十八歳)
聴66	二〇〇六・一・二十三(月)	三原市大和町	本原静代(九十七歳)

聴67　二〇〇六・一・二十五(水)　安芸高田市甲田町　川上哲郎(百歳)
聴68　二〇〇六・一・二十八(土)　三原市大和町　中林栄代(八十八歳)
聴69　二〇〇六・一・三十(月)　東広島市豊栄町　別府龍太郎(九十三歳)
別府瑠璃(八十一歳)
聴70　二〇〇六・二・二(木)　世羅郡世羅町　中谷美香(八十九歳)
聴71　二〇〇六・二・四(土)　世羅郡世羅町　地頭和人(九十四歳)
聴72　二〇〇六・二・五(日)　世羅郡世羅町　永山観空(九十一歳)
聴73　二〇〇六・二・十一(土)　世羅郡世羅町　松原朋子(九十九歳)
聴74　二〇〇六・三・三(金)　世羅郡世羅町　吉原有男(九十六歳)
吉原美代(九十二歳)
聴75　二〇〇六・三・三(金)　世羅郡世羅町　正田利昭(八十六歳)
正田昌子(八十一歳)
聴76　二〇〇六・三・二十(月)　尾道市御調町　杉居貴志(七十六歳)
聴77　二〇〇六・三・二十三(木)　世羅郡世羅町　大平三郎(九十五歳)
聴78　二〇〇六・五・十(水)　福山市瀬戸町　福山市養護老人ホーム
山岡房江(百三歳)
聴79　二〇〇六・六・六(火)　三原市大和町　荒田キヨミ(九十歳)
聴80　二〇〇六・六・七(水)　三原市久井町　本田初子(九十歳)
聴81　二〇〇六・六・七(水)　三原市久井町　後藤仁(八十八歳)
聴82　二〇〇六・六・十三(火)　三次市吉舎町　岩谷正明(九十三歳)

聴83　二〇〇六・六・十六(金)　三原市大和町　岩谷律子(八十九歳)
聴84　二〇〇六・六・十九(月)　世羅郡世羅町　中原美代子(九十三歳)
聴85　二〇〇六・六・二十二(木)　世羅郡世羅町　田口ツネコ(九十三歳)
聴86　二〇〇六・六・二十八(水)　三次市吉舎町　安清ハナヨ(八十八歳)
聴87　二〇〇六・七・四(火)　竹原市竹原町　湯来清子(八十三歳)
聴88　二〇〇六・七・六(木)　三原市久井町　坂井収(八十九歳)
聴89　二〇〇六・七・十(月)　東広島市黒瀬町　里村卓雄(八十六歳)
聴90　二〇〇六・八・十八(金)　東広島市河内町　佐藤春代(九十五歳)
　　　　　　　　　　　　　　　　　　　　　　　松川充志(八十八歳)
　　　　　　　　　　　　　　　　　　　　　　　松川キヨ美(八十三歳)
　　　　　　　　　　　　　　静岡県御殿場市　平田文子(八十五歳)
聴91　二〇〇六・九・四(月)　三原市大和町　椋田花枝(九十三歳)
聴92　二〇〇六・九・八(金)　尾道市御調町　今田アキノ(九十八歳)
聴93　二〇〇六・九・十(日)　尾道市御調町　秋山真志(九十七歳)
聴94　二〇〇六・九・十五(金)　三原市大和町　住田秋子(九十二歳)
聴95　二〇〇六・九・十九(火)　世羅郡世羅町　門田晃三(八十九歳)
聴96　二〇〇六・十・三(火)　三次市三和町　特別養護老人ホーム
　　　　　　　　　　　　　　　　　　　　　　　所田フジヨ(九十三歳)
聴97　二〇〇六・十・三(火)　三次市三和町　萩谷ハツノ(百九歳)
聴98　二〇〇六・十二・三(日)　世羅郡世羅町　木原富士夫(百一歳)

聴99　二〇〇七・一・十(水)　世羅郡世羅町　立原克巳(八十八歳)
聴100　二〇〇七・一・十五(月)　三原市本郷町　安井智行(七十六歳)
聴101　二〇〇七・一・二十九(月)　徳島県三好市　松下昭夫(七十五歳)
　　　　　　　　　　　　　　　　　　　　　　　松下朋子(七十一歳)
聴102　二〇〇七・五・三(木)　世羅郡世羅町　成羽あき(八十五歳)
聴103　二〇〇七・六・十四(木)　三次市吉舎町　安達ヤスヨ(九十二歳)
聴104　二〇〇七・八・九(木)　三原市大和町　伊籐正子(九十四歳)
聴105　二〇〇七・八・十(金)　三原市大和町　野原忠夫(八十歳)
聴106　二〇〇七・八・三十(木)　三原市大和町　大川阿ヤ免(九十三歳)

＊二〇〇七年八月現在一二一名　(再度聴き取りに訪問したところもある)
(名前は一部を除いて仮名である)

あとがき

聴き取りに応じていただいた方の中で、再三お会いする方がたから、その後の聴き取りの様子を聞かれた。またその家族からもどんな話が聞けたのか、是非皆さんの話も聞かせてほしいという声を聞くたびに、せっかく聞かせていただいた話を、そのまま自分の手元に置くだけでは申し訳ないと思うようになった。

同時に、京都府立大学女子短期大学部名誉教授谷川守正先生から、後期高齢者の人生体験の聴き取りが出来るのは前期高齢者の我々であり、今のうちに、それらを記録に残すことは、我々の世代の果たすべき仕事であると励まされた。

さらに、明治以来の日本社会の近代化のなかで、そのデメリットとして、日本古来の多くの伝統的な民俗文化が失われた。その失われつつある日本の民俗文化の掘り起こしと再評価の重要性を、ポストモダンの視点から、京都大学名誉教授和田修二先生からもアドバイスをいただいた。

それらがあって、誠心誠意語っていただいた多くの皆さんの話を、そのまま生かして、組み立ててみようと思うようになった。しかし、すべての話を記載できなくて申し訳ない。

本書は多くの方がたのお力添えによるものである。なによりも、「聴き取り」に快く応じてくださった、一〇〇人余の皆さんのお陰である。聴き取りの間にその何人かの訃報を聞いた。既に明治生まれの高齢者は少なくなり、大正生まれの高齢者の訃報が毎日のように、町の放送で流れる。

聴き取りに応えていただいた一〇〇人余の皆さんが、どうか健やかな日々を送られることを、心から祈念します。

また、末尾になりましたが、近代文芸社編集部の宝田淳子さんには、無名の著者の思いを受け止めていただき、発刊への道を開き、細かな配慮と計画性をもって刊行への道筋をつけてくださいました。さらに入念な校正にも努めていただき、ありがたいことであります。

それぞれに、心からお礼を申しあげます。

私にとっては古希という節目の年でもあり、ありがたいことだと皆様に感謝申しあげます。

二〇〇八年　二月

田原　開起

解　説　ライフヒストリーに刻み込まれた民俗の記録

諸岡了介

日本の民俗学でいえば、柳田國男『遠野物語』や宮本常一『忘れられた日本人』のように、人間生活の機微と深層とをとらえた本は、読みものとして読者の心を動かすと同時に、学術的な意義を備えた記録でもありうる。いまはまだ隠れた名著である本書『死と生の民俗』は、一〇〇人以上の高齢者に対する聴き取りをもとに書かれた、まさにそうした一冊である。

私自身、二〇〇八年に近代文芸社から小規模出版として刊行された本書をたまたま手にとって、その凄さにすっかり驚嘆させられた。伝承文化の衰退が言われて久しいなか、二一世紀に入ってからこれだけ濃密な聴き取り調査を行っていること。奥付をみると、著者は「現在　農業に従事」とあり、研究職でも職業作家でもない、在野の人らしいこと。驚きから私は、連絡先を探し、広島県三原市のご自宅に田原先生を訪ねたが、今回解説を書くことになったのもそこからはじまったご縁からである。

田原開起《たはらはるゆき》先生は、広島弁のなかでも穏やかで温かな備後弁を話される、いかにも在郷の大人《たい》というたたずまいの方である。長らく地元で教員を務めておられたが、一九九八年に定年退職したあとは自宅で農業に従事するかたわら、佛教大学大学院にて学んだ上で、本書に結実する聴き取り調査を六年にわたって進めてこられた。

本書に収められた体験談は、死と生とを語りながら飾るところがなく、多くはむしろ淡々とした調子のものである。それでいて、追体験をする読者の心に深い印象を残すものであることは、実際に本文をあたってもらえればよくわかるのではないかと思う。したがって本解説では、本書がもつ学術的な価値の方に触れておきたい。個人的には、田原先生という呼び方でなければ違和感があるが、本書が学問的にも高く評価されるべきことを説明したいので、しばらくのあいだは敬称を略して話を進めることにする。

「死のタブー化」以前を探る

現代における死を論じるとき、きまって語られることは、人が病院内で死を迎えることがふつうになって、日常生活のなかで死に触れる機会が失われてしまったということである。そこでは、イギリスの人類学者ジェフリー・ゴーラーによる「死のタブー化」論が引きあいに出されて、人びとが死という問題を避けるようになったと言われることも多い(1)。ゴーラーは、一九六三年に実施したイギリスでの社会調査から、かつては共同体のなかで悲しまれ、悼まれていた人間の死が、公的な場面では一種のタブーのように扱われるようになって、死別の悲しみを抱えた人が孤立しがちである状況を指摘した。ゴーラーのこうした問題提起に触発され、現代日本についても、実際に死がタブー化しているのかどうかという点をはじめ、近代以前と近代以降の死のあり方の違いにつき、さかんに議論が交わされてきている。

しかしその一方で、本書内でも触れられているように、病院で死を迎えることが当たり前になる以前の時代について、死をめぐる状況を示した資料はごく限られている。それでもヨーロッパでは、近代以前における死の様子をたどる社会史研究が試みられてきたが[2]、日本に関してはより断片的な情報があるだけである。

本書『死と生の民俗』に収められているのは明治・大正生まれの方々の体験談であって、時代でいえばもちろん、近代以降のことである。しかし、近代の話であっても、病院死がまだ一般化していない時代の死のあり方を伝える記録は貴重である。そもそも、日本であれヨーロッパであれ、歴史資料を通して死をめぐる現実を知ることは簡単ではなく、とくに貴族でも上級武士でもない一般庶民の死、「日常生活のなかにあった死」について知ることは困難である。本書に収められた談話とは、古文書のなかにも残されておらず、人が病院で死を迎えるようになった今となっては失われてしまった、「日常生活のなかにあった死」に関する稀有な記録なのである。

日本民俗学における死の問題

もともと柳田國男が民俗学という学問を立て、民俗調査の方法を組織したのは、文字資料に頼った歴史学の方法では、彼が「常民」と呼んだ、一般庶民の生活やその歴史をたどることができないという問題意識からであった。そうした出発点をもつ民俗学であるが、意外なことに、人がどのように死を迎えてきたかということについては、ほとんど研究蓄積がないのである。この点について、蛸島直《たこしますなお》は次のような指摘をしている。

日本民俗学には死に関する膨大な資料の蓄積があるといってよい。しかしながら、そのほとんどは、葬送儀礼や霊魂観念との関係における研究であり、死そのものに関する研究は意外にも希薄であったといえる(3)。

柳田國男が民俗学の研究対象について整理をした『郷土生活の研究法』（一九三五年）をみると、「有形文化」という大項目のなかで「婚姻」「誕生」「厄」に続いているのは、死ではなく、「葬式」という項目である。ほかに死と関連のある項目は、「心意現象」の中に挙げられている「兆」や「禁」といったものしかない。同様に、民俗学の基本的なガイドブックであった柳田國男・関敬吾『日本民俗学入門』（一九四二年）をみても、「婚姻」「誕生」に続いているのは「葬制」という項目であって、死は間接的にしか取りあげられていない。

民俗学に積み重ねられてきた実際の研究をみると、そこで扱われているのは、葬制や墓制、死の予兆や死にまつわる言い伝え、忌みや喪に関する風習、それに霊魂観念といった事柄である。民俗学における死とは、あくまで「民俗採集」・「民俗蒐集」の対象として切り取られたものであって、人生儀礼の一部として匿名化され、類型化された地方ごとの慣習や伝承としてのものであった。具体例を二、三挙げれば、桜井徳太郎『日本人の生と死』（一九六八年）、石上堅『生と死の民俗』（一九七六年）、井之口章次『生死の民俗』（二〇〇〇年）などはいずれもこうした民俗学の枠組みにのっとったもので、具体的な人が迎える死の場面は扱われていない。

実は、柳田國男その人による『遠野物語』（一九一〇年）――民俗学確立以前の作品――は、具体相における死や死者の記録を多く含んだ著述として、特筆される例外のひとつである。ほかにも、『山の人生』（一九二六年）における貧しい炭焼きの子殺しの話や、『先祖の話』（一九四六年）における「柿の葉」と揶揄されていた孤独な媼の話の記述にうかがわれるように、柳田は、個別の事情のもとに語られる、人びとの生きざま・死にざまに心を寄せる感性を持ちあわせていた。しかしながら、彼が調査研究の体系として確立し、普及させた民俗学といえば、民俗事象をその担い手の個人的事情から切り離して採集・分類する種類のものであり、具体的な死の場面やそれにまつわる体験のことは、調査研究上の盲点になってきたといえる。

近年では、こうした盲点を補う研究として板橋春夫によるものがあり、看取りと臨終の民俗として三〇名弱の談話を記していて価値があるが、(4)本書『死と生の民俗』の聴き取りは、対象者数の多さと聴き取った内容の密度の双方において圧倒的に充実している。

宮本常一の志とその継承

本書「おわりに」で述べられているように、田原が模範としてきたのは、「泥にまみれた庶民の生活」に迫ろうとした宮本常一の精神である。かつて宮本は、民俗事象の項目化を進めてきた従来の民俗学に疑問を抱き、新しい方向の民俗学を志して次のように記している。

実は私は、昭和三十年頃から民俗学という学問に一つの疑問を持ちはじめていた。ということは日常生活の中からいわゆる民俗的な事象をひき出してそれを整理してならべることで民俗誌というのは事足りるのだろうか。……人はそれぞれ自分の歴史を持っているのである。まずそういうものから掘りおこしていくこと、そして生きるというのはどういうことかを考える機会をできるだけ多く持つようにしなければいけないと思った。(5)

こうした問題意識から著された代表的な著作が、民俗学にライフヒストリー（生活史）の視点を取り入れながら、無名の人びとの生活と人生を描いた『忘れられた日本人』（一九六〇年）である。ただし、その宮本にしても、実験作としての性格をもつこの『忘れられた日本人』以外の著作では、地域ごとの民俗や生活を匿名化して記した記述の方が大部分を占めている。またなによりも、彼の主たる関心は人びとの生業や生活技術にあって、死に関する記述はごくわずかである。

こうしてみると、死と誕生の民俗を、語り手の人生と切り離すことなく記述した田原の仕事は、宮本常一の業績にもないようなしかたで、人びとの生活における生々しい一面を描くことに成功している。田原は、職業的な研究者がするように、柳田や宮本の方法論を総括してそれを批判するといったやり方をとってはいない。常民とその民俗文化にまなざしを向けた柳田の精神、さらにそれを人びとの人生のなかに捉えようとした宮本の精神を指針とし、粘りづよく実直に地域での「聴き取り」を積み重ねた結果として、ライフヒストリーと民俗調査とを融合させた類例のない書『死と生の民俗』が生まれたのである。

本書のアプローチの特徴

田原による聴き取りは、語り手の頭越しに学問的な解釈を施すのではなく、語り手当人が感じるところを導きとしている。こうしたアプローチのおかげで、本書の読者は、聞き手の田原とともに、語り手が経験した世界へと近づくことができるし、また、学術的な見地からは思わぬ事柄が当人たちにとって重要な記憶となっていることにも気づくことができる。たとえば、本書冒頭で語られている手作りの飴のこと、祖母の遺体から血が漏れてきたことを無念がる母親の姿、多くの人の記憶に刻まれているという遺体を部屋の隅に寄せる角寄せといった風習などがそうである。こうして感じとられる経験と記憶の民俗世界は、ディテールや陰影に富んでいる。

個人のライフヒストリーから民俗事象を切り離してしまわないやり方は、語られた民俗を歴史的文脈の上に理解することを可能にしている。本書で主に扱われているのは、明治・大正生まれの人びとが子どもだった頃の時代であり、現在とは異なる医師との関わり方や、当時「国民病」とされていた結核患者をめぐる光景があちこちに描かれている。戦争の話題も少なくないが、広島県中央部での調査ということもあって、原爆に言及した体験談も含まれている。調査対象地に関して言えば、このあたりは浄土真宗が根づいているところであり、阿弥陀仏に対する信心や報恩講の話には、そうした地域性が色濃く表れている。

また、本書『死と生の民俗』は、死とともに「生」すなわち誕生を主題としているが、それは同時に、出産を担う女性たちの生き方に光を当てることにつながっている。女性の健康や労働に関して現在では信じられない記述も多いが、きれいごとだけでもなければ、だからといって悲惨なだけでもなかった、当時の暮らしの現実、人生の現実をうかがい知ることができる。

余話：盥に注ぐまなざしの交錯

最後に、宮本常一に関するひとつの逸話を。宮本はかつて、本書『死と生の民俗』の舞台となっているこの地域（現・三原市大和町《だいわちょう》および東広島市河内町《こうちちょう》）を調査に訪れたことがある。大和町下徳良にある田原先生のお住まいから、南西へ向かって十分ほど車で走ると、白竜湖という湖に着く。白竜湖は、一九六九年に竣工した椋梨《むくなし》ダムによってできた人造湖である。このダムが造られる前の民俗資料緊急調査に、宮本も参加したのである。そのとき宮本に同行した神保教子氏は、次のように当時のことを書き記している。

美しい水を満々とたたえている広島県の椋梨ダム。そのダムが建設されるとき湖底に沈む運命になった家々を訪ねて調査をした。広島県の緊急民俗調査であった。

早くからこの村に通いつづけていた宮常ファンの三原市出身鮓本刀良意氏の案内で、初めて廻ったときはまだ家に人が住んでいたので聞取り調査が主であった。

つぎのときは住んでいた人が立退いた家々のコンクリートを打った土間などの跡が流れに沿って長く続く河岸段丘に残り、人が何人かすっぽり入るような大きな桶、小さな桶、篭、笊がごろごろところがっていた。雨ざらし日ざらしで何日かたった桶はタガのはじけたものもあった。

「桶がよーけあるとこじゃのー。桶の文化じゃー」と先生は言って、例によって眼が輝いた[6]。

本書にて田原先生は、桶の一種である盥の役割に注目し、「盥は人生の初めの産湯で登場し、最後に湯灌の場にあり、中ほどの結婚という通過儀礼でも登場する」と述べておられる(五四頁)。まさにこの地域を訪れた宮本常一が眼を輝かせた「桶」とは、つまり、田原先生が、死と生が一続きであることの象徴と捉えた「盥」であった。ここでふたりの視線が交わっていることが、私には興味深い。

宮本の案内役としてこの文章に出てくる鮓本《すしもと》刀良意《とらお》とは、椋梨ダムで水没することになった村の記録に情熱を傾けた人物で、一九七一年には、宮本常一の助力のもとに『ダムに沈む村』を出版している。鮓本はそのほかに多数の民俗写真を遺し、それらは現在、三原市立中央図書館に保管されている。

田原先生のもう一冊の著書『百姓と仕事の民俗――広島県央の聴き取りと写真を手がかりにして』(未来社、二〇一四年)は、やはり聴き取りを軸にして、聴き取った内容を鮓本が遺した民俗写真と照らしあわせながら、この地域の農民の生活文化とその歴史を活写した本である。あわせてここに紹介しておきたい。

(島根大学教育学部教授)

（1）ジェフリー・ゴーラー『死と悲しみの社会学』（宇都宮輝夫訳、ヨルダン社、一九八六年）。
（2）フィリップ・アリエス『死を前にした人間』（成瀬駒男訳、みすず書房、一九九〇年）がその代表と目される。
（3）蛸島直「危機と変化の民俗」、小松和彦・香月洋一郎編『講座日本の民俗学2　身体と心性の民俗』（雄山閣出版、一九九八年）一四九頁。
（4）板橋春夫『叢書・いのちの民俗学3　生死《いきしに》』（社会評論社、二〇一〇年）。
（5）宮本常一『民俗学の旅』（講談社、一九九三年、原著一九七八年）一九二〜一九三頁。
（6）宮本常一先生追悼文集編集委員会編『宮本常一――同時代の証言』（日本観光文化研究所、一九八一年）二四五頁。

KODANSHA

本書は『死と生の民俗―産湯で始まり、湯灌で終わる―』（二〇〇八年三月、近代文芸社）を改題し、文庫版解説をつけたものです。

文庫化にあたり、読みやすさに配慮してルビの追加を行い、明らかな誤植は訂していいます。また、経年や地域的風習として説明が必要と思われた箇所には、編集部・解説者注として〔　〕で補足いたしました。

本書には現在では差別的とされる表現も含まれていますが、当時の「聴き取り」を正確に残すという本書の狙い、発言者が故人というケースも多いこと、何より、差別を助長する意図はないことを考慮し、原本刊行時の文章のままとしております。

田原開起（たはら　はるゆき）

1937年広島県生まれ。広島大学教育学部卒業。広島県公立学校教員，広島県教育委員会事務局勤務。1998年，定年退職。2005年，佛教大学大学院修士課程（教育学研究科生涯教育専攻）修了。失われつつある日本の民俗文化や生活の知恵，風習の掘り起こしと再評価をライフワークとし，後期高齢者の聴き取りにとりくむ。著書に『百姓と仕事の民俗』。

講談社学術文庫

定価はカバーに表示してあります。

死《し》と生《せい》の民俗《みんぞく》

田《た》原《はら》開《はる》起《ゆき》

2025年３月11日　第１刷発行

発行者　篠木和久

発行所　株式会社講談社

東京都文京区音羽 2-12-21 〒112-8001

電話　編集（03）5395-3512

販売（03）5395-5817

業務（03）5395-3615

装　幀　蟹江征治

印　刷　株式会社ＫＰＳプロダクツ

製　本　株式会社国宝社

本文データ制作　講談社デジタル製作

ISBN978-4-06-539163-1

「講談社学術文庫」の刊行に当たって

これは、学術をポケットに入れることをモットーとして生まれた文庫である。学術は少年の心を養い、成年の心を満たす。その学術がポケットにはいる形で、万人のものになることは、生涯教育をうたう現代の理想である。

こうした考え方は、学術を巨大な城のように見る世間の常識に反するかもしれない。また、一部の人たちからは、学術の権威をおとすものと非難されるかもしれない。しかし、それはいずれも学術の新しい在り方を解しないものといわざるをえない。

学術は、まず魔術への挑戦から始まった。やがて、いわゆる常識をつぎつぎに改めていった。学術の権威は、幾百年、幾千年にわたる、苦しい戦いの成果である。こうしてきずきあげられた城が、一見して近づきがたいものにうつるのは、そのためである。しかし、学術の権威を、その形の上だけで判断してはならない。その生成のあとをかえりみれば、その根は常に人々の生活の中にあった。学術が大きな力たりうるのはそのためであって、生活をはなれた学術は、どこにもない。

開かれた社会といわれる現代にとって、これはまったく自明である。生活と学術との間に、もし距離があるとすれば、何をおいてもこれを埋めねばならない。もしこの距離が形の上の迷信からきているとすれば、その迷信をうち破らねばならぬ。

学術文庫は、内外の迷信を打破し、学術のために新しい天地をひらく意図をもって生まれた。文庫という小さい形と、学術という壮大な城とが、完全に両立するためには、なおいくらかの時を必要とするであろう。しかし、学術をポケットにした社会が、人間の生活にとってより豊かな社会であることは、たしかである。そうした社会の実現のために、文庫の世界に新しいジャンルを加えることができれば幸いである。

一九七六年六月

野間省一

文化人類学・民俗学

124
柳田國男著（解説・田中宣一）
年中行事覚書
人々の生活と労働にリズムを与え、共同体内に連帯感を生み出す季節の行事。それらなつかしき習俗・行事の数々に民俗学の光をあて、隠れた意味や成り立ちを探る。日本農民の生活と信仰の核心に迫る名著。

135
柳田國男著（解説・中島河太郎）
妖怪談義
河童や山姥や天狗等、誰でも知っているのに、実はよく知らないこれらの妖怪たちを追究してゆくと、正史に現われない、国土にひそむ歴史の事実をかいまみることができる。日本民俗学の巨人による先駆的業績。

484
白川　静著
中国古代の民俗
未開拓の中国民俗学研究に正面から取り組んだ労作。著者独自の方法論により、従来知られなかった中国民族の生活と思惟、習俗の固有の姿を復元、日本古代の民俗的事実との比較研究にまで及ぶ画期的な書。

528
鶴見和子著（解説・谷川健一）
南方熊楠《みなかたくまぐす》
南方熊楠――この民俗学の世界的巨人は、永らく未到のままに聳え立ってきたが、本書の著者による満身の力をこめた独創的な研究により、ようやくその全体像を現わした。〈昭和54年度毎日出版文化賞受賞〉

661
谷川健一著（解説・宮田　登）
魔の系譜
正史の裏側から捉えた日本人の情念の歴史。死者の魔が生者を支配するという奇怪な歴史の底流に目を向け、呪術師や巫女の発生、呪詛や魔除けなどを通して、日本人特有の怨念を克明に描いた魔の伝承史。

677
宮本常一著（解説・田村善次郎）
塩の道
本書は生活学の先駆者として生涯を貫いた著者最晩年の貴重な話――「塩の道」「日本人と食べ物」「暮らしの形と美」の三点を収録。独自の史観が随所に読みとれ、宮本民俗学の体系を知る格好の手引書。 電P

《講談社学術文庫　既刊より》

文化人類学・民俗学

2344
魚の文化史
矢野憲一著
イワシの稚魚からクジラまで。世界一の好魚民族といわれる日本人の魚をめぐる生活誌を扱うユニークな書。誰でも思いあたることから意表を突く珍しい事例まで、魚食、神事・祭礼、魚に関する信仰や呪術を総覧！
電 P

2347
霊山と日本人
宮家　準著
私たちはなぜ山に手を合わせるのか。神仏や天狗はなぜ山に住まうのか。修験道研究の第一人者が日本の山岳信仰を東アジアの思想の一端に位置づけ、人々の生活と関連づけながらその源流と全体像を解きあかす。
電 P

2357
神紋総覧
丹羽基二著
出雲大社は亀甲紋、諏訪神社は梶の葉紋、八幡神社は巴紋……。家に家紋があるように、神社にも紋章＝「神紋」がある。全国四千社以上の調査で解きあかす〈神の紋〉の意味と歴史、意匠と種類。三百以上収録。
電 P

2359
日本古代呪術
陰陽五行と日本原始信仰
吉野裕子著（解説・小長谷有紀）
古代日本において、祭りや重要諸行事をうごかした原理とは？　白鳳期の近江遷都、天武天皇陵、高松塚古墳、大嘗祭等に秘められた幾重にもかさなる謎を果敢に解きほぐし、古代人の思考と世界観に鋭くせまる。
電 P

2462
漬け物大全
世界の発酵食品探訪記
小泉武夫著
梅干しからキムチ、熟鮓《なれずし》まで、食文化研究の第一人者による探究の旅。そもそも「漬かる」とは？　催涙性の珍味「ホンオ・フェ」とは？　日本列島を縦断し、東南アジアで芳香を楽しみ、西洋のピクルスに痺れる。
電 P

2478
精霊の王
中沢新一著（解説・松岡心平）
蹴鞠名人・藤原成道、金春禅竹の秘伝書『明宿集』。中世の技芸者たちが密かに敬愛した宿神とは？　諏訪で再発見する縄文的なものとは？　甦る人類普遍の精神史。『石神問答』を超える思考のオデッセイ！
電 P

2570
R・ベネディクト著／阿部大樹訳
レイシズム
レイシズムは科学を装った迷信である。人種の優劣や純粋な民族など、存在しない——ナチスが台頭しファシズムが世界に吹き荒れた一九四〇年代、『菊と刀』で知られるアメリカの文化人類学者が鳴らした警鐘。
電 P

2571
神崎宣武著
神主と村の民俗誌
氏神や産土神などの様々な神の祭りを司る一方で、氏子や産子たる人々の日常に深く関わる村の神主。中世的景観を残す吉備高原の村の神主としての実践と民俗学者としての視点から、村と祭りの現場を描く。
電 P

2584
松平　誠著
東京のヤミ市
新宿、池袋、上野……敗戦直後の混沌のなかで暮らしを立て直そうと苦闘する庶民の「復興」は、テキ屋のプロデュースにより加速し、巨大な盛り場を生み出す。東京の姿をかたちづくった「ヤミ」世界のガイド。
電 P

2593
宮田　登著
民俗学
民俗学とは何か。泰斗による決定的入門テキスト。ハレとケ、山民／海民、カミとホトケ、ケガレ、女性と子ども——人々の日常への探究は、いかに始まり、どう展開し得るか。これ一冊を読めば全体像がわかる！
電 P

2602
新谷尚紀著
伊勢神宮と出雲大社
「日本」と「天皇」の誕生
なぜ、大和は出雲を必要としたのか？　天武・持統の大和王権を守る「両端の象徴的霊威」として伊勢・出雲をとらえ直し、日本の起原に鋭く迫る。民俗学・文献史学・考古学の知見を融合させた新たな探究！
電 P

2613
五来　重著
日本の庶民仏教
日本人は宗教に何を求め、何を信じてきたのか？　観音さま、山信仰、高野聖にイタコ、踊り念仏、お遍路さん——各地で独自の発展を遂げた多種多様な民間宗教の形から、日本の仏教文化を問い直す。
電 P

日本人論・日本文化論

1562

ドナルド・キーン著／足立　康訳

果てしなく美しい日本

若き日の著者が瑞々しい感覚で描く日本の姿。緑あふれ、伝統の息づく日本に思いを寄せて描き出した昭和三十年代の日本。時代が大きく変化しても依然として変わらない日本文化の本質を見つめ、見事に剔り出す。

1708

R・ベネディクト著／長谷川松治訳

菊と刀　日本文化の型

菊の優美と刀の殺伐——。日本人の精神生活と文化を通し、その行動の根底にある独特な思考と気質を抉剔する。不朽の日本論。「恥の文化」を鋭く分析し、日本人とは何者なのかを鮮やかに描き出した古典的名著。

1816

李御寧《イーオリョン》著（解説・高階秀爾）

「縮み」志向の日本人

小さいものに美を認め、あらゆるものを「縮める」ところに日本文化の特徴がある。入れ子型、扇子型、折詰め弁当型、能面型など「縮み」の類型に拠って日本文化を分析、「日本人論中の最高傑作」と言われる名著。

1990

船曳建夫著

「日本人論」再考

明治以降、夥しい数の日本人論が刊行されてきた。『武士道』『菊と刀』『「甘え」の構造』などの本はなぜ書かれ、読まれ、好評を博すのか。２０００超の日本人論の構造を剔出し、近代日本人の「不安」の在処を探る。

2012

相良　亨著

武士道

侍とはいかなる精神構造を持っていたのか？　主従とは、死とは、名と恥とは……『葉隠』『甲陽軍鑑』『武道初心集』『山鹿語類』など武士道にかかわる書を読み解き、日本人の死生観を明らかにした、日本思想史研究の名作。

2078

ドナルド・キーン著／金関寿夫訳

百代《はくたい》の過客　日記にみる日本人

日本人にとって日記とはなにか？　八十編におよぶ日記文学作品の精緻な読解を通し、千年におよぶ日本人像を活写。日本文学の系譜が日記文学にあることを看破し、その独自性と豊かさを探究した不朽の名著！

《講談社学術文庫　既刊より》

日本人論・日本文化論

2106
ドナルド・キーン著／金関寿夫訳
百代《はくたい》の過客〈続〉 日記に見る日本人
西洋との鮮烈な邂逅で幕を開けた日本の近代。諭吉、鷗外、漱石、子規、啄木、蘆花、荷風——。幕末・明治に有名無名の人々が遺した三十二篇の日記に描かれる近代日本の光と陰。日記にみる日本人論・近代篇。

電P

2167
鷲田清一著（解説・佐々木幹郎）
京都の平熱 哲学者の都市案内
〈聖〉〈性〉〈学〉〈遊〉が入れ子となって都市の記憶を溜めこんだ路線、京都市バス二〇六番に乗った哲学者の視線は、生まれ育った街の陰と襞を追う——。「あっち」の世界への孔がいっぱいの「きょうと」のからくり。

電P

2219
多田道太郎著
しぐさの日本文化
しぐさは個人の心理の内奥をのぞかせるものであると同時に、社会に共有され、伝承される文化でもある。あいづち・しゃがむといった日本人の日常のしぐさの文化的な意味をさぐる。加藤典洋との解説対談も収録。

電P

2222
志賀重昂著
新装版
日本風景論
本書は日本地理学の嚆矢の書にして、明治の大ベストセラーである。科学的・実証的な論述、古典の豊富な引用、名手による挿絵を豊富に収録。日本人の景観意識に大変革を与えた記念碑的作品はいまなお新しい。

電

2253
岡倉天心著／夏野　広訳（解説・色川大吉）
英文収録
日本の覚醒
日露戦争中の一九〇四年に本名Okakura-Kakuzo著として英語で著され、NYで出版された日本論。西欧近代文明を疑い、近代を超える原理の提示を試みる。天心の偉才を伝える香り高い翻訳と英文本文を併せて収録。

電P

2301
柳　宗悦著
手仕事の日本
とくと考えたことがあるだろうか、今も日本が素晴らしい手仕事の国であるということを。民衆の素朴な美を求めて全国各地の日用品を調査・収集した柳の目が選び取った美しさとは。自然と歴史、伝統の再発見。

電P

日本人論・日本文化論

2392
神野志隆光著
「日本」国号の由来と歴史

「日出づる処の天子」の意味は？「倭」「やまと」と「日本」の関係は？平安時代から宣長を経て近代まで、「日本」の誕生とその変奏の歴史を厳密な史料読解で示す。新出資料「祢軍墓誌」についての補論も収録。

電P

2405
アレックス・カー著
犬と鬼　知られざる日本の肖像

日本は一九九〇年代、バブル崩壊を引き金に本質的に失敗した。経済、環境、人口、教育……。慢性的かつ長期的な問題を抱えるこの国の行き先は？日本をこよなく愛するVISIT JAPAN大使が警告する。

電P

2538
中橋孝博著
日本人の起源　人類誕生から縄文・弥生へ

日本列島の旧石器時代はいつからか？縄文から弥生への移行の真相は？明治以来の大論争を、古人類学の第一人者が最新人類学の到達点から一望検証。何がどこまでわかり、残される謎は何か、明快に解説する。

電P

2576
鈴木克美著
金魚と日本人

十六世紀初頭、中国からやってきた小さな黄金色の魚が、江戸時代に大ブームを巻き起こす！日本初の金魚論文や図版などの稀少史料をもとに、なぜ日本人がこれほど金魚好きか考察。「金魚学」の決定版！

電P

2618
熊倉功夫著
日本料理文化史　懐石を中心に

「懐石」と「会席」は何が違うのか。利休の「一汁二菜」「一汁三菜」はなぜ正統となったのか。和の食、その精髄たる懐石料理の誕生から完成、後世への継承の歴史に日本文化のエッセンスを見出す論考。

電P

2644
神崎宣武著
日本人の原風景　風土と信心とたつきの道

山と森林の列島に棲む日本人。その恵みの何を利用し、何を畏れ、人生の節目にどう生かしてきたのか。近世から高度成長期を経て、見失われた日本人の暮らしと人生の豊穣の意味を探る。

電P